メディアと活性——What's media activism?　刊行にあたって

本書は、2010年8月から2011年1月までに行われた「検証：日本のメディアアクティビズム」全六回のトークを採録したものである。また刊行にあたり、あらたに書き下ろされた論考・エッセイ・インタビューなどを加えることで本書を形成した。

全六回のトークイベント「検証：日本のメディアアクティビズム」は、〈メディアアクティビスト懇談会〉が主催となって行ったイベントである。日本の社会運動に関わるメディア活動について、フィルムによる自主上映運動が活発に行われ、ヴィデオという新たな映像メディアの登場で映像史としても重要な転換期となった60年代から振り返り、映像メディアの活用はもとよりこれからのメディア活動の横へとつながる連帯を摸索しようという意図で行われた。具体的には、メディア活動の担い手における世代間の断絶、各人が活動する労働運動や反戦運動などのいわゆる運動圏が異なることや、メディア活動を担うスタンスの違いといったことから生じる連帯の志向の弱さを問題とし、それに向き合おうとしたものである。もちろんそこには、社会運動の現場に身を晒さずとも、メディアそのものやテクノロジーの発達へと向き合うかたちで、社会・政治と対峙しようとするメディア活動の担い手たちも存在している。

〈メディアアクティビスト懇談会〉自体も、このイベントと同じ趣旨のもとで有志が集まったものであるが、このような名前を付けていながらも「メディア・アクティヴィズム」「メディア・アクティヴィスト」というものに対する考えやスタンスは、前述のことなどから各人さまざまに異なっていた。しかしそれがゆえ、考えやスタンスの異なる人びとが集まり、オンラインとオフラインが交差する場において話をする機会を設けることには意義があったといえるだろう。

その後、さまざまに発言のあった各回を活字として記録に残し、イベント終了後もアクセスが可能なかたちにしようということで、本書出版の企画が懇談会によって立ち上がった。活字化においては各回の担当者が各々の回に目を通し考察をつけることとしたが、活字としてまとめるのであればそれに止まらず、さまざまな場面でメディア活動を行っている方々から声を聞かせていただきたいと思い、編集役を担った私からあらたに寄稿やインタビューをお願いすることとした。

このように本書は、運動の現場から生成されたメディアへと関わった人びとの声や、具体的な社会運動そのものにコミットせずともさまざまな場でメディアを試行する人びとの声の記録としてまとめられている。昨今の技術革新によって、「ツール」を前提とした「メディア」というものが数多く取り上げられているが、本書においては活動の場に違いはあれど、人びとによって開かれる〝場〟あるいはコミュニケーションの生成といったところで通じてゆくミクロポリティクスにおけるメディアの活用、そしてその自律性をみていくことができるだろう。

こうした点からいえば、これまで刊行されてきた学際的なメディア論の書籍や研究書とは異なる性質をもった、実践のアーカイヴとして本書は提示されている。

1960年代末のヴィデオ登場からその後の電子テクノロジーの氾濫の中で、メディアと空間／社会運動はどのように交差し、思考・実践されてきたか。

もちろん、イベントにおけるトーク採録を含め、こうした振り返りの活動によって特定の人物や行動を英雄主義的に持ち上げ、権威づけをしようとするものではない。過去の事実を振り返ることで現在における活動を考えようという意思のもと、本書の編集にあたることとした。また、本書には「日本におけるメディアと運動をめぐる年表」というものがついているが、ここには載っていない此処其処で、私たちの知らないでいるさまざまなメディア活動は行われているはずであり、この年表は未定稿のままとした。言わずもがな全てをまとめようとすることなど、ヲコがましいことであるし、メディアというものを本質的に考えてみれば、その必要性すら感じない。

なお、トーク採録部分については、若干の語句表記の統一を行なった。そのため文中では「メディア・アクティヴィズム」「メディア・アクティヴィスト」としているが、〈メディアアクティビスト懇談会〉・イベントの名称である「検証：日本のメディアアクティビズム」の表記はそのままとした。

２０１１年3月11日、東日本大震災の発生と福島第一原子力発電所の事故。これによって、膨大な量の情報が映像としてインターネットやテレビを通じて流された。呆然としたままその情報の波にのまれて疲れ切った私は、なんとか身体を動かそうと、4月10日の高円寺へと向かった。人の群れとともに街頭に出たところで、ようやく身体の感覚が戻り、家に帰ってインターネットにアクセスしたところで、身体が活性していくのを感じていた。その日の夜、ネット上にはその日のデモの映像が無数に流されていた。無数の人びとが、自身の身体感覚のままにデモの内側から撮った無数の映像。編集を施すこともせず、顔の表情、街頭に響く声と音、息遣いが、何の格好もつけず、その意欲をそのままに溢れていた。身体を嗜眠させるのではなく、身体を活き活きとした活性へと向かわせるメディアがそこに立ち現れたといえばいいだろうか。

本書の形成はその時の感覚をひとつの頼りとして続けられた。編集の過程で遭遇したさまざまな場面において、こうした感覚が立ち昇ってくるのを覚えたが、そのような場面には絶えず自律した躍動がみなぎっていた。

私たちにとって、「メディア・アクティヴィズム」とは何か?

本書を手に取った各人が、読むという行為を通してさまざまな解釈をし、自律的に介入していくこと。本をバラバラに分解し、好きなかたちで読むのだっていい。それがアーカイヴとしての本というメディアの役割のひとつでもあるだろう。本を読む読者の本領が本書においても発揮されることを望んではいるが、そう言ったところでこうした望みを裏切る自律性もまたあるはずだ。

これを読む各自一人ひとりが「メディア・アクティヴィズム」を問い、思考を伴う新たな実践へと向かうとき、この頁の先に散りばめられたメディアをめぐる様々な実践の過程は、そのための豊かな材料として機能することだろう。

本書の刊行にあたっては、多くの方々から快い協力を得ることができた。ここにお名前を列挙することはしないが、この場を借りて感謝申し上げる。また、快く出版に応じてくださったインパクト出版会の深田卓氏、私のような素人と並走してくださった編集者の須藤久美子氏にこころから感謝の念を表したい。

２０１２年5月

細谷修平

WHAT'S MEDIA ACTIVISM?

WHAT'S MEDIA ACTIVISM?

装幀・デザイン　成田圭祐

メディアと活性

What's media activism?

細谷修平・編
メディアアクティビスト懇談会・企画

インパクト出版会

検証：日本のメディアアクティビズム 第1回

自主メディアの夜明け

ゲスト

伏屋博雄
元小川プロダクションプロデューサー

佐藤博昭
ビデオ作家

司会

本田孝義
映像作家／VIDEO ACT! スタッフ

▼かつて映画やビデオは大資本が製作するものだった。しかし、1960年代～70年代、社会運動の昂揚期には自主製作・自主上映によって、数多くのドキュメンタリー映画が生まれた。「小川プロダクション」が製作した「三里塚シリーズ」はその代表的な作品である。

▼一方、ポータブルビデオカメラの発達は、マスコミではない一般市民のビデオ製作を可能とさせた。1978年、日本ビクター主催により「東京ビデオフェスティバル（TVF）」が産声を上げる。同フェスティバルはいち早く「市民ビデオ」という概念を掲げた。

▼「検証：日本のメディア・アクティビズム」第一回は、自主製作ドキュメンタリー映画を牽引した「小川プロダクション」の製作実態を元プロデューサーの伏屋博雄氏に、「市民ビデオ」という概念を掲げた「東京ビデオフェスティバル」の様子を、佐藤博昭氏に伺った。

WHAT'S MEDIA ACTIVISM?

「小川プロダクション」、小川紳介との出会い

本田孝義▼戦後のドキュメンタリー映画史に大きな足跡を残した監督・小川紳介さんは、1992年に54歳の若さで亡くなられました。死後、小川紳介が監督した数々のドキュメンタリー映画は継続的に上映が続き、その作家性が活発に議論されるようになりました。しかしながら、16ミリフィルムという形式による映画製作には数多くのスタッフを必要とし、同時に、現在とは違い映画館での上映がほとんど望めない中で、観客に映画を届けるために、活発な自主上映を展開した小川プロダクションそのものについて、議論されることはあまり多くありません。今回は、小川プロダクションの活動を振り返るために、元小川プロダクションのプロデューサーであった伏屋博雄氏にお話を伺いたいと思います。

伏屋博雄▼小川紳介は小川プロダクションを作る前に3本の映画を撮っていますが、いずれも学生運動を題材にした映画です。その後、小川プロが発足してから「三里塚シリーズ」を撮っていますから、小川は非常に政治的な人間と思われるかもしれませんが、とても映画好きな非常に感性がやわらかい人でした。

私が小川プロに入ったのは1968年の4月です。小川プロはその数ヶ月前に発足しています。小川プロが出来る前に、『青年の海　四人の通信教育生たち』（1966年）、『現認報告書　羽田闘争の記録』（1967年）、『圧殺の森　高崎経済大学闘争の記録』（1967年）の3本を小川は作っていますが、その時の主なスタッフが横滑り的に小川プロのスタッフになり、三里塚を撮った第1作『日本解放戦線・三里塚の夏』（1968年）を作るときに、小川プロを名乗ったわけです。小川プロダクションは、法人ではありませんでした。しいて言えば同人組織です。私自身は、卒業間際、就職も決まっていませんでしたが、ある新左翼セクトの方から、最近、小川プロが発足してリーダーは小川紳介という監督だ、と。けれど、製作部のスタッフが足りないんだ、と言われたんですね。そこで私は小川プロの製作部の一員になるわけです。入って間もないころ、『圧殺の森』を見て、学生運動のリアルな描き方にすっかりハマってしまったんです。こうしたドキュメンタリー

をつくる監督を支えたいと思いました。

　仕事は主に資金集めと上映担当です。『三里塚の夏』の場合は、現場スタッフは8人ほどだったと思います。

『圧殺の森　高崎経済大学闘争の記録』1967年　監督／小川紳介
（©特定非営利活動法人映画美学校　以下3作品すべて）

　一方、東京では新宿の新大久保に六畳一間のマンションの一室を借り、事務所にしていました。私はそこへ毎日通いました。びっくりしたのは、ある日先輩が言うには、これから撮影に入るけれど、小川プロには製作資金が全くないんだ、と。ついてはこれからいろいろ回ってお金を集めてくれないか、という話だったんですね。映画を企画した段階で予算が計上され製作資金が用意され、そこから撮影の経費が出ると思っていたら、お金がない。

　お金を集めるには、お金を借りるしかない。じゃあ、お金を借りるにはどうすればいいのか。そこで、小川プロが出来る前の3作品を上映してくれた大学、団体などを当たるしかない。例えば、大学なら自治会や文化団体、あるいは新聞会などです。けれども、大学ですからお金を借りることも出来ないので、もう一度以前に作った映画を上映してもらう約束でその前金をもらったり、これから作る三里塚の映画の、前売り券ならぬ製作協力券を発行して、映画が出来た暁には映画を観られる上映券として機能する、と。それを前もって製作資金として集めていこう、とスタッフと話し合い、そこから入って行きました。

しかし、そこだけだと資金が不足します。どうするかと言いますと、旺文社発行の大学案内本を見まして、大学の連絡先を調べてそこからさらに自治会などを調べて、直接会って趣旨を説明して協力してくれるところを探していくしか手がなかったんです。しかし、大学だけだと製作資金が足りませんので、例えば、べ平連（ベトナムに平和を！市民連合）だとか新左翼系の団体、あるいは一般市民でも三里塚に共鳴する方ですね、そういう人からさらに人を紹介してもらい、会って説明する、ということが始まりました。

ところで、土本典昭監督の映画の場合は1本映画を作るとスタッフは解散するという原則でしたが、小川プロは違いました。これは小川紳介のキャラクターが反映していると思います。小川の場合は映画が完成してもスタッフとして継続するわけです。何もしていなくてもいるわけです。つまり、小川は自分の身の回りに寄り添う形でいてくれるスタッフを必要としたわけです。これは良くも悪くも、映画の中に滲み出ています。三里塚に闘争があろうがなかろうが、ずっと居続けるわけです。新聞やテレビでは闘争のピークの取材が終れば本社に帰っていきますが、小川プロはずっと現地に居続けたわけです。ですから、どこからどこまでが製作期間かよく分からないんです。製作資金で言いますと、フィル

『日本解放戦線・三里塚の夏』1968年　監督／小川紳介

ム代だけではなく、スタッフの食費も必要になります。小川プロの場合は財布は一つでそこから出費しました。スタッフ各自にお金を渡す余裕などありません。お金を切り詰めるために、共同炊事・共同生活を徹底していました。

資金あつめに奔走する

伏屋▼最初の『三里塚の夏』の時には機材もなかったので、レンタルしかなかった。例えば当時、アリフレックスの１６ミリカメラを借りると1日当たり7、8千円したと思います。他にもテープレコーダーも必要ですから合わせて1日1万円ぐらいでしょうか。これを1カ月借りれば３０万円、値引きしてもらっても２０万円、これを半年借りれば機材費だけで１２０万円かかるわけです。その時に、自分たちの手元にカメラがあったら、テープレコーダーがあったらどんなにいいだろうか、と小川たちは思ったわけです。それは金銭的にもいいわけですが同時に、三里塚で何かあった時に即座に対応できる、撮影できるという二つの点で機材が必要だったんです。機材をわが手に欲しい、獲得したい、それが大きな力になるんだということで、なけなしの金を少しずつ貯めたりしていました。けれども、何百万もするような新品は買えません。例えばナグラという当時唯一、画と音がシンクロする、ぴたっと合う機能を持った録音機を何としても欲しかったんですが、高価なので買えないんです。

それが縁があって、フランスの１９６８年の5月革命の時に映画人たちが使った中古をあるルートを通じて手に入れました。また、スタインベックという編集機はＮＨＫが廃棄した中古を１０万円で買いました。そして最終的に、映写や効果音やナレーションを入れられるスタジオを作りたいと思ったわけです。当時、新宿から荻窪に移ったことを契機に、３部屋ほどのマンションの一室を大改造しまして、防音・消音のグラスウールやベニヤ板を貼るとか、録音機材を中古で買って用意する。あるいは事務所の出入りのために壁をぶちぬいたりしてスタジオにしました。

映画の素材は１６ミリフィルムですからフィルム代だ

けではなく、現像してネガをとってラッシュもとります。ラッシュは編集前に検討する素材です。これらは現金取引です。しばらくはツケがききましたが、そのうちに現金払いになってしまいました。作品の長さにもよりますけど、最低、４、５００万円ぐらいはかかったと思います。長い作品だと１０００万ぐらいでしょうか。小川紳介が１９９２年に亡くなって、１９９４年に小川プロが解散します。1億円近い借金が残りました。ただ、この借金というのも、銀行から借りていたわけではなくて、先程も話しましたように、製作費はカンパではなく、基本的に何らかの形で返すことにしていましたので、小川の生前には返しきれなかった、ということです。

『日本解放戦線・三里塚の夏』1968 年　監督／小川紳介

今でこそ文化庁の助成金制度というものがありますが、小川プロが製作していた時代にはありませんでした。後年、３５ミリの劇映画への助成は出来ましたが、１６ミリ映画への助成はありませんでした。ですから、三里塚の後、『ニッポン国古屋敷村』（１９８２年）、『１０００年刻みの日時計　牧野村物語』（１９８６年）を作る時には文化庁に抗議に行ったことがあります。担当者からは「気持ちは共感するけれども、今は１６ミリフィルムには助成は出来ない」と言われて悔しい思いをしました。その何年か後には、１６ミリフィルムに対しても、今ではビデオに対しても助成金が出るようになりました。ですから、そういった助成制度がない中でも、我々は作りたくてたまらなかったので、上映とかカンパ集めもやったのですが、それでも足りなかったので借金をして作り、そのことで多額の借金を残したのは我々の力不足であると同時に、後の歴史がどういう判定をしてくれるか分かりませんけれども、いいとも悪いとも私は言えない。小川を始め、僕らは映画を作りたいという気持ちがそれだけあったということですね。ですから、お金を返さないということで散々噂を立てられたこともあったけれども、小川プロが解散した時に抗議する人がいなかったということは、慰めかもしれないけれども、我々が映画を作ってきたことを評価してくれたんじゃないかなということはあります。

　ただ私はプロデューサーとして借金をしまくった男ですから、小川プロが解散して随分時間が経ちますが、私は自責の念ということも踏まえてですね、作ったことは絶対後悔しないと同時に、返せなかったという思いは、あまり口には出しませんけどもずっと今も尾を引いています。

全国に波及した自主上映

伏屋▼製作費を集めることと同時に、上映の事がありました。今と違って映画館はドキュメンタリー映画を上映してくれませんでした。地味だとか客が入らないとか、けんもほろほろなわけです。ですから自分たちで上映場所を探してチケットを売って、チラシを作って呼びかけをして上映しなくちゃいけない。ホールや公民館、あるいは大学、時には高校もありました。スペースがあればどこでもいいんです。１６ミリの映写機は結構探せばありましたから、上映できる所を探して、人の協力を得て上映をやっていったということです。上映会場が溢れかえるようなこともありました。

　それが全国に波及していって、我々のスタッフが上映前に行って、その土地の人たちと一緒になって宣伝活動をやっていく。作品によって違いますが、我々スタッフも東北班とか関東班、あるいは九州班というように手分けして、時にはそこに1カ月ぐらい住み着いて、そこの人と交わりながら隅々まで行きわたるような宣伝をやっていった。第2作の『日本解放戦線・三里塚』（通称：三里塚の冬、１９７０年）の時には、札幌には北海道小川プロダクション、大阪には関西小川プロダクション、福岡には九州小川プロダクション、仙台には東北小川プロダクションというように、１人のところもあったり、７、８人のところもあったり規模は様々ですが、住み着いてきめ細かい上映をやっていくという形をとったこともありました。

『ニッポン国古屋敷村』1982 年　監督／小川紳介

８０年代から９０年代にかけて各地でミニシアターが作られました。作った人たちの多くは、６０年代から７０年代に我々の映画を上映していた人たちが、ホールを借りるのではなく、自らの常設館を作って気に入った映画を上映していきたいと思ったのです。そういうミニシアターで、いまドキュメンタリー映画を上映するようになっています。

「TVF」スタートと『走れ！江ノ電』

本田▼ありがとうございました。次は、2001年から「東京ビデオフェスティバル（TVF）」の審査員を務めてきた佐藤博昭氏にお話を伺います。TVFは1978年にスタートした、日本ビクター株式会社が主催する国際的なビデオフェスティバルです。〝誰もが参加できるオープンイベント〟として、年齢・性別・プロ・アマを問わず、TVF2009（第31回）までに累計で世界110の国と地域から、5万2517点の作品が寄せられています。

佐藤博昭▼TVFは1978年に始まりました。1975年にベータマックスが発売され、76年にVHSが発売されてこれからビデオがますます普及していくだろう、というところに合わせて始まっています。TVFに最初から関わっている方の話を聞くと、ビデオの販売促進という目的はもちろんあるけれど、その先にある、プロじゃない人、あるいは映像に慣れ親しんでいるような人ではない、様々な人たちがビデオ製作の主役になるのではないか、と考えておられたと思います。それを「市民ビデオ」という枠で考えていこうという志があったようですね。ですから、当初から「コンテスト」というよりは「フェスティバル」という位置づけがあって、大賞などの賞を決めますが優劣を競うというよりは、先程言ったような人たちが集まる場を作っていく、というのが主要なコンセプトとしてあった、と聞いています。

1978年のTVF第1回で『走れ！江ノ電』という、川崎市立御幸中学校放送部が作った作品が大賞をとってしまった、ということが図らずも、その後のTVFを決定づけたような気がするんですね。後で調べてみたら、この時の応募者の中にはその後の映画監督など有名な人がいたりします。我々審査員は話し合いで賞を決めますが、そこにも選び方があって、今年の応募作品を象徴しているかどうかというのは一つの大きな基準になっていたんですね。だからこの1回目の『走れ！江ノ電』は象徴的な作品だったという意味で、非常に画期的だったし、これでTVFが「市民ビデオ」を目指していくことを宣言したようなものだったと思います。

今、歴史を振り返りますと、映像作家・美術家の小林はくどうさんが主要な発起人だったということに意味があったと思います。日本のビデオアートがスタートするのは60年代末から70年代頭です。72年に初めて日本のビデオアート展というのが開催されますが、その時のメンバーというのが小林はくどうさんだったり、中谷芙二子さんだったり、山口勝弘さんだったりして、後にTVFの審査員になる。ビデオアートはその後、現代美術の新しいジャンルになっていきます。

『走れ！江ノ電』1978年　川崎市立御幸中学校放送部

一方、小林はくどうさんは初期のころから「コミュニティービデオ」ということを重視していて、国立市で独自のビデオ活動をやっていたり、街の政治の中にビデオがどう関係していくか、地域をよくしていくためにどうしたらいいかという視点を持っていた。同様に中谷さんも『水俣病を告発する会　テント村ビデオ日記』（1971〜72年）という作品でチッソ本社前で抗議する若者たちを記録したりということをやっていた。ビデオアートは現代美術の方にシフトしていき、同時にドキュメンタリー映画が日本の様々な問題に深く向き合っていくということがあった中で、おそらく小林はくどうさんの中に「コミュニティービデオ」を作っていくということが置き去りにされた感があったと思うんですよ。それを何かの形にするという意味でTVFが「市民ビデオ」を持ち上げていくきっかけになるという判断もあったんじゃないかと思います。

80年代 ジャンルを超えて、同じ土俵で

佐藤▼TVFの歴史の中でもいくつかの大きな波があったと思います。ちょうど80年代以後というのは、僕と同じぐらいの世代の人たちがビデオアートを志向し始めて、学生のアート作品も一時期いっぱい出てくるんですが、ある時からTVFはおじさん向きでやぼったい、素人向きだという印象があって、若者たちはどちらかというと海外のアートフェスティバルを目指したりという形で離れていく。ところが同じような時期に、コミュニケーションを重視した作品が現れてきたり、一方でジョン・アルパートのような正統派ドキュメンタリーがあったりする。そういういくつかの帯が並行して走っていったというのが、このTVFの大きな特徴だったと思うんですね。そして我々はその総体を「市民ビデオ」と括らなければいけないんじゃないか、と。だからある部分を特化して、ドキュメンタリー賞とかアート賞とか、そんなことではなかっただろうと思います。それは最後まで、僕が審査員になってからもずっと、ジャンルを超えて同じ土俵で論議するというのは、伝統としてずっと守られていました。

個人の視点をビデオという道具を使ってどう主張するかという部分に、TVFの歴史の後半はしぼられてきていたような気がします。おそらく決定的なのは、編集がパソコンで出来るようになったことが大きな転換点だったと思いますし、僕が審査を始めた2001年には

『ダムの水は、いらん！』2002 年　佐藤亮一

個人レベルで相当普及していましたので、特徴としてはその頃からドキュメンタリーが多くなったと思います。

例えばいろんな地域の問題をその地域に住んでいる人が取り上げて、２０分程度のビデオにして発信するということがあります。２００２年のＴＶＦで大賞をとった『ダムの水は、いらん！』という作品がありますが、この作品は九州の川辺川ダムの問題を地元に住む佐藤亮一さんが撮った作品です。この作品で言えば、ビデオアクティヴィズムという、もうひとつの特徴も持っていて、映像が作品として評価されるということと同時に、映像がきっかけになって、本来の活動が動いていく。作者の佐藤亮一さんは川辺川流域に住んでいる塾の先生で、夏になるとカヌー教室をやったりいろんなことをやっていた。実際、川辺川ダムが出来るとどうなるかということを地域の農家の方などに話を聞いていく。そうすると農家の方たちは利水という意味ではダムはいらないと言われる。佐藤さんはダムが出来ることで川が失われていく、環境が悪くなるということを前面に押し出したわけです。

ＴＶＦの一つの特徴ですが、表彰式で終わるのではなく、その後、巡回して上映したり、あるいは製作者のヒントになるようなことをセミナー形式で伝えたりということをやっていました。その中で、熊本上映会がありまして、その時に前年に大賞をとった佐藤亮一さんも一緒に来られていて、色々な話を伺ったんですね。佐藤さんは他にもいろんな活動をされていて、インターネットで配信をしたり、ＤＶＤを販売したり、販売の収益を川辺川の保護活動に充てるとか、そういう活動の道具としてビデオを作っていたし、地元で同じように川辺川を守りたい人とコンサートとビデオ上映をセットにしてやっていたりしました。

３１年間続いたＴＶＦ　アーカイヴの共有へ

what's media activism?

佐藤▼２００９年に３１年続いたＴＶＦからビクターが撤退することになりましたが、不況の影響もあって１社でこのフェスティバルの運営を担うことはできないということが一番大きかったと思います。２００９年でＴ

ＶＦは一旦終わりましたがこれまで３１年間蓄積してきた、市民ビデオというアーカイヴをどうするのだ、という問題がありました。

それから、いくつか活動の芽が出てきたところ、例えば教育に関するセミナー、ワークショップもやってきた中で手ごたえがありました。これから小・中学校でももっと映像が作られるかもしれない。その時にＴＶＦのアーカイヴとか、製作者のノウハウとか、我々が持っている教師のネットワークをもっと展開できるんじゃないか、ということが一つありました。惜しいという気持ちがあって、なんとかならないかという中でＮＰＯ法人というアイディアが出ました。ＴＶＦが一旦終了して審査員だけではなくいろんな形でＴＶＦに関わっていきた方に理事になっていただいたり、ボランティアで参していただいたりという形でなんとかこれからも継続していこうと活動しています。

同時に、ＮＰＯの活動を成り立たせるのも大変で、どうサポーターを増やすのか、会費を払ってくれたサポーターの方にどう還元していくのかなど、まだまだ多くの課題を抱えているところです。

会場との質疑応答から

本田▼ここからは、会場に来られた方からのご質問をお願いいたします。

質問▼私が『三里塚の夏』を見たのは1969年の夏ごろだったと思うんですけど、明治大学の和泉校舎の封鎖されたバリケードの中で「バリケード祭」という形でやった中で観ました。その当時はどういう時代だったのかをあらためて教えてください。

伏屋▼経済的には右肩上がりになると同時に、戦後の矛盾が集約的に押し寄せたような感じがしました。例えば新宿も、西口には淀橋水道場があって高層ビルもないような時代でした。それがみるみる景色が様変わりする。それと同時に世の中が息苦しくなってくる、そういう時に人間の生きがいは何だろうか、ということが問われました。そういう時代に三里塚も空港建設という近代化という名のもとに、あの村の人たちを犠牲にするような形で推進していく。かたや水俣も九州の一角で公害という形で出てくる。言わば、水俣と三里塚は集約的に矛盾が出ている当時の二大闘争だったんじゃないでしょうか。

映画の作り方で言えば、そもそも三里塚に入ったのも偶然性みたいなところもあって、人からちょっと行ってみないかと誘われて行ってみると、のほほんとした社会とは違って分厚い人間の生きざまを感じたわけですね。小川の映画の作り方はそういう、皮膚感覚と言いましょうか、そういうところから入る人なんですね。しかも、小川はそこを深く掘り下げていった、ということなんですね。小川の視点は表層的な闘いだけではなくて、生きとし生きてきた、歴史が積み重なって来た人たちの蠢きみたいなものを撮ろうとしてどんどん入っていったわけです。ですから、三里塚で7本撮りましたけど、1作1作違います。だんだん深く入っていきます。もっと深くは三里塚の次に山形に移ります。山形のなんでもない、闘争も何もないどこにでもあるような村の中のたたずまいの中の風土、地面を掘り下げていった。人が生活してきた息遣いを撮っていったわけです。ですから小川っていう人は、どんどん表層的なものをとっぱらってその後ろ側、裏側を深く入り込んで撮っていったわけです。

質問▼小川さんがずっと製作を続けてきた中でビデオも登場してきたと思うんですけど、小川さんはビデオに対してどんな考えを持っていたのでしょうか。TVFと小川さんの歴史で重なっている部分もあると思うんですけど、どういうスタンスでお互いを見ていたのでしょうか。

伏屋▼小川プロで映画を作っていた時代とビデオの登場はクロスする部分があったと思いますが、結果的には小川プロはフィルムだけでやってきたので、彼自身はビデオ作品を全く作ってないです。ただ、もう少し彼が生き延びていればですね、多分、ビデオに手を伸ばしただろうと思いますね。そこには偏見はないです。

小川プロは慢性的に貧乏でしたから作れない危機が何度もあったんですね。その時に小川はよく言っていました。「もしフィルムで映画が撮れなかったらな、おれは口でしゃべるぞ」と。あるいは書くぞ、書く手があるじゃないか、と。そうやっていろんな表現手段があるんだ、と。でも、結果的には彼はフィルムに固執しました。もう少し生きていれば彼はビデオを作ろうとしたのではないか、ぜひ、見たかったなという気持ちがないではありません。

ただ、小川は「映画」を見せたいという気持ちが強い人でしたから、小川が生きていた頃はビデオプロジェクターの性能もあまりよくなかったので、上映まで考えればビデオに信頼が置けなかった。小川は映画を見せて終わり、という人ではなくて、上映後も話し合うことがとても好きな人でした。ですから、上映のような、そういう場が好きで、今のようにビデオが機能しているような時代であれば、ビデオで作品を作ったと思います。ビデオは何より安く作れるわけですから、こんなにいいことはないですよ。

佐藤▼今、TVFなどで多いのはプライベートドキュメンタリーで、個人がある問題を切り取っていくという視点だと思うんですね。それがどこに源流があるのか。例えばイメージフォーラム・フェスティバルなどで取り上げられていく作家の評価も制作の動機になったと思うんですけど、そもそも個的な視点で打ち出していくプライベートドキュメンタリーの源流みたいなものは、土本さん、小川さんが映画を作っていた時代にあったんじゃないかと思うんですね。ビデオアートは現代美術、

芸術の方に行ったし、片や記録映画の大きな運動があって生半可なことでは立ち向かえない状況があったわけですよね。

しかし、若い世代では当時の状況とか運動に対する垣根がなくなっていって、フィルムであろうがビデオであろうが、プライベートドキュメンタリーを撮ろうとしている人が、一つの手本として小川さんや土本さんの作品を見ている、という状況は非常に面白い形でつながっているんじゃないかな、と思います。

質問▼僕は生前小川さんと何度かお会いしているんですが、彼は映画を作って上映運動を全国で展開してスクリーンに投影していっぺんに大勢の人が見るということを想定して映画を作っていたわけですけど、実は小川さんは映画が出来たら、映画に映っている人と一緒に見るというのが彼の本当の目的だったんじゃないかと。それは何かと言うと、小川さんは市民メディアという発想は全くなかったと思いますけど、今、市民メディアという分野でやられていることを、実は小川さんはやってたんじゃないか、と。上映運動という目的ではなくて、大きいのは作家としての目的。

例えば『ニッポン国古屋敷村』という映画、小川映画の中で初めて劇場で公開された映画で、ベルリンで賞をもらった映画でもありますけど、これも古屋敷村で画面に出てきてしゃべるおばあちゃんと一緒に映画を見るようなことがあったんじゃないか、と思うんですね。撮る人と映る人、あるいは観る人がどういう場を作るかということを、映画を作る根源的なエネルギーにしていたんじゃないか、という感じを僕は持っています。

伏屋▼小川にとってドキュメンタリーというのは出会いなんですよね。そして出会いの中で築かれた関係を撮っていく、その関係の跡がドキュメンタリーなんですよ。撮り手と映る人との間に漂う関係を撮っているのがドキュメンタリー。関係と言うのは伸び縮みするんですね。厚くなったり薄くなったり、あるいは深くなったり、関係が伸び縮みするわけです。その関係の跡を撮っていったのがドキュメンタリーだと小川はよく言ってましたよね。

質問▼世界の中でも土本さんや小川さんがやったのは先駆的な誇るべき運動だと聞いています。また、海外から「弾丸映画」が来たりということがありましたよね。そのへんの国際的な関係はどうなのかということと、16ミリフィルムが当時置かれていた状況みたいなものを知りたい。

伏屋▼国際的な交流はありました。先程言われた、「弾丸映画」は小川プロが上映したんです。アメリカのブラックパンサーとかコロンビア大学の闘争のドキュメンタリー、あるいはフランスの68年当時、ゴダールとかトリュフォーとかが各地の闘争の状況を自分たちの手で撮影していち早く身近なところで上映の場を設けて観てもらい、情報を伝達していくという動きがあったわけですね。そういう人たちが撮ったカルチェラタンの闘争だとか、あるいはフランス国鉄労働者のストライキの映画、その他色々あります。アメリカの新左翼系の雑誌記者が日本に来まして、彼が16ミリフィルムを持ってきたんです。そして僕らと親しくなりまして、じゃあ、これを日本で紹介しようじゃないか、と。同時に僕らが作った三里塚の映画をバーターで渡すから、アメリカで上映してくれよという形で、僕らはアメ

小川プロ主催の「弾丸映画」上映会ポスター
（協力：山形国際ドキュメンタリー映画祭）

リカとフランスの何本かのドキュメンタリー映画の日本語版を作ったわけです。字幕版ではなく吹き替え版です。こうした作品を日本で「弾丸映画」と称して上映していったわけです。なぜ「弾丸映画」かと言うと、アメリカはニューズリールと言うんですが、そのタイトルが機関銃のようにダダダダと出るので、弾丸のようだということで総称して「弾丸映画」と銘打ってかなりいろんなところで上映されました。そういった意味では世界の動きに呼応していたとも言えます。同時に世界的な動きの中でそれほど大規模ではないけれども、僕らのプリントが海外で上映されたのも確かです。

質問▼同時代に国内を見渡して、小川さんと同じような志向を持った方は他にいらしたのかどうか。TVFに関しては黎明期から90年代に差し掛かる時代に同じような志向でコンテストなり映画祭をやっている方がいたらどういうふうに見ていたのかを伺いたい。

伏屋▼すぐ思い浮かぶのは土本典昭さんですね、それは間違いない。土本さんは小川より8歳年上なんですね。非常にキャパの大きい人でもあったし、小川とはライバルというか兄貴分というか、なんていうんでしょうね、映画的な志に関しては非常にうまが合うというんですかね。土本さんは文章が書ける人ですから、小川は土本さんが書いた文章を必ず読むわけです。土本さんは「土」ですから、ドロちゃんという愛称だったんですが、小川は「ドロちゃんとおれはあんまり違わないなあ」と言っていました、方法論的に。でもやっぱり出来あがった作品は各々のキャラクターが出ていると思います。

佐藤▼コンテストはいっぱい出てきましたよね。80年代の初めからは朝日新聞が「全日本ビデオフェスティバル」をやったり、毎日新聞が「ビデオポエムコンテスト」をやったりしていました。

僕が関心を持っていたビデオ表現ということで言えば、90年代にはビデオアート、ビデオ表現の発表や共有の場が無くなっていったという実感があって、同時にビデオアートの世界の閉塞性みたいなものが、僕自身も感じていたことだった。その頃僕はビデオの映像表現はだめなのかと考えていたんですが、それではあまりにも悔しいので自分たちで作品を作ったら自分たちで発表する場を作ろうということで、自主的に上映の場を作っていくということをやりました。

僕は97年からそういうことをやったんですが、その頃そういう運動が全国的にもいくつかあって、若い作家グループが自分たちの作品を上映するという運動をやっていたんですね。だから、そういういくつかのうねりがあったような気がしますけれども、今は、TVFに若い作家が戻ってきているということもあります。全国的な自主上映の組織も、いくつかは継続できなくなっていますが、しぶとくネットワークを作って組織化しているところもあるようです。


（2010年8月26日　於／素人の乱・12号店）

自主メディアは私達の足元の社会を映し出す ▼ 本田孝義

「小川プロダクション」の映画は、しばしば「運動の映画」と称されていた時代もあったが、同時に「映画の運動」でもあった。16ミリフィルムでの映画製作には多額の資金を必要としたが、多くの市民が製作費を支えた。こう書くと何やら美談めくのだが、実態は伏屋さんの生々しい証言にある通り、借金に次ぐ借金の自転車操業であった。しかしながら、小川プロが描いていた三里塚闘争への共感、監督・小川紳介に対する信頼など、お金を貸した人々の中にもあった熱い思いも忘れてはいけないだろう。こうした思いは、上映においても広がり、自主製作・自主上映のぶ厚い層が確かに存在したのだった。はたして現在、私たちの中にそのような熱気があるのか、そのことは問い直されなければならないだろう。

一方、「東京ビデオフェスティバル（TVF）」は上記のような「運動」とはおよそ性格が異なるものだった。まず、このフェスティバルは日本ビクター1社による、単独主催事業だった。ビデオメーカー主催のビデオフェスティバルであれば、当然、ビデオの販売促進という目的があったであろう。しかし、過去の歴代受賞作品を見ていくと、第1回から掲げられた「市民ビデオ」という考え方が、いかに時代を先取りしていたか、時代が必要としていた概念だったのかが分かる。上記、小川プロの映画はやはりプロの映画だった。ビデオの世界も放送局を筆頭にプロの世界だった。だが、ビデオカメラがポータブル化した時代からプロとアマチュアの境界は曖昧になっていった。同時に、ＴＶＦの受賞作を見ればむしろ、プロには撮れない世界が確実にあることに気づくだろう。例えば単純に、中学生には中学生の、老人には老人の年齢でなければ滲み出てこない世界がある。ビデオアクティヴィズムを考えるときに、ややもすれば、どう社会を変革するのか、という部分が強調して語られるのだが、では私達の足元にある社会がどのような姿をしているのか、ということは無数の市民ビデオによって見えてくるだろう。

短い時間で語りつくせなかったことも多々あるが、今後の検証を待ちたいと思う。

自分たちのメディアを創る　映像を用いた〝もうひとつ〟の美術史

藤井光（映像ディレクター／美術家）

WHAT'S MEDIA ACTIVISM?

1971―2010　個と個をつなぐメディア

20世紀に展開された芸術の長い歴史は、〝決裂（rupture）〟の道を求めることによって作り手と観客を換えていった。国内においては、美術家の中谷芙二子が1971年当時、市販されたばかりの個人用小型ビデオカメラを水俣病の加害企業に向けた時、戦後現代美術のひとつの再フォーマット化が始まっている。アートの実践領域をプロダクトからプロセスへと転換させたフルクサスの芸術運動を継ぐニューヨークのテクノロジー・アートグループ「E.A.T」の活動に参加し、アートという言葉すら使う必要のない、新しいコミュニケーションの可能性を探求していた中谷は、今現在ディスコミュニケーションの起っている場所、すなわち三菱重工ビルの前で、水俣病患者と抗議活動を続ける「水俣病を告発する会」の支援者たちと合流する。

「支援者たちは、毎朝出勤してくるチッソの従業員に、水俣病の実態を訴えるビラを渡すのを日課にしていた。カメラで後側から撮っていると、誰もビラを受け取ってくれない。ところが正面からカメラを向けると、殆どの人がビラを受け取る。カメラは使い方によって武器になる。普段なら起らないことを誘発して、日常を劇場化する引き金になる。」E．A．Tの活動に参加していた中谷芙二子の関心は、コミュニケーションしないことの不可能性を証明することである。世界は進行中の相互作用を繰り返すサイバネティックな環境であり、全ての行動はコミュニケーションとなる。不断のフィードバックによって生成されるダイナミックな環境の中で、オブザーバーとして人々を客観的に撮影することは出来ない。作家はメディアの暴力性をプレイヤーとして引き受け、映像の可能性を模索した時、映像が制作される状況・環境を重要視する。ここに個人を超えた社会的な関係性の美学が発生する。

中谷はビデオに関心のある美術家の山口勝弘、映像作家の松本俊夫、かわなかのぶひろ、宮井陸郎、美術評論家の東野芳明らに声をかけ、1972年に銀座ソニービルで開催された日本で初めてのビデオ・アート展『ビデオ・コミュニケーション Do it yourself kit』を企画する。そこに出品されたビデオ・ドキュメント《水俣病を告発する会 テント村ビデオ日記》（1971／1972 協力：小林はくどう）は、三菱重工ビルの前で支援者たちが実際に見た映像をのちに編集したものとなっている。ビデオというメディアは撮影された映像を即時的にフィードバックすることを可能にしていた。支援者たちは、小型モニターにフィードバックされた自分たちの行動をその現場で再確認し、時にそこに映る自分たちの映像は笑いを媒体にした。美術批評家の針生一郎はこのようなアートの告発とアンガージュマン（社会参加）を次のように要約している。「今日多くの映像メディアは、いわゆるマス・メディアとして資本に独占され、送り手から受け手への一方通行の回路しかもたない。だが、美術家たちはこれらメディアを、自己確認と観衆とのパーソナル・コミュニケーションのために使用し、（中略）機械的複製手段を逆用して生の一回性そのものをとらえようとしているともいえる。[*1]」

テレビによって視覚の全国動員が可能な時代だった。アメリカの放送通信を規制し監督をする第三者機関FCC（Federal Communications Commission）をモデルに放送通信は国家管理から戦後一時的に解除されたものの、日本の主権が回復するとともに再度国家によって管理されていた。本来権力を監視するべきメディアが国家に管理されているという異常な事態が現在も続く日本であるが、ブラウン管を占領するマス・メディアは、〝経済成長〟というスローガンを宣伝する装置に他ならなかった。水俣病という深刻な社会問題は、製品を所有する文化を加速化させることで生まれた負の遺産である。その中にあって、メディア技術に関する新たな着想やその使い方の多様性を探求する中谷芙二子が、ポータブル・ビデオ、ビデオ・カセット、小型モニターといった最新の工業製品を使用し、有機水銀で殺された死者や負傷者たちのパーソナル・メディアに逆用していくその行為は詩的でさえある。

中谷は、先述した『ビデオ・コミュニケーション Do it yourself kit』展を実現するにあたって結成されたビデオ・グループ「ビデオひろば」の作家たちと、特異な社会的方向性を持つ作品を制作していく。「ビデオひろば」のメンバー、中谷芙二子、小林はくどう、山口勝弘、かわなかのぶひろ、松本俊夫らによって1973年に制作された《ビデオによる新・住民参加の手法》は、横浜桜木町駅前再開発地区で地域住民の対話をテーマにしたビデオによるインタビューとフィールドワークである。この映像は最終的に、一般市民、市当局、再開発関係者が介する集会でフィードバックされている。ここでの「ビデオひろば」の美学的立場は、世界像であれ、人間像であれ、何かを概念化することを芸術としなかった。「ビデオひろば」の作家たちは何も表象しないことを選び、芸術を新たな社会的コミュニケーションを可能とする〝情報メディア〟として認識した。山口勝弘は『ビデオ・アートの社会性』において「現代の文化が中央集

「ビデオ・コミュニケーション DO-IT-YOURSELF kit」（1972年　銀座ソニービル）
写真提供　ビデオひろば

権的性格を弱め、周縁的文化の活性化が始まっている状況に応じる、新しい発表形式と流通の可能性をはらんだものとなりつつある」と、ビデオの可能性を語るとき、そこに見えてくるアーティストたちのユートピアは、メッセージを受け取る側がいつも受け身であるという芸術＝社会の垂直的なコミュニケーションの崩壊を予言し、その形態を根底から組み替え、芸術の新たな可能性を切り開く方向を探しているようである。その意志は「ビデオひろば」の中心メンバーの一人である小林はくどうが、一般市民に映像制作のワークショップを行い、自主的に制作された映像が人々の意見として行政にフィードバックされる制度「国立市広聴ビデオ条例（1978）」の制定に関わっていることに象徴されている。アーティストはコモンズの中で、これまで無かった新しいシステムを社会の中に残すことを選んだ。公共空間において起こりうることについての、人々が抱いている固定概念を揺さぶるような単独性を有したOSプログラムの発明。このアプローチは一般市民が作品を発表できる『東京ビデオフェスティバル』（1978―2009）に受け継がれる。そこは、限られた人々に独占されてきた映像メディアを一般の人々に譲る場所となった。重苦しい日常生活で誰もが抱く批評的思考が〝ジャーナリスト〟や〝アーティスト〟によって外製されるアウトソーシング型のアートの現場ではなかった。生活保護を必要とする若者、厳しい環境で働く不安定労働者、内部告発を考える技術者、デート・バイオレンスに苦しむ女性、フリースペースに通う学生、公園で生活するホームレス、賃貸契約を拒否される外国人たち自らがメディア・テクノロジーを手に取り、自分たちのメディアを自分たちで創る現代へと繋がる実験の場だった。

1991―2010　行動のためのメディア

1990年代に入り世界は〝Nothing About Us Without Us〟（私たちのことを、私たち抜きで決めるな）[*2]と社会の低いところから唸る者たちの声に呼応することがより困難になっていた。他者の身体に対する人間の想像力は錯乱していた。1991年に勃発した湾岸戦争における報道は衛星通信によってリアルタイムで戦闘の様子を世界中へと流したが、戦場で生じた各々の一回性の死と、各々の単独的な殺人を、脱色させ、運び去り、否定し、忘却するためのイメージをオーディエンス（受信者）に届けるだけだった。世界を包み込もうとする抑圧された映像は、数々の死がそこにあることを、何十万人もの死がそこにあることを、実感させないための情報操作がなされていた。暴力と死のない戦争がディスプレイされ、あたかも「湾岸戦争は起らなかった」[*3]かのように人々は日常生活に戻ることができた。

戦争を忘却したくない者たちは、映像が伝達されてくる「デリバリー・パス」を換える必要があった。デリバリー・パスとは、映像をオーディエンスに届けるための通路（パス）を意味する。テレビでは放送局が政府から割り当てられている電波の周波数を指す。映像美術においては一般的に美術館の空間やギャラリーがそのデリバリー・パスに相当する。映像は常にデリバリー・パスによって発信できる内容が事実上定義づけられ制限される。そして、デリバリー・パスそのものは多くのオーディエンスと繋がっており社会的な属性に厳しく拘束されている。この相互関係が映像メディアの特性であり、戦争支持が支配的な社会においては、自立したデリバリー・パスを持たなくては、均一化する報道に対し単独性＝自律性を有する視点を投じることはできない。

アメリカでは表現の社会保障の一つである「パブリック・アクセス」が制度化されており、自立したデリバリー・パスがあった。パブリック・アクセスとは、放送といった〝場〟を公共の空間と考え、誰もがメディアにアクセスする権利を法的に保障する制度として、アーティストやジャーナリスト、社会的排除を受けるマイノリティーや少数意見を持つ市民たちすべての人々に放送時間枠を開放しメディアにアクセスすることを可能としていた。パブリック・アクセスは長いメディアの民主化運動の中で生まれたが、多様な言論の場を創造し社会の厚みを担保する制度として日本を除く多くの先進国で制度化されている。この制度を利用し、メディア・アーティストのマーティン・ルーカスらによって制作された「湾岸危機ビデオプロジェクト」が、マス・メディアとは異なる視点で湾岸戦争をとらえ、社会の中に単独性を有する視点を投じた。この映像はニューヨークの実験的な放送局「ペーパータイガーTV」

が１９８０年代に開始した衛星を用いてオルタナティヴな映像表現者をネットワークするプロジェクト「Deep Dish TV」によって放送され、日本においても、湾岸戦争時におけるペーパータイガーＴＶの批評的映像がジャーナリストやドキュメンタリー作家たちに紹介され、ペーパータイガー・ショックが起きている。１９７０年代以降、「ビデオひろば」の活動が社会に直接参加していくように、ビデオに関心のあるアーティストたちは、現在のインターネットのような役割を期待されていたビデオを使い社会構造の中に新たな情報環境を着々と構築していた。それが映像表現者たちによって作られたペーパータイガーＴＶのような〝オルタナティブ・メディア〟である。

オルタナティブとは英語で「代替」を意味する単語である。「もうひとつの」と訳してもいいだろう。文化におけるオルタナティヴ・メディアの定義は繰り返し論争の的になっているが、それがまず定義不能だと認めた上で、「オルタナティヴ・メディアを主流文化への対抗性によって定義する考えもあるが、その定義方法はオルタナティヴ・メディアの歴史を振り返ったときに問題を引き起こしてしまう」とメディア研究者のミッチ・ウォルツが述べるように、オルタナティヴ・メディアは主流文化をはるかに超え強い影響力を持つことがある。[*4] むしろ、オルタナティヴ・メディアやそれが生まれる基盤としてのサブカルチャーの表現が、徹底的に模倣されマス・コミュニケーションに吸収されていったことが文化のひとつの歴史である。同時代の経済的な変動や社会的な抑圧と弾圧といったアクチュアルな文化状況への応答と参加にのみ〝オルタナティヴ〟の構想が可能であり、ペーパータイガーＴＶといった多様性を追求する場の提供を目的としたオルタナティヴ・メディアには、同時代の問題に関わるさまざまな人々が集まり、創造的な人々のハイブリッド（複合的）な関係が可能となる。サンフランシスコのミッション地区にあるアーティスト・テレビジョン・アクセスＡＴＡは、一般的なギャラリーとして始まったが、そこは、映像の上映から、編集環境など映像制作者に必要な機材を提供し、映像制作に関心のある人々が技術講習を受けることができるメディア・センターへと変化していった。そこには、社会の中で、もののの見方の多様性を追求し、または必要とする、アーティストやゲイやレズビアン、トランスジェンダー、アフリカ系アメリカ人らが交流した他、プロモーション・ビデオを制作に来たヒップホップ・ミュージシャンが、アクティヴィストのドキュメンタリーに音楽を提供するなど、映像制作という文化装置は、家族や地域単位をベースとしたコミュニティー（共同体）ではなく、社会的・哲学的・心理的な個人の主体性をベースとしたハイブリッドな作品と人的ネットワークの形成を媒体していく。

2001―2010　文房具としてのメディア

グーテンベルクが15世紀に活字印刷を発明し、聖職者が占有していた情報を非聖職者に開放した時のように、インターネットによる概念的な自由の実感は革新的であった。けれども、オルタナティヴ・メディアが提供する〝行動のための情報〟が乏しく、文化の厚みを担保するシステムが構築されていないアナーキーな消費社会では、〝忘却のための刺激〟が氾濫し、実際に起っている出来事とシミュレーションの境界線は錯乱する。その結果、リアルワールドは不確定性に陥り、確かなものと言えば、私の家にいたい、近しい人々とともにありたいという反動が強化される。人々は自己の家に引きこもり、分断され、孤立し、細胞化は免れ得ず、そのような社会においては、芸術もまた孤立する。

偶発的で移ろいやすい資本のシステムの中に、毒性の高い詩的なウィルスをまき散らすテロル（エラー）の戦術がアーティストに残されていたが、二度目の〝不測の事態〟が起ることはなかった。むしろ、リスク管理は強化され、さらに厳しい規律と管理によって芸術は拘束されていく。芸術行為の黒い核心である、アーティストたちのナルシシズムを深いところで傷つけながら、表象の貧困化は進み、恐ろしく退屈で無害化された安心で安全な〝コンテンツ〟が創造加工され、ディスプレイに映るすべての映像は人々の脳内で高速処理されていく。知識情報化社会に生きる私たちは、作品へのアテンション（注意力）の時間が不足していた。劣悪な労働環境で働く不安定労働者の一回性の〝個〟に配慮が出来なくなったように、莫大な情報量を処理するよう強いられる社会では、作品に対する〝理解〟は喪失していく。その反動として、〝注意を引き〟、〝解りやすい〟表現が資本の欲望のもとに大量に流通した。そして、9・11に実践されたテロリストたちの自爆テロにおいてその表現は極まる。

だからこそ、映像メディアを文房具のように使い、特別な技術はまったく必要としない、誰もが〝作品〟をつくることができる［無加工／無編集／最長一分／定点撮影／無音／ズーム無し］に則り撮影された、身の回りの日常の風景が〝ゆっくり〟と異化されていくremoscope[*5]の映像を見る事が身体的に困難になる。私たちの身体はより高速な別の速度の映像にいやおうなく適応させられ時間差のない応答が求められている。しかし、それぞれの視点で撮影された映像を、それぞれが持ち寄り、共に鑑賞し、談義する空間を創造することによって、居場所を持った実にゆっくりとした映像たちは、私たちに、一分という時間の重みを知覚させてくれる。いまだかつてないほどに孤立した私たちの時代の芸術がなしうる決定的な反時代的政治行為は、この〝実・時間〟を感受することの出来る自律的ゾーンを創造することであり、それは、いま価値があるとされるものが次の瞬間ゴミになり価値を失ってしまう廃棄物処理場と化した社会に住む私たちが抱くオルタナティヴの構想である。

注

1　針生一郎『現代の美術11　行為に賭ける』1972年、講談社。本稿では西嶋憲生『初期ビデオ探究ノート――映像史・美術史との接点――』1992年から引用。

2　「Nothing About Us Without Us」という言葉は障害者による自立生活運動の中からアメリカで生まれた。

3　ジャン ボードリヤール、塚原史（訳）『湾岸戦争は起こらなかった』1991年、紀伊國屋書店。

4　ミッチ・ウォルツ、神保哲生（訳）『オルタナティブ・メディア』2008年、大月書店。

5　映画が誕生した当時の撮影上の技術的制約から remo［NPO法人記録と表現とメディアのための組織］が考案したリュミエール・ルール［無加工／無編集／最長一分／定点撮影／無音／ズーム無し］で撮影された作品を総称する造語。http://www.remoscope.net

参考文献

ジャック・デリダ&ベルナール・スティグレール、原宏之（訳）『テレビのエコーグラフィー』2005年、NTT出版。

『初期ビデオアート再考』2006年、初期ビデオアート再考実行委員会。

佐藤博昭「市民ビデオ」『現代思想』10月号臨時増刊、2007年、青土社。

櫻田和也「反時代的・映像の居場所」『現代思想』10月号臨時増刊、2007年、青土社。

フランコ・ベラルディ（ビフォ）、櫻田和也（訳）『プレカリアートの詩』2009年、河出書房新社。

初出・『リフレクション　映像が見せる〝もうひとつの世界〟』展カタログ、水戸芸術館現代美術センター、2010年

検証：日本のメディアアクティビズム 第2回

ペーパータイガーTVと日本のメディア運動

報告
松原明
ビデオプレス／レイバーネット日本

▼1991年湾岸戦争のとき、アメリカのマスコミは戦争支持一色だった。そんな中、反対の声を上げたのは、パブリックアクセスの先駆けであるニューヨークの〈ペーパータイガーTV〉だった。かれらは「ディープ・ディッシュＴＶプロジェクト」を通して番組をつくり、それをケーブルテレビ／衛星チャンネルで放送した。

▼この〈ペーパータイガーTV〉に大いに刺激されて、「日本にも民衆のメディアをつくろう」という動きがスタートし、1992年には〈民衆のメディア連絡会〉が発足した。連絡会は、メディア運動の母体となり、その後〈ビデオアクト〉〈レイバーネット日本〉「3分ビデオ」などへ派生していった。

▼報告は、1989年〈ビデオプレス〉設立以来、これらの運動の渦中にいた自称「元祖メディア・アクティヴィスト」の松原明。映像をたっぷり使いながら、メディア運動の足跡をたどり、今後の展望・問題点・課題に迫る。

WHAT'S MEDIA ACTIVISM?

ペーパータイガーTVの衝撃

松原明▼私は現在、〈ビデオプレス〉代表、〈レイバーネット日本〉の共同代表をやっております。〈民衆のメディア連絡会〉では事務局長をやっておりました。私は１９６８年のベトナム反戦運動世代でベ平連（ベトナムに平和を！市民連合）をきっかけに社会運動に飛び込みました。その後、労働者になろうと思い、中小企業に入りました。待遇がひどかったものですから、労働組合をつくりました。そこでの労働運動の経験があります。それから、１９８９年に〈ビデオプレス〉を立ち上げてメディア運動をやっている。つまり自分の人生の中で、市民運動、労働運動、メディア運動の３つがベースになっています。

本題に入ります。今日のテーマである、〈ペーパータイガーＴＶ〉（以下、ペーパータイガー）。これは非常に大きな衝撃でした。私は、ペーパータイガーはメディア・アクティヴィズムの原点ではないかと思っています。〈ビデオプレス〉が出来たのは１９８９年。世界でこういうビデオ集団が生まれたのは、８０年代の終わり頃に集中しています。なぜか。小型カメラの性能が良くなり、Ｈｉ８（ハイエイト）カメラが出現したのがこの頃です。それから、ビデオプロジェクターが９０年代はじめから出始めます。ビデオが身近になったと同時に、世界中でさまざまな社会運動が起こる。そのあらゆるシーンでビデオが活躍します。

有名なところでは、１９８９年、ルーマニアでチャウシェスク政権が倒れたとき、市民がビデオを撮って西側に流したことが政権打倒のきっかけになりました。それから１９９１年のロス暴動。これは黒人の男性がスピード違反でロス市警に逮捕された、そのとき車から引きずり出され、２０名の白人警官からひどい暴行を受ける。これをアパートの上から撮っていた人がいた。そのビデオがテレビに流れ、暴動に発展していく。実は、こういう暴行事件はありふれていて、しょっちゅう起こっていたことなんです。起きているんだけれども、それが伝えられなければ、ないことにされる。メディア化することによって初めて、問題として認識されるわけです。われわれは「ビデオは武器」と言っています。メディア化によって大きな衝撃を与えていくというような実例が、この時期、世界中でどんどん起こりました。

１９９０年に湾岸戦争が始まりました。この時、〈ペーパータイガーＴＶ〉というニューヨークのメディアグループが、全米からいろいろなビデオを集めて反戦番組をつくり、ケーブルＴＶで流しました。かれらはすでにケーブルテレビの市民アクセス権を持っていた。ペーパータイガーはアメリカのマスメディアが、のきなみ戦争を支持していく中で、唯一戦争反対のオルタナティヴを出した。しかも内容が面白い。日本でこれを紹介したのは粉川哲夫さんです。〈ビデオプレス〉ではたくさんある番組の中のひとつ、「情報新秩序」（「News World Order」１９９１年）の日本語版をつくりました。海賊版みたいな形で、日本の市民運動の中にあっというまに拡がっていきました。反響が大きく、日本の反戦市民運動に相当なインパクトがありました。ここで、その「情報新秩序」の８分間のダイジェストを見ていただきたいと思います。

ペーパータイガー TV　湾岸危機テレビプロジェクト制作
「News World Order」（情報新秩序）1991 年

――上映・「情報新秩序」――

懐かしいですね。タイトルは「ニュース・ワールド・オーダー」。ニュースの新しい秩序。なぜこういうタイトルかといいますと、Ｈ・Ｗ・ブッシュ大統領が「ニュー・ワールド・オーダー」、新しい世界の秩序ということを言って、戦争をおっぱじめた。彼らはそれに対して、「ニュース・ワールド・オーダー」というネーミングで抵抗したんです。３０分の番組ですが、６つのパートに分かれていて、それぞれ作者がいます。寸劇風のものや、ドキュメンタリーなど手法もさまざまですが、とにかく面白くできている。

私はここにメディア・アクティヴィズムの原型がある、と思っています。いろんなキーワードがこの映像に出てきます。たとえば、冒頭で出てくる「現代の革命家は、工場ではなくテレビ局を占拠にいく——アービー・ホフマン」。実際、こういうことが現実にあちこち起きていて、南米ではチャベス政権が放送局の取り合いをする。どっちが国営放送を握るか、それで大勢が決まっちゃう。国民に訴えて味方につけていく。いまは実はこういうメディア戦争の時代なんですよね。そこをペーパータイガーは的確にとらえている。この番組をつくったキャシー・スコットさんを、１９９１年１２月に日本に呼びました。キャシーさんの話も衝撃的でした。

「メディア・アクティヴィスト」とは？

what's media activism?

松原▼彼女は、「メディア・アクティヴィスト」をこう定義していました。「メディア・アクティヴィストとは、ビデオ、テレビ、ラジオ、印刷などを使って自分の意見をどんどん発信していく人のことです。それを通じて社会を変え、またメディアの構造も変えようとする人です」。つまり、メディア・アクティヴィストというのは、ラジオでも文字でもいい。要するに何かメディアを使って発信していく人がメディア・アクティヴィスト。ビデオをやってる人だけがメディア・アクティヴィストじゃない。ビデオをやっている人が多いから、メディア・アクティヴィスト＝ビデオを撮る人、というイメージが強いですが、使う道具は何でもいいんです。キャシーが言ったように、「何かを使って自分の言いたいことを訴えていくというのがメディア・アクティヴィスト」という定義は正しいと思っています。

もうひとつ、アクティヴィズムとは何か。それは、メディアを通じて社会を変え、社会にアプローチしたい。それは必然的にいまのメディア状況を考え、メディア状況を変えることであり、それがアクティヴィズムだということだと思います。

ペーパータイガーとは、毛沢東の言葉「張り子の虎」という意味です。彼らがどういう番組をつくっていたかというと、出演者がカメラの前に座って新聞を広げて「今日のこの記事ひどいね」とやる。マスコミ批判ですね。つまりマスコミは「張り子の虎」だ、ということ。面白いでしょう？　それから、ペーパータイガーには、ニューヨークのアーティストがたくさん関わっている。作品がすごくシャレてる。ダサくないんです。ですから訴える力が強いんです。

この番組の中でも、同じフレーズが何度も出てきます。「メディアがダメなら自分たちでつくるしかないね。それはいいアイディアだ」。それから「メディアが伝えないから、私たちが伝えるんです」。これもひとつの原点だと思います。マスコミがやってくれるうちは、やらなくてもいいんです。だけど、マスコミも報道しなくなり、追いつめられて俺がやるしかないって、そこで初めて能動的な発信が生まれてくるのです。

キャシー・スコットは、こう言いました。「たとえば100人のデモがある。もし何もしなければ、それは100人のデモで終わる。しかしそれを誰かが伝えたら、何倍にも広がる。これがメディアの役割だ」と。だから、運動は、ただやるだけではなくて、広げることと両輪でやらなきゃならない。広げること、それが私は、メディア・アクティヴィストの仕事だと思うんです。

もうひとつ、「どういう内容を、あなたたちは意識してつくっているのですか」と聞いたら、キャシーはこう答えましたね。「インタレスティング、インフォーマティヴ、ポリティカルがキーワードです」と。インタレスティングは「面白い」。番組が面白くないといけない。インフォーマティヴは、「新しい情報が入っている、ためになる」ということ。ポリティカルは日本語にすると「政治的」ですけども、要は、「言いたいことがある」ということです。この3つがバランスよく揃うと非常に面白い作品になる。私も作品を見る時、この3つの視点から見るようにしている。これは面白いけど何を言いたいのかなとか、言いたいことは分かるけど伝え方がおかしいよなとか。非常によいヒントをいただきました。

〈民衆のメディア連絡会〉自主ビデオ＋上映の時代

松原▼こういう刺激を受けながら、日本でも１９９２年に、〈民衆のメディア連絡会〉という市民メディアのネットワーク体をつくりました。日本ではケーブルテレビという条件はなく、ビデオを使ってプロジェクターで上映会をするというレベルでした。その後約１０年間は、この「自主ビデオ＋上映」というスタイルが続くことになります。そのころの何本かの作品を紹介した短い5分のビデオがあるのでお見せします。

上映・「市民ビデオフラッシュ」

この中で紹介した「新宿路上ＴＶ」（１９９５〜９８年）の製作者であり、自らキャスターを務めた遠藤大輔さん。今日、会場にいらっしゃいます。遠藤さんは、非常に斬新な発想で、新宿のホームレスの人たちをテーマに番組をつくり、それを路上で上映したのです。遠藤さんをはじめ、この頃からいろんなグループや個人が、〈民衆のメディア連絡会〉の周辺に現れました。そのいくつかの事例を紹介します。

まず、千代丸健二さんがいます。『無法ポリスとわたりあえる本』（１９７９年）という本で有名ですが、彼はすごかった。小さなビデオカメラを常時携帯して、警察官の人権侵害と喧嘩していたんです。あるときホームレスの人がある警察署の取り調べで、熱湯でやけどさせられた。それを告発するために、千代丸さんはその人の証言を映像に撮って、ＭＸテレビの番組枠をとります。それからその警察署長に電話をする。「これからお前のやった事件をテレビで放送するから見ろ」ってね。そうやって警察を追いつめていった。あれはすごかったです。千代丸さんにとってビデオは「作品」ではなく「武器」だったのです。

それから「新宿路上ＴＶ」の映像を見ていただきましたが、いまドキュメンタリー映像で活躍している飯田基晴さん、土屋トカチさん、小林アッシさんなども野宿者問題に目を向けることから映像を撮りはじめます。私の世代は戦争や労働が社会矛盾を感じる入口でしたが、今の若い世代は「野宿・ホームレス問題」が入口だったんですね。いまみんな劇場作品までつくるまでになっていますけれども、「伝えたい・表現したい」というメディアをつくる出発点・原点はそこにあったのだと思います。

それから、『あなたは天皇の戦争責任についてどう思いますか?』(1997年)。これは当時「W-TVオフィス」を名乗っていた土屋豊さんの作品。映像がすごくカクカクしていますが、編集のパソコンが悪かったからですか? 土屋さん。

DROPOUT TV『新宿路上TV』(提供・DROPOUT TV(1995)/VJU)

土屋豊▼いや、当時のけっこういいパソコンで編集しています。1995、6年頃ですが、当時は先端ですよ(笑)

松原▼先端でもあの程度。意図してカクカクしたわけじゃなくて、つまりああいう編集しか出来なかった、当時は。でも、あのカクカクがまた味のある演出にも見える。彼はアート系出身で、画面を4分割にしたり、ペーパータイガーみたいに非常に見せ方がうまい。面白い。しかもテーマが天皇の戦争責任。他が絶対やらないようなテーマをやったわけです。その後『新しい神様』(1999年)をつくりました。これはたくさんの人に見られた劇場作品となりましたが、「アート」の力の重要性を示しました。

ほかに、森正孝さんという方がいます。学校の教材として、8ミリフィルムで中国の侵略問題を撮った。なぜこれをつくったかというと、彼は社会科の先生で、それまでの教材が全て、被害の話しかない。自分たちの加害の話がひとつも出てこない。「それなら自分でつくるしかない」と、必要だから自分でつくったんです。タイトルは『侵略』（1989〜95年）というシリーズ作品です。アマチュア的なつくりですが、侵略の事実を積み重ねていて見るものを圧倒します。731細菌部隊の残虐行為も取り上げています。日本のテレビでは絶対できないものでした。この作品群（8ミリ作品その後ビデオ）は全国各地に拡がり、万単位の人に見られています。この森さんの例も「メディアがやらないなら自分たちでやるしかない」の実践例です。

同じような例として自主ビデオ制作集団〈ビデオ塾〉があります。池田恵理子さんはNHKのディレクターで、以前は従軍慰安婦問題も自由にやれていた時期があったそうです。ところが、1996年ぐらいから、右翼勢力の圧力が強くなり、次第にやれない状況になっていく。せっかく温めてきた企画がやれなくなった上に、別な部署に飛ばされてしまう。それで、小さくても自分たちで発信していこうと決意を固めて、〈ビデオ塾〉を立ち上げた。そこで自主制作活動を始めるのです。女性国際戦犯法廷が開かれた後、NHKの特集番組が大問題になったので覚えておられる方も多いと思います。この番組は、「ドキュメンタリージャパン」が制作を受注し、素晴らしい番組が出来るはずだったんです。それが、政治家などから横やりが入り、番組が改編されねじ曲げられてしまった。いっぽう〈ビデオ塾〉は、「法廷」の記録を独自につくりました。池田さん、一言お願いします。

池田恵理子▼女性国際戦犯法廷については、〈ビデオ塾〉のメンバー11人でインターネット中継をして、全てを記録していたんですね。NHKで番組が作れるなら自分でやりたかったのですが、とても無理だと諦めていましたから。そうしたら、改竄されたあんなひどい番組が放送されたので、これはもう自分たちで記録を残すしかない。ということで「法廷」の中継映像を編集し、まとめました。最終的には〈ビデオ塾〉の映像が唯一の「法廷」の記録になっています（『沈黙の歴史をやぶって〜女性国際戦犯法廷の記録』2001年）。いま「アクティブ・ミュージアム・女たちの戦争と平和資料館（wam）」で観ることが出来ます。

松原▼自分たちで撮っておく、そこに意味がありますよね。マスコミがいい仕事やってくれれば、それに越したことはない。しかし、それは自分たちが自由に使えるものではない。著作権はマスコミが握っています。また、実際マスコミがカバーできる範囲も限られている。だから、やっぱり当事者が記録する、伝えるということが大事なのです。そこに、メディア・アクティヴィズムのポイントの一つがあると思います。つまり「当事者性」です。

遠藤さん、「新宿路上TV」をやったときの問題意識を話してください。

遠藤大輔▼「新宿路上TV」はそんなに大それたことは考えていなかった。その前に新宿で一本短いドキュメンタリーをつくっているんですが、夏祭りで上映したときに、野宿している方たちがすごく喜んでくれたのと、「何で俺が出てないんだよ」と文句を言われて（笑）「みんな出たいんだ、じゃあみんなが出られるものをつくろう」と。テレビニュースのパロディという形を使って、そこのコミュニティに暮らす人の世界観みたいなものを、目に見える形にしたくて。それであいうものをやったという、そういう経緯です。

松原▼一番の動機は、こういう問題を知らせたかったということですか？

遠藤▼どうなんでしょう、知らせるという意味では、その後につくった『そこに街があった』（1996年）の方が、ジャーナリスティックな使命感は強かった。「新宿路上TV」のときは、どちらかといえばみんなが見て、エンパワメントというとちょっと言い過ぎかも知れないですけど、支援者も当事者もみんなが支えている世界は、こういう世界なんだということを形にしたい、という気持ちがやっぱりつよかったです。

土屋（豊）▼「新宿路上TV」は、野宿者にとって必要な情報を紹介していて、あれがすごく面白かった。

遠藤▼あえて、ものすごくマイナーなところを取り上げてみたかった。逆にいえば、野宿をしている人たちは、マスメディアの放送とかをまず自分たちが見られる環境にいない。見ても自分に直接関わりのあることはあまり多くない。なので、もっとミクロなところ、たとえば区役所で配られるカンパンはどうだとかですね、すごい細かいところを物語化することで、生きてる、俺たちががんばっている、という気持ちを支えられたらと思った。

松原▼土屋さんはどうだったんですか？『あなたは天皇の戦争責任どう思いますか？』をなぜつくったの。

土屋（豊）▼天皇の戦争責任は、マスメディアで全く取り上げられない問題です。メディアの最大の問題はそれ自体が取り上げられないことだと、僕自身思っていたので。自分がやらないかぎりは出てこないだろう、と思ったのが動機ですね。

マスメディア、そのタブーの中で

松原▼メディアがやらないなら自分たちがやるしかない、がやはり原点ですね。〈ビデオプレス〉は国鉄問題を中心に、労働問題とか環境問題とかをやってきました。とくに国鉄分割・民営化問題は本当にどこもやらない。やらないどころかマスメディアは民営化推進・労働者たたきに大きく加担していた。私は「このまま労働組合がつぶされたら日本がおかしくなる」と思っていました。実際、いまおかしくなったでしょう。国労がつぶされて、総評がなくなって、それらが支えていた社会党もほとんどなくなった。そして「モノ言えぬがんじがらめの社会」が来た。これはまさに当時、中曽根がやろうとしたこと。私は、決して国労は素晴らしいから守れ、という立場ではありません。国労のいい面、悪い面もある。悪い面が権力者側にたくみに使われてしまったわけです。魅力的な労働運動を取り戻すにはどうしたらいいのか。『人らしく生きよう——国労冬物語』（2001年）のもう一つのテーマは、まさに組合のあり方を問うものでした。

いまいくつか〈民衆のメディア連絡会〉周辺の作品のサワリをご覧いただきました。テーマでいうと、野宿者・戦争責任・労働問題・企業の過労死・警察批判などでした。これらに共通していることは、マスコミがやらない、あるいはできないものです。マスコミのタブーというのは、「政治・宗教・芸術」なんです。私は20年前NHKテレビにちょこっと出たことがあるんですけど、NHKは裏リストをもっていて、出演者のバックグラウンドを必ずチェックしていることを知りました。共産党はダメ、創価学会もまずいんですね。無党派のあたりさわりのない人はOK。政党の人でもこの人だったらいいとかね。つまり政治や宗教に放送を利用されることを極端に恐れています。それから「芸術」も警戒しています。

what's media activism?

芸術はタブーがありませんから、過激な表現やパフォーマンスもあります。それが、嫌なんですね。一般視聴者の常識からいったらまずいよねっていうのが必ず出てくる。

　マスメディアは多数を相手にしていますから、どうしても安全なものにいきたがる。ところが「政治・宗教・芸術」って、実は個々の人間にとってとても重要で深いものです。一人の人生観・世界観に一番密接に関係しているのが「政治・宗教・芸術」でしょう。それをマスメディアは避けたがる、というところに非常にジレンマがあるわけです。これに対して自主・市民メディアのいいところは、タブーがありません。「政治・宗教・芸術」が逆にストレートに出せます。自分の人生観とか世界観を出せる。思い切ってやってしまえということでやれる。人間がもっとも伝えたいことは、マスメディアがタブーにしているものの中にある、と思っています。

２０００年代　進むデジタル化とレイバーネットの試み

松原▼〈民衆のメディア連絡会〉ではいくつかスローガン、キャッチコピーをつくりました。ひとつは「伝えたいことを伝えるために」。単純な言葉ですけれども、メディアというのは手段であって、もっとも大事なのは伝えたい内容。伝えたいことを伝えるためにメディアを使う。往々にして新しいメディア、いまだとツイッターがよい例ですが、新しいものをとにかく使ってみたいということが先にきてしまって、そこで何を伝えるかということが後回しになってしまう。先端技術に振り回される。それだと「本末転倒」です。そうではなくて、伝えたいことを伝えるためにやる。伝えたいことがまずあって、それから伝える方法（媒体）を選ぶ。そこにメディア・アクティヴィズムの原点があると思います。

　〈民衆のメディア連絡会〉の約１０年の活動をへて、２０００年代に入りました。その時期、コンピュータ化・デジタル化が急速に進みます。Ｈｉ８のビデオテープはデジタルのＤＶ方式に代わり、インターネットが普及します。当初はビデオというとちょっと格下に見られていましたけれども、それが逆転しビデオで映画が撮れる時代になりました。その先駆けが土屋豊さんの『新しい神

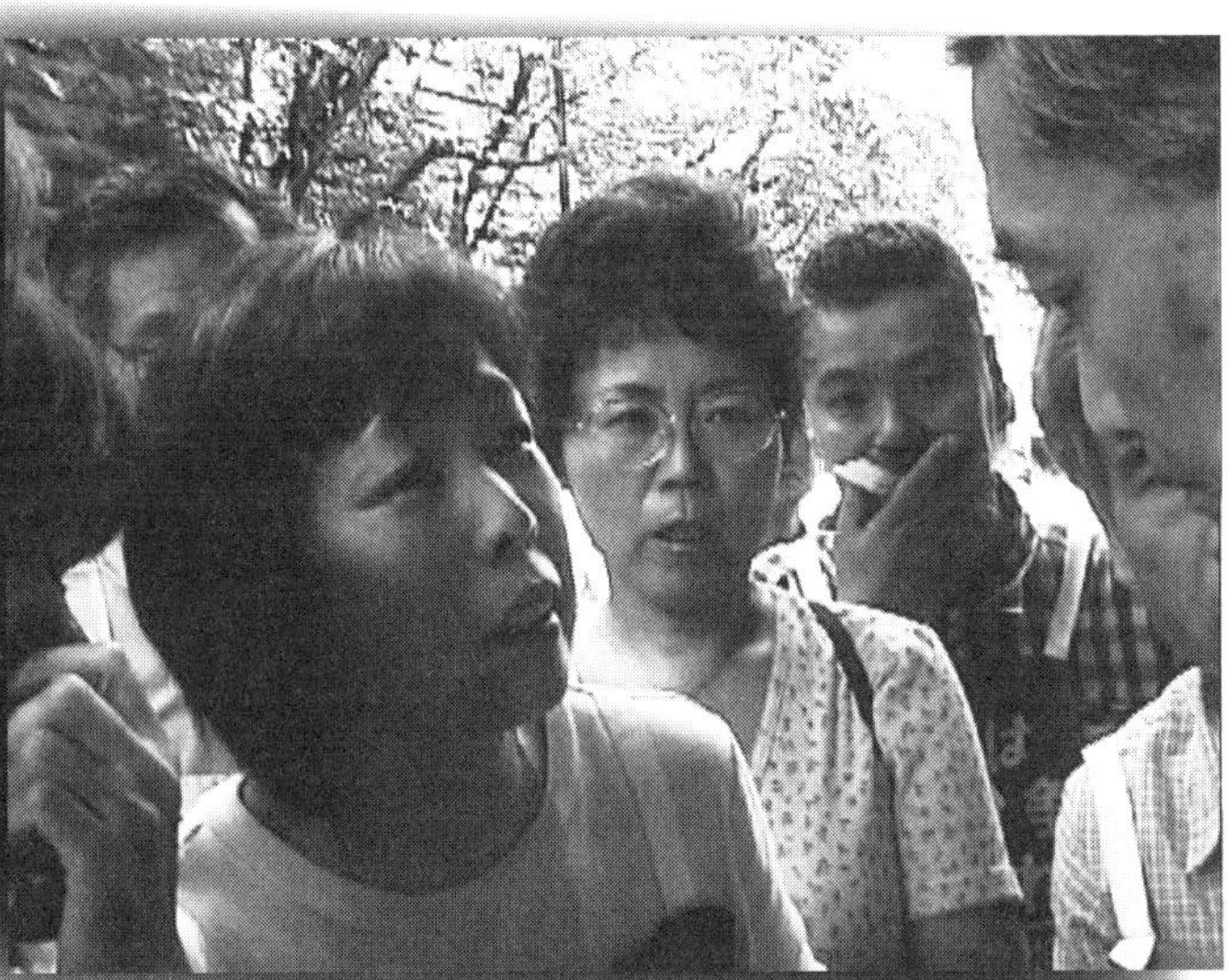
ビデオプレス『人らしく生きよう　国労冬物語』2001年

様』でした。

２００1年には私は仲間と、〈レイバーネット日本〉（以下、レイバーネット）を立ち上げました。その一つのきっかけは、『人らしく生きよう――国労冬物語』の全国３００ヶ所上映運動の成功でした。国鉄闘争（１０４７名のJR不採用事件）が２０００年の四党合意で敗北させられようとする時、『人らしく生きよう』は闘う人に勇気を与え、運動をリードする役割を果たしました。関連映像を見てください。

――上映・『人らしく生きよう』予告編――

この国鉄問題を通じて、ネットと映像は運動にとって非常に有効なものだという認識が運動圏に拡がりました。四党合意反対運動は、国労本部への反対派ということで少数派だったんです。少数派が大きな力に対抗するために使ったのがネットとビデオであり、それで反撃していったわけです。この映像の力で相当に運動の流れが変わりました。実際に、具体的な手応えがありました。「がんばれ国労闘争団」というホームページは情報伝達の強力な武器でした。こうした経験がベースになって２００1年に有志で〈レイバーネット日本〉が発足しました。

それから１０年が経過していますが、その中で「レイバーフェスタ」や「レイバーネットTV」の試みが生まれてきました。レイバーネットの会員も現在500人になっています。なぜレイバーネットが生き延びられてきたかというと、運動の根拠がはっきりしていることだと思います。つまり、伝えたい中身がはっきりしているからつぶれないんです。その中身とは、メディアを通して「はたらくものの権利を拡げたい」ということでしょうか。その「根拠」をベースに「フェスタ」や「ネットTV」など、さまざまなメディア表現を編み出してきました。

いっぽう〈民衆のメディア連絡会〉は、この時期に事実上の活動休止になりました。市民メディア活性化の一定の役割を終えたこと、参加メンバーが個々のメディア活動に力点をシフトしたことなどが「解散」の理由だと思います。また「メディア交流」という運動の根拠があいまいで、たんに「メディア好き」の集まりになりがちだったことも大きいと思います。

ちょっと話を変えます。同時期、2001年10月には、アメリカによるアフガンへの報復戦争が起こりました。2003年にはイラク戦争が起こりました。日本でも比較的大きな反対運動が起こりましたが、マスコミはほとんど報道しなかったです。この時、動画で反対デモを流しはじめたのは、小林アッシさんでした。私も一緒にデモを撮影したのを覚えています。そしてまだユーチューブ以前の方式で、動画をインターネットで流したんです。小林さん、どういう思いで始めたんですか?

小林アッシ▼最初はビデオパッケージで普及しようとしたんですね。デモの映像を編集したものをVHSにして、全国の集会で流してくださいと呼びかけたりしたんですけれども、誰からも連絡がなくて。ビデオカセットって使いづらいんだなあと思っていたときに、アメリカがアフガンへの空爆を始めて……その翌日ですかね、インターネットで動画配信をやろうとしたらできちゃった。それからわーっとやり始めたという感じです。

松原▼小林さんはその後も「ワールド・ピース・ナウ」の運動などをずっと撮影されてますよね。規模は小さいけれど、アメリカの反戦運動の中でペーパータイガーが果たしたような役割を果たしてきたと思います。当時は動画配信はあまり環境がよくなかったんですけれども、次第に運動圏でも話題になりました。ワールド・ピース・ナウの人たちも、撮られることを意識して、表現の仕方を非常に工夫していた。撮る側もそれにフィットしてやったという感じですね。その後、２００６年に教育基本法改悪という問題が起こりました。安倍政権の登場で、「憲法と教育基本法が変えられる、これはヤバイ」ということで、教員を中心にいろんな動きがありました。国会前では連日１０００人単位の人が集まっていた。これもほとんどマスメディアでは報道されませんでした。このときは、私たちビデオプレスががんばって、「ビデオプレスＴＶ」としてネットで流しました。かなり反響がありました。「こういうのを待ってたんだ」とか、「もっと広めてくれ」と言われました。近年ではこの辺りが人がたくさん集まった大きな運動で、あとはどんどん運動が小さくなっていきました。

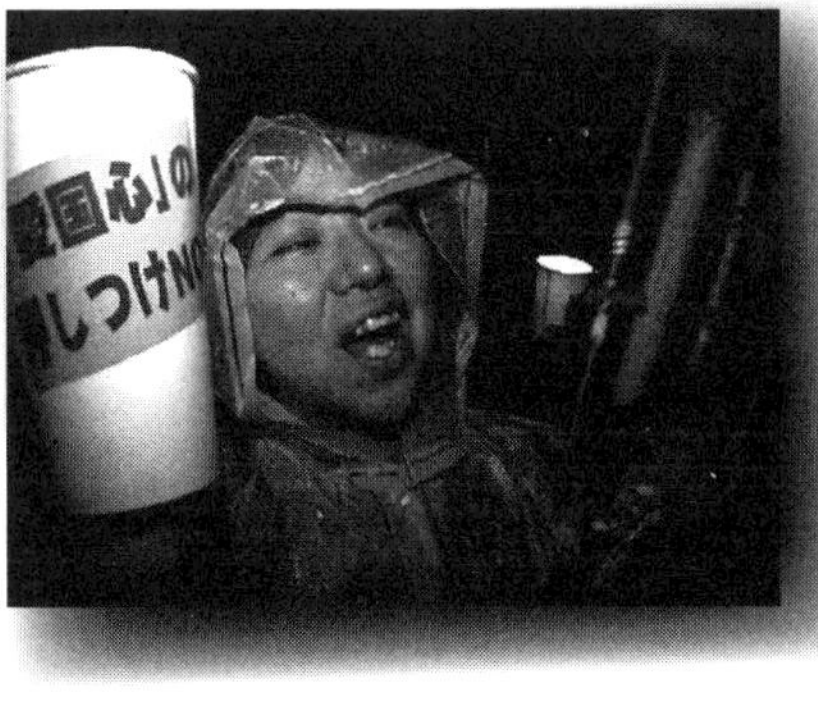

ひとりひとりが発信する時代

松原▼話をレイバーネットに戻します。２００２年１２月に始まった「レイバーフェスタ」では、「3分ビデオ」の公募をしました。「3分ビデオ」はもともと私もメンバーだった〈ビデオアクト〉が始めた企画ですが、「レイバーフェスタ」でもアイデアをいただいて、「フェスタ」の目玉企画にしました。これまでで、２００本以上の作品が集まっています。実際、初めてビデオを撮る人が多くて、一回撮ると面白くてまた撮る、という感じで広がってきました。その映像をちらっとお見せします。

――上映・「3分ビデオ」セレクション――

なぜ「3分ビデオ」かというと、誰でもつくりやすいんですね。3分間だったら何でもいいんです。作品として編集されていなくても、一人のひとがしゃべりぱなしでも内容があれば伝わります。実際、解雇された会社の前で自分の体験を語る3分ビデオがとても好評でした。そして「レイバーフェスタ」では２００８年からは、川柳をはじめました。名付けて「ワーキングプア川柳」。

What's media activism?

レイバーフェスタ「3分ビデオ」より　「娘の時間」木下昌明

レイバーネットのメンバーに年配の方も多いので、一度川柳を募集してみようかとやってみたらなんと１００句集まりました。この「ワープア川柳」で一番最初にトップに選ばれたのは「ふざけるな　女は前から　非正規だ」という句です。女性の怒りをストレートに表しています。「いま非正規、非正規って騒がれているけれど、女は前からいつだって非正規だったんだ」と。川柳の専門家からは「句としては直接的すぎてよくない、もう少し表現を豊かにしないといけない」とのコメントをいただきましたが、フェスタ参加者からは圧倒的な支持でした。みんなの気持ちを表現している。たった五七五で。これって「３分ビデオ」の精神だと思います。

　ユーチューブが始まったのは２００５年です。これも画期的出来事でした。私たちはこの時期、労働組合の魅力を伝えようということで、２００７年に「ユニオンＹｅｓ！キャンペーン」を企画しました。で、そのキャンペーンのためにユーチューブをマネして「ユニオンチューブ」というのをつくり、動画配信に力を入れました。レイバーネット事務局長の土屋トカチさん、そのときにつくった思いを聞かせてください。

土屋トカチ▼ユーチューブが話題になっていたということもあるんですけど、そのころ、ネットカフェで暮らす人のこともよくメディアに取り上げられるようになったんですね。ネットカフェならインターネット環境はあるということで、文字はもう読む時間もないし疲れているだろうけど、動画だったら伝わることがあるんじゃないかということで、「ユニオンチューブ」が出来たんです。それはいまも継続していて、当初は100くらいコンテンツをつくれればと思って始めましたけれども、いまや膨大な数の映像がアップされています。

松原▼ただ最近は、残念ながら映像をアップする人が固定化しています。日本の場合、国民性なのかわかりませんが、発信が苦手で発信する人が増えない、継続しないという現実があります。これは「メディア・アクティヴィズム」の検証のさいのひとつのテーマになると思います。

「ユニオンチューブ」など市民側の動画は、警察のデモ弾圧があるたびに活躍しました。一番有名なのは、麻生邸リアリティツアー事件（2008年）。歩いているだけでつかまった事件です。私服警察が逮捕の打ち合わせしているところも全部撮影した市民のビデオ。これが決定的なデッチ上げの証拠になりました。いまはそんな時代です。現在の運動家にとって、ビデオカメラとデジタルカメラは必需品なのです。

2010年5月には、ユーストリームを使った「レイバーネットTV」を始めました。初めて配信したときは本当に「ワクワク」しました。テレビという遠い遠い存在が一挙に、自分たちのものになったからです。私はここに大きな可能性を感じています。

最後に、きょう話してきたことのポイントをまとめます。1つ。この20年間、ビデオとインターネットの発達を背景に、市民がメディアを自由に発信できる時代になりました。市民ひとりひとりが、表現したり物を言うことはその人の人生や社会を豊かにするだけでなく、民主主義社会の基礎をつくるものだと思います。誰もが発信できる時代になった。これはもう誰もが確認できることだと思います。

2番目。技術がすごく進歩しました。しかし、市民メディアや自主メディアが活発かというと、活発とはいえ

ないと思います。なぜかというと、やはり日本はアメリカなどと比べても、いろんな民族がたくさんいて言語もいっぱいあるとか、そういう国ではない。多言語性にとぼしい。それから発信が苦手な国民性。教育のせいもあると思うが、自ら発信するということに慣れていない。だから、まずは自分の頭で考え行動する、ものを言うという、ベーシックなところから、もう一度考えていかなければと思います。

３番目、伝えたいことを伝えるためにメディアがある。くりかえしますが、メディアが先にあるのではなく「伝えないこと」が先にある。その原点はやはり基本的なこととして確認していく必要があると思います。

４番目、市民メディアのいいところ、魅力はタブーがないことです。自分の人生観、世界観、思想みたいなものを伝えることができます。そして当事者性です。ほかの人に伝えてもらうのではなく、自分自身が発信者になるということ。これも原点の一つです。

５番目。表現していく場をつくっていくこと。発信の場は、自然発生的にできるものではないから、意識的につくっていく必要がある。日本人は、トラブルを恐れて最初から自己規制してしまう傾向が強いと思いますが、ペーパータイガーなんか見てると、逆なんです。自由なんです。まず何でもいいからやってみよう、問題が起きたら後で対処すればいいじゃないかと。メディア活動を広げていくには、やはり後者の発想が大事だと思います。

もう一つ６番目。〈民衆のメディア連絡会〉のスローガンのひとつに「つくる・みせる・変える」というのがあります。つくるはメディアをつくること、みせるは上映会をやったりして見せることですね。では変えるというのは何のことか。ここがやっぱり、アクティヴィズム的な要素かなと思っているんです。「変える」は抽象的な意味でもありますが、具体的に言ってしまうと、実はディスカッションじゃないかと思っています。映像をみんなで見て、ディスカッションする、その中から、新たな意識の変化が生まれてくる、いろんな可能性が広がってくる。それが「変える」ということだと思います。

以上お話してきたことは、あくまで私が関わってきた約20年のメディア活動から見えてきたものです。今後のメディア運動の発展に、多少のお役にたてばうれしいです。

（2010年9月30日　於／素人の乱・12号店）

「3・11」をくぐった日本のメディア活動 ▼ 松原明

2010年9月のメディアアクティビスト懇談会で報告をしてから、1年半が経過した。この間の「メディア・アクティヴィズム」の進展は目を見張るものがあった。それはもちろん「3・11」をめぐるネットメディアの活躍だった。

「マスコミが真実を伝えないとき市民メディアが真価を発揮する」という〈ペーパータイガーTV〉以来の法則が、そのまま出現したとも言える。福島第1原発メルトダウン事故で、震え上がっている時、マスコミは偽善的報道を続けていた。私は、テレビを見ながら、その脇の2台のパソコンに写る映像を一日中チェックしていた。パソコン画面は、原子力資料情報室・岩上チャンネル・ニコニコ生放送・アワープラネットTVなどの会見映像である。それはテレビとはまったく対照的な報道だった。そして後者のネットメディアから、フィルターのかかっていない情報を読み取っていた。この時期、もっとも象徴的だったことは、「原子力資料情報室の事務所がスタジオになった」という話だった。はじめは、専門家による原発事故解説の一過性動画配信のつもりが、常時配信になり、そのうち事務所がスタジオ化してしまったのだ。私はペーパータイガーの番組「情報新秩序」の言葉を思い出した。「現代の革命家は、工場ではなくテレビ局を占拠にいく」というやつだ。原発事故をめぐる攻防は、じつはＮＨＫのスタジオと原子力資料情報室のスタジオとの間で繰り広げられていたのではないか。もし１０年前にこの事故が起きたら、私はテレビと新聞の報道に目をこらすしかなかっただろう。しかし、２０１１年が救いだったのは、こうしたオルタナティヴメディアが出現していたことだった。アワープラネットＴＶをはじめ、２０年来、脈々と培われた「市民メディア活動」がその基盤にあったはずだ。

私は、２０１０年５月から始まった「レイバーネットＴＶ」に関わっていた。原発事故が起きた直後の２０１１年３月１７日に通常番組を予定していたが、はっきりいって私は相当迷っていた。節電で電車はまともに動いていなかった。いつ原発の爆発があるかもわからない。知人は、西日本に避難してしまった。私も怖かった。「ネットＴＶ」をやっている場合だろうか。３月１７日の放送は中止したほうがいいのではと、心の半分で思っていた。しかし、事故直後のたんぽぽ舎の勉強会に顔をだし話を聞くなかで、正確な知識を知ることができた。たんぽぽ舎のスタッフは、「爆発が起きても東京で人がバタバタ倒れるという状態になるわけではありません。放射能汚染は風向きにより決まります。私たちたんぽぽ舎は、どうなろうと東京に残り、原発反対の運動を進めます」。そんな話を聞いて、私の腹も固まった。「とにかく番組をやり抜こう」と決めると不安感もすっと消えていった。こうして１７日は、たんぽぽ舎の柳田真さん、原田裕史さんに来てもらい、レイバーネットＴＶ「原発事故特集」番組が実現した。スタジオはとても緊張していたが、熱気はすごかった。たんぽぽ舎の話はわかりやすくとてもよかったし、実視聴者数も５４２とダントツに多かった。見た人から「テレビの原発報道で追いつめられ窒息しそうでしたが、やっと前向きになれた」というメールが放送直後に寄せられた。それは、私自身の気持ちでもあった。「日和らないでやってよかった」「どんな状況になってもできることを一人ひとりがやっていくこと」、その大切さを学んだ。

「レイバーネットＴＶ」は、その後も「原発問題」などをフォローし、２０１２年２月までに２７回の放送を重ねた。よちよち歩きの「レイバーネットＴＶ」はこうした経験を通して、一人前になってきた。私たちのメディア活動がスタートした１９９０年ごろは、ビデオをつくって上映するだけのものだった。それが、あっというまに動画のネット配信（ユーチューブ）の時代になり、いまはリアルタイムに全世界に発信できるテレビの時代である。それもツイッターなどを使うことで、双方向の参加型テレビになっている。技術的にはマスコミと並んでしまった。視聴者の数もケタ違いになった。おもしろい、ワクワクする。でも、影響力が増すにつれ、責任感もずしりと感じる。「３・１１」をくぐった日本のメディア活動はその真価が問われる時代に入ったのだろう。

（２０１２年２月２２日記）

ニューヨーク・コネクション
1991-1993

粉川哲夫（メディア批評家）

WHAT'S MEDIA ACTIVISM?

■チェーンリアクション■

湾岸戦争ですよ、きっかけのひとつは。ペーパータイガーとその仲間たちが、「ガルフ・クライシス・プロジェクト」（The Gulf Crisis TV Project 湾岸危機テレビプロジェクト）を始めた。アメリカの侵略形態についてのビデオを、1本1時間、6編くらいつくりました。1991年1月のことです。まだ戦争は始まっていなかったのですが、予知していたのでしょう。ペーパータイガーを立ち上げたディディ・ハレックが、そのパイロット版を僕のところに送ってきたんです。

ディディに初めて会ったのは70年代。78年ころだと思います。ニューヨークと日本を行ったり来たりしていたときに、マイク・ウォーレスという、アメリカのラディカル運動の研究をしている学者がブルックリンに住んでいた。その人に、ディディにぜひ会うべきだと薦められてね。ディディはもともと60年代のヒッピー運動やアート運動に関わっていたような人。エネルギッシュな女性で、連絡しようとしているところへ向こうから連絡してきた。翌日の集会に出ないかってね。

ここがニューヨークの面白いところなんですけれど、まさにスモールワールドなんですね。6人知っていると世界中の人とつながっちゃうとか、あるじゃない？あんな感じ。例えば、ジョン・ダウニング。『ニューメディアの逆説』（晶文社、1984年）にも書きましたけど、僕にイタリアの自由ラジオのことを詳しく教えてくれた人。彼は最初、ハンターカレッジのコミュニケーション学科にいて、ジム・フレミングなんかを講師に雇ったりして、面白いことばかりやっていた。その頃によく会っていたんですが、その後息子がピストル自殺をする。それでもうニューヨークはいやだと言って、80年代後半にテキサスに行き、テキサス大学のメディア学科で教える。ところが、彼の学生になり、PhD をとって UCDavis の先生になるのがジェッシー・ドゥルー。ジェッシーといえば、いまはオキュパイ・ウォール・ストリートでも知られていますが、元はディディの弟子で、ペーパータイガー・ウエストを始めた人です。彼が僕を呼んで開いた送信機ワークショップが、アメリカのマイクロラジオ運動の最初だと彼は言っていますが、この間の関係は仕組んだものではない。つまり、パーティの文化なんですね、パーティーカルチャー。なかでもブルックリン・コネクションと僕が呼ぶネットワークがあって、アウトノミアのこともそのなかで知った。シルビア・フェデリッチ、マリアローザ・ダラ・コスタの弟子で、ネグリにつらなる人ですね。彼女の彼氏がギリシャ系の活動家ジョージ・カフェンティス。ソル・ユーリックも。

アメリカもヨーロッパもそうだけど、誰かと会うと必ず、この人と会うべきだと薦められる。とくにディディは、会わせたいと思うとその場ですぐ電話しちゃうような人だから、いわれるままに会ってたら相当きついんですが、こちらも若かったから面白くてどんどん知り合いになった。ディディが「ガルフ・クライシス・プロジェクト」のパイロット版を送ってくれた時、何か還元したいなと思いまして、日本でチェーンリアクションをやろうと。湾岸戦争の時は、状況も急激に変わっていったから、どんどんダビングして配ったらいいんじゃないかと。70年代にポーランドの「連帯」がカセット運動というのをやったことがあって、そのころはコンパクトカセットの時代でしたが、90年代にはビデオデッキもかなり普及していた。なので、VHSのビデオテープに手紙、「幸福の手紙」みたいに、これをコピーして友達に配ってくださいと文章を付けてあちこちに送った。面白いことに、3ヵ月後にはそのコピーのコピーの……が僕のところにも送られてき

The Gulf Crisis TV Project　1991

The Gulf Crisis TV Project　1991

ましたね。字がかすれて僕の名前も消えているような状態。ＮＨＫが聞きつけて取材にきたり、上映会やシナリオの翻訳をして配る人が現れたり、ビデオプレスの松原明さんが日本語版ビデオをつくったり。そんな感じで、けっこう反響があったわけです。

■ディープ・ディッシュＴＶ■

ビデオと政治が結びついた動きというのは、アメリカでは７０年代から始まっています。ビデオレコーダが少しずつですが普及してきて、ビデオをつかった実験とか、デモを撮るとか、ＮＹを中心にいまビデオ・アクティヴィストといわれるような人たちが出てきていた。

　そうした流れの中で、パブリックアクセス運動というものが起こった。テレビのチャンネルが企業に独占されている、ひとつくらいは広く市民に解放せよという運動です。具体的にはケーブルテレビへの要求から始まる。なぜケーブルかというと、ひとつには７０年代になっていわゆる海賊放送の運動が出てきていたことがあります。そのとき、ケーブルはやりやすかったわけ。ケーブルテレビというのは、難視聴対策としてコミュニティ単位でケーブルが引かれています。丘の上にアンテナがあって、そこからケーブル回線が各家庭につながっている。ようするにクローズドサーキットなんですね。そこに流せばコミュニティ放送が可能になる、ということで、ニューヨークの郊外でやり始めた人たちがいたわけです。

実際に放送をやっていた。それと一種のメディアの民主化みたいな運動がくっついていったのが、パブリックアクセス運動の始まり。ニューヨーク大学のジョージ・ストーニーが、それを理論的にラディカルに展開したわけです。そしてディディは、彼の弟子筋にあたり、すごく影響を受けている。そうして70年代末までには既存のケーブルチャンネルのうち一つか二つを市民に解放するというかたちで、パブリックアクセスが実現する。

その一発目が、ペーパータイガー・テレビジョンです。やがてこの動きが、全米に広がった。80年代の前半で300、400と増えていきました。ペーパータイガーは、そういうパブリックアクセスチャンネルの中の、いわば左派です。そこには準商業的なもの、あるいは宗教、教祖が一日中しゃべっているようなチャンネルなどもたくさんあったわけですが、ルールは同じ。ようするに、市民がテレビメディアを使って表現できる。これが基本です。チャンネルが増えていったことで、コミュニティや大学がスタジオをつくって市民に提供するといった動きも広がりました。

そこで、ディディとその仲間たちは、パブリックアクセスチャンネルのネットワークをつくったらいいんじゃないかと考えたわけです。全米のパブリックアクセスチャンネルと連絡をとりあい、つくったビデオを他に知らせたり宣伝したりといったディストリビューション（頒布、流通）をやるということで、始めたのが、「ディープ・ディッシュTV」です。

ディープ・ディッシュというのは、パラボラアンテナのこと。深いお皿。そこにいろんなものが入っちゃう、そういうイメージですね。「ディープ・ディッシュTV」の最初のお祭りは、全米のパブリックアクセスチャンネルから3分間のビデオをとりよせて、それを編集した番組をつくった。それがうまく成功して、ネットワークがますます広がっていきました。

そのネットワークが、湾岸戦争の時に、非常に功を奏したわけです。全米から映像が集まった。それが、「ガルフ・クライシス・プロジェクト」のビデオだったわけです。それを僕が日本で撒いたと、そういう経緯です。

■ビデオ・アクティヴィスト――シューリー・チェン■

1991年3月、ニューヨークに行ったとき、「ガルフ・クライシス・プロジェクト」の会合に出ました。3月の20日までニューヨークにいたのですが、その最後の日に、ディディの紹介で、シューリー・チェンという人が連絡してきました。ぜひ会いたいと。

シューリー・チェンは、メディア・アーティストで、映像機器を使ったインスタレーションを始めていたんですが、その一方で、「Will be televised…（放映予定）」というビデオシリーズ、台湾で戒厳令が外れて起こった社会運動、まだ厳しい情勢にあった韓国、それから中国、香港、そうした地域の映像をつかったビデオをつくったばかりでした。当時の日本はバブルで、大企業がアーティストにたくさん金を出したりしていましたから、彼女は日本に来たかった。ひとつにはそれで僕にアプローチしてきたんですね。加えて彼女はアジア、台湾出身ですので、いろんな思いもあったりしたんだと思う。

とにかく会ってみたらすごく話が盛り上がった。シューリーは、ノマド・アーティストのはしりなんですよ。ディディの知り合いでもあるんだけど、同時にフェミニストであり、もっとアート寄りで、アジアのアーティストたちとの関係もたくさん持っていた。ニューヨークっていうのはいろんな情報が集まってくるし、コネクションがすごいですよね。ケイコ・ツノという日系の人、ニューヨークの「ダウンタウンコミュニティTV」というビデオの拠点をつくった人がいる。アートとか、湾岸戦争のときもそうだし、911のときもそうですが、ひとつの拠点になっていて、たとえばデモクラシー・ナウもそこの場所を使ったりしているんです。シューリーはそこに関わっていたこともあって、アジアのアーティストたちのコネクションを持っていたわけです。

日本に帰ってきて「Will be televised...」を見たのですが、これがとても面白かった。僕はあの時代の台湾ですごい運動が起きているということ自体、まったく知らなかったですね、残念ながら。それが撮られているわけです。しかも英語字幕がついていて分かりやすい。これはまた前のやり方で広めるべきだと思って、コピーして配った。こっちの方は、むしろ映像表現をしている人たちにインパクトを与えました。

「ガルフ・クライシス・プロジェクト」はわりと、今でいえばアルジャジーラみたいな映像のつくり方なんだよね。マイナーで、手作りではあるのだけど、組織的なつくり方。ところがシューリーが編集した映像は、そこがまったく違っていました。とくに台湾のグリーンチームが撮影した「Will be televised...」台湾編。とにかく、のちに言うところのビデオ・アクティヴィズムなんだ。どういうことかというと、デモの撮影では、普通はカメラを引く。遠くから撮る。今だったら望遠もあるし、遠くから危険もなく撮れちゃうと思うんだけど、この映像は明らかに、デモの中から撮られている。ようするに最初から運動の渦中にいるんです。実際にデモを撮っていてどんどん中に入っていくし、落書きの運動なんかもあるわけだけど、実際に落書きをやりながら撮っている。レンズにスプレーがはねかえったりしてね。そういう感じの映像なんですよ。

彼らの映像は突出していた。韓国の運動なんかも激しかったけど、やっぱりなかなか渦中からは撮れない。ひいて撮ってるわけです。それが彼らはどんどん入っていっちゃってさ。実際、カメラで殴ったりしてるんじゃないかみたいな、そういう感じでね。いま見てもインパクトがあると思います。グリーンチームは、「Will be televised...」を通じて全米に知られるようになった。それから香港は、英語圏で情報がすごく早いから、グリーンチームの影響を受けて、チョイ・カム・チュエンという人が香港でそういう場をつくったりということもあった。そういう意味でも、「Will be televised...」は非常に重要な作品ですね。

■アーカイヴというアクティヴィズム■

のちにシューリーを日本に呼ぶことができたのですが、そのとき送ってきたファックスにミンディ・ファーバーという、シューリーにとても影響を与えた人の文章が付いていたのです。ビデオ・アクティヴィズムというものがどういう流れで出てきたのか、そこには書かれてあった。ミンディ・ファーバー、この人が重要なんです。シカゴを拠点として、オルタナティヴなビデオのアーカイヴをつくった。無数にある運動のビデオ、それを集めて、実際ものすごいアーカイヴをつくっている。90年代はエイズ・アクティヴィズムの時代でもあって、日本ではそのこと自体ほとんど知られていないために、町田市立国際版画美術館の箕輪裕さんに話してエイズに関する映像や個人ビデオを集めたビデオ展をやることにしました。その時にシューリーを通じて、そのミンディ・ファーバーに連絡をとったんです。そしたらすぐにファックスで膨大なリストを送ってきて、ものすごい数のビデオが集まった。本当に驚いた、底力を見せつけられましたね。

やっぱりアーカイヴというのは重要です。「ディープ・ディッシュTV」のようなディストリビューション、それもある種のアーカイヴではあるのだけど、それ以前にもっと物的なカセット、当時はUマチック、プロ用の仕様でしたけれど、それをコピーしてすぐにビデオ展が出来てしまう。アーカイヴというのはアートの世界ではけっこうあるのだけど、運動系のアーカイヴはなかった。そこを彼女は担っていたわけです。

このミンディ・ファーバーやシューリー・チェンは、そういう意味では、ビデオ・アクティヴィズムの最初期の理論家であり、実践家なのです。シューリーは、ビデオ・アクティヴィズムというある種の概念や意識を、はっきり持っていた。ひとつは、記録ではないということ。変革する映像、撮ること自体がひとつの活動であるという方向を提案した。実際にそれを先端的にやっていったのが、台湾のグリーンチームです。それから、ある物でやっちゃおうという、そういうようなこと。そこにある物を使ってどんどんやっていく。これが日本だと、最初に金の話になる。上映会ひとつやるにもビデオ機器にどれだけかかるとか、そういう話になる。そうじゃないんですよね。

　たとえば、運動組織なんかでもある程度名前が通っていたりすると、安っぽいものはやりたくないみたいなところがある。チラシもフォーマットがあったりして。手書きのチラシの面白さみたいなものは、マイナーな運動の方が意識がつよいですよね。それから、手元にあるカメラとかビデオとかで出来るのに、なかなかやらない。今なんか携帯電話もあるし、いくらでも出来るわけです。それが、ケイタイを使うにしてもクラウドを組んで……みたいな話になってしまう。そうすると結局は企業に頼らなければならなくなって、結局、お金を集める方へいってしまうわけです。

　ところでケータイはいま非常に抑圧の象徴だと思います。パーソナルになって、みんな絶対に手放さない。ケータイをもうちょっと個人から引き離してほしいと思います。例えば、さっきのチェーンリアクションみたいに、封筒に入れてケータイを送ることだってできるわけですよ。パーソナルなものに孤立化させてしまうというのは、意識的な操作ではないかもしれないけど、実際には巧妙な操作になっているんですね。だから、いまの権力というのはケータイ、スマフォでしょうね。そこをどう超えられるか。

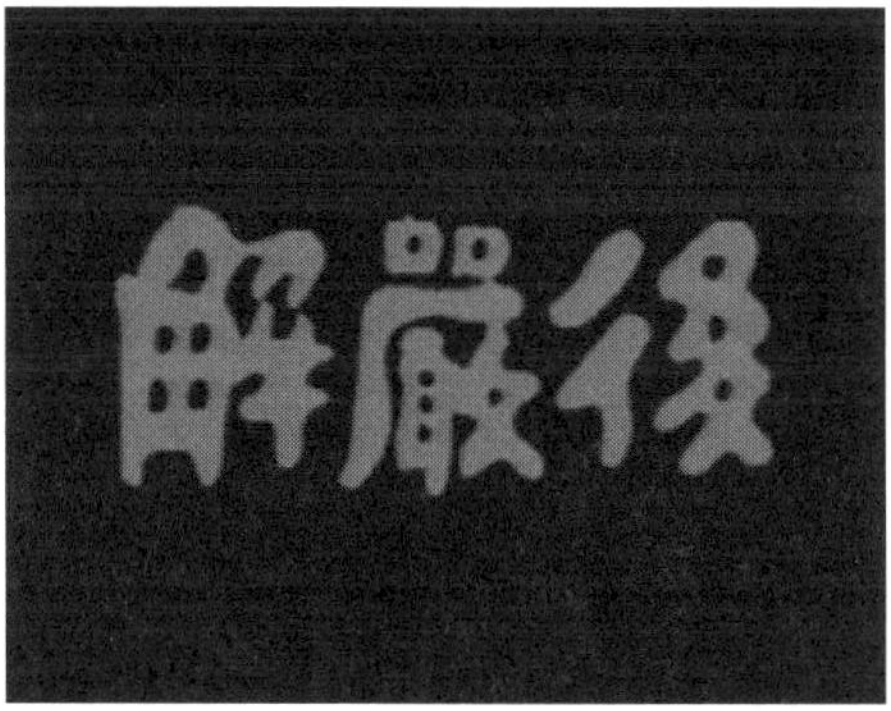

Shu Lea Cheang『Will be televised...』
video document from Asia
The Generation after Martial Law Taiwan　1990

日本というのは、ケータイは電車の中で使ってはいけないというのが、いつのまにか当たり前になっている。そんな国、ほかにないですよね。禁止されている、やっちゃいけないところでひそひそやるか、やらないかという社会。みんなおとなしく聞いているふりや従うふりをしながら、ひそひそやるという。すごく不健全な社会なんだよね。(「不法」を習慣化するというのは凄いことなんだけど、それによって本当の不法ができなく飼いならされてしまう)。使ってもいいけど、ここでは使わない方がいいから使わないとか、あるいは必要だから使うでいいじゃない。公共の場ですからキャッチボールしないでくださいとか、そんな感じでね。公共は国家への恭順なんですよ。

■日本の運動現場との接続■

そういうわけで、シューリーを日本に呼ぼうと思っていたときに「Will be televised...」を見てものすごく興味を持ってくれたのがビデオプレスの松原明さん。調べてみたら、91年の4月1日に松原さんに会って、ペーパータイガーとシューリーの話をしています。その後も連絡をとりあって、日本で何かビデオ・ネットワークみたいなものできないかという話になりました。当時彼は、サンフランシスコの労働組合のビデオ運動に関心を持っていたらしいのですが、ちょうど6月に、さきほど話したペーパータイガー・ウエストのジェッシー・ドゥルーが来ることになったので、集まりを持とうということになった。ジェッシー・ドゥルーは当時、サンフランシスコに住んでいてドルビーの電子技術者だった。サンフランシスコのレイバービデオのこともいろいろ知っていて、それで松原さんや小倉利丸さんをジェッシーに会わせた。そういうつながりの中でペーパータイガー・テレビジョン、「ガルフ・クライシス・プロジェクト」の日本版が出来ていきます。

シューリーが日本に初めて来たのは91年の10月。山形国際ドキュメンタリー映画祭にかけあって、ようやく来れました。チャンスだということで、山谷の集会をやったんです。彼女はいまアジアでこういう運動が起きているということとビデオの話をした。ただ当時は、左翼はビデオを警戒していましたね。電子メディアってものを信用しない。まずは肉体、といった感じだったね。大榎淳さんが集会のようすをビデオで撮っていたら、韓国の運動を支援する活動家から「お前何やってんだ」って怒られたり。まあ、KCIAがうようよという時代でしたから、警戒するのは当然だったわけではありますが。シューリーのビデオについては、アジアでいまこういうことが起きているという内容のところでけっこう反応はありました。しかし、権力に対抗してビデオを撮るというのはオウム真理教以降ですからね。

シューリーが来た後も、民衆のメディアのネットワークをつくろうということで、松原さんは着々と計画を練っていました。まずは12月に決起集会をやるので、そこにペーパータイガー・テレビジョンから、ディディを日本に呼びたい、と。けれどディディはアフリカかどこかに行っているから来れない。それで代わりに来たのがキャシー・スコットです。いわゆる美形で、演説が上手い。デモのスターなんですね。ずいぶんと盛り上げてくれましたよ。渋谷の労働会館で、アムネスティ・インターナショナルの人たちとかNHKの組合の人とか、それから土屋豊さんも来ていた。いろんな人が大勢来た。ある意味、ビデオ・アクティヴィズムというものが起きているといった認識はそこで出来たと思います。

メディアの使い方ふくめてポリティカルな面というものがあるわけで、そこを先鋭化していかなければ、メディア運動としては意味がない。そういう方向があまり出てこないんですよね。ビデオなんかは、いまずいぶん記録は撮っていますよね。だけど、撮るということがどういうことか。撮ることの政治性ってあるじゃないですか。アートの世界と分断されないかたちのビデオ運動というのが出てないと思うんです。それはアーティストの方もわるいし。見えていないというかね。そのためにも、やっぱりディストリビューションやアーカイヴというのが必要だと思います。

■グリーンチーム（緑色小組）■

ビデオが面白いで終わってしまってはしょうがないので、グリーンチーム（緑色小組）を日本に呼んで、現場の人とつなげたいと思った。それで、シューリーを通じて連絡をとったんです。とにかく呼んでみようと思って。僕は少なくとも10人くらいの組織だと思っていたんですよ。それが実のところは2〜3人なんだな。リー・チュン・ハというのがリーダー。原宿に、中谷芙二子さんがやっていたビデオギャラリーSCANというところがあって、オールタナティヴなビデオ活動を支援していた。僕も当時「ビデオ・テレビジョン・フェスティバル」の審査員で関わっていたので、青山スパイラルで実験テレビに関するシンポジウムと展示のフェスティヴァルをやるとき、グリーンチームを紹介したら、中谷さんが面白いといって入れてくれたんです。それで日本に呼べることになった。ところが、ビザが下りないという。じゃあ僕が台湾行きますか、という話になって、それで彼らに会いに行きました。彼らは感動して、ものすごく歓迎してくれましたね。彼らのアパート、すごく汚いところで1週間くらい一緒にいて、当時の話をいろいろと聞きました。英語ができたから、コミュニケーションもしやすかったですね。

最初はカセット運動だった。活動の記録をとってビデオを屋台で売っていたん

グリーンチーム（緑色小組）による放送 〈緑色電視台〉

Shu Lea Cheang『Will be televised...』
video document from Asia
The Generation after Martial Law Taiwan　1990

台湾電視公司（ＴＴＶ）前での葬式パフォーマンス

です。台湾では屋台でポルノビデオとかいっぱい売っているんですが、その中に混ぜるという。そうするとなんとなく流れるみたいな、そういうノリなんですよね。

戒厳令解除後の当時の台湾ではいろいろな運動が盛り上がっていて、反原発運動もあった。どこも同じなんですけど、原住民の居住地に原発をつくるんですよ。だから、原住民の人権運動の流れで、反原発運動がでてくるわけです。それから、日本が台湾の木をどんどん輸入する、それで災害が起きていることに対する反対運動とかもあった。台湾が面白いのはデモや反対運動がものすごくパフォーマティヴなんですね。たとえば、木に登ってサイレンを鳴らす。木が泣いてると。そういうパフォーマンスです。それから「Will be televised...」にも出てきますけど、放送局の前でお葬式をやったり。放送局は正しい情報を流していない、葬ってしまおうということで、線香を上げたりしていましたね。それから落書きの運動もあった。

当時は、いまは違うけど、民進党がとんでもなくラディカルだったんですよ。ちょっと前までは映画館で国歌が流れるような感じだったわけですが、それがガラっと変わって、みんな台湾方言でしゃべっていて、北京語を話す奴がいるとあいつは向こう側だ、みたいな。そういう感じでした。面白かったのは、いわゆるお茶屋、中国茶を飲ませる店。そこが夜になって店を閉めると、活動家のたまり場になるわけです。お茶屋ネットワークがあったんですね。

グリーンチームは一時的に海賊放送もやっていた。機材はどうしたのって聞いたら、中国から密輸したと。ポリティカル・

ビジネスマン、闇の商人みたいな奴らから買うんだという。送信機とかはえらく大きくて、あれだったら相当すごいことが出来ただろうなと思いました。実際パワフルにやっていたみたいです。

当時の台湾では、路上の電柱にケーブルを勝手に張っちゃって各家庭をつなげるなんて海賊ケーブルもあった。さすが、グリーンチームはやらなかったのですが、商売でやっている連中がいたのですね。昔のデッキには微弱な送信機がついていましたので、それを増幅し、分岐して流したのです。すごいですよ。それでまた、台湾の警察もマメ。切って歩くわけ、ケーブルを。そういう感じなんですね。

ビザの件は、当時台湾は国として認められていないわけだから、そういう理由かなと思っていたんですが、結局、事務所のやつの態度が悪かったから拒否したと言うんですよ。そこんとこはまあ折れてサインして下さいと言って、それで日本に来ました。92年の2月8日に早稲田の日本キリスト教会館で、リー・チュン・ハの話とビデオをみる集会、それから11日にスパイラルで彼の発表とシンポジウムをやりました。面白かったですよ、すごく。なんかちょっと宇宙人みたいな奴なんですね。ある意味オタクのはしりだったんだな、今考えると。活動家らしい活動家じゃない、そこがすごく面白かった。彼は結局その後、どこかに消えてしまいました。彼はその後の民進党の変化に対して批判的だった。それで運動現場から離れたんじゃないかと思う。

ディディ・ハレックがようやく日本に来たのは、1993年。鈴木みどりさんがやっていたFCTが呼んでくれました。そのちょっと前には、マイケル・ライアンやインゴ・ギュンター、ああいう連中も次々やってきて、ヨーロッパのメディア活動のことを色々と教えてくれた。そうしたことも、かなりのインパクトになったと思いますね。

ざっと言うと、こんなところです。

――2011年4月10日の反原発デモでは、わっと人が集まって無数の映像がインターネットで流れました。この時は、あるものでやってしまおうという意識がたくさんの人の中でどこかあったように思います。ただ、それ以降の「メディア」というものの取り上げられ方は、また元に戻ったようで、どうも違うように思うのですが。

メディアの場合もそうだけど、サイズの問題というのがあるんです。基本的には小さくということですけど、サイズをある程度の適正で維持しないと、どんどん「普通」になってしまうんですね。

ラジオだって、全国放送ならいい、世界放送ならいいという発想でやるのなら、全然意味がない。だから、いまネットでいろんなものが流れているから、ネットに流れない方法という方が、戦略的には面白いんじゃないかと思います。印刷メディアというのは逆にそういう可能性を持っているんですよ、いまは。自分で積極的にこの本を手に入れないとわからないとか、この印刷物はどこで手に入るとか、そういうようなことですよね。いまは何でもネットにあると思っているじゃないですか。しかしそれは、実際には、限られたものなんですよね。

――身体サイズとか、小さなメディアというものを、いま一度考えたいと思っています。

小さいということは、たんに規模が小さいということではないんだよね。スモールワールドと言っても、狭いという意味ではないんですよ。『小さなメディアの必要』（晶文社、1981年）って、津野海太郎さんの本でも示唆されているように、小さい・大きいの問題ではない。つまり、強度の問題でしょう。ウィリアム・モリスのいうレッサーアート、レッサー、ミニマリズムのミニマル、そういうことですね。たとえば、今日話したことも、ある意味で世界中つながっちゃってるわけですよ。

（2012年4月28日　聞き手・細谷修平）

俺がやりたいと思ってやっているのは、メディア自体を変えることの政治性みたいなこと

土屋豊（映画監督 ／ VIDEO ACT! 主宰）

WHAT'S MEDIA ACTIVISM?

■自主制作のネットワーク■

ビデオアクトの設立は98年9月です。カタログを2年に1回つくっていて、劇場や大手のメディアに乗らないようなビデオ作品、自主制作の作品を主に掲載しています。コンセプトとしては「どんな作品でも審査せずに載せる」ということ。どの作品を載せるかこちらが選ぶのではなくて、自主制作の作品を集めて配布する。それによって、多くの人に作品の存在を知ってもらう、見られる機会を増やしていこうということがひとつにあります。

当時、自主ビデオをつくっている人たちは皆、個別にチラシをつくって、注文の電話を受けて発送してという作業を、制作者本人が個別にやっていた。けれども、それはなかなか大変なことなので、作業をシェアするかたちで出来るようになれば少しは負担が減るんじゃないか、注文も一括で受けて発送できる。ここに連絡すればどの制作者の作品も一度に入手できるという、買う側の利点もあるんじゃないか、ということで始めたのがビデオアクトです。

92年に民衆のメディア連絡会が出来ました。これはビデオにかぎらずパソコン通信やファックス通信など、何らかのメディアをつかって社会を変えていこうという人たちで始めた、ゆるいネットワークです。僕もそこに参加するようになったんですが、そこでビデオの制作者たち、たとえばビデオプレスの松原明さんやドロップアウトTVの遠藤大輔さん、そういう人たちに出会ったわけです。集まるたびに出てくる話というのが、映像を見てもらう機会を広げるのがとにかく大変だということ。集会の前段で上映するとか、組合で上映するというスタイルは当時からあったんですけど、もっと広げたい、そのためにはどうしたらいいんだということを頻繁に話していた。

そうしているうちに、97年に民衆のメディア連絡会関係者の人たちと一緒に、ニューヨークに行く機会がありました。パブリックアクセスの仕組みを見に行こうというツアーで、僕も参加したんです。パブリックアクセスが成立しているニューヨークのインディペンデント・

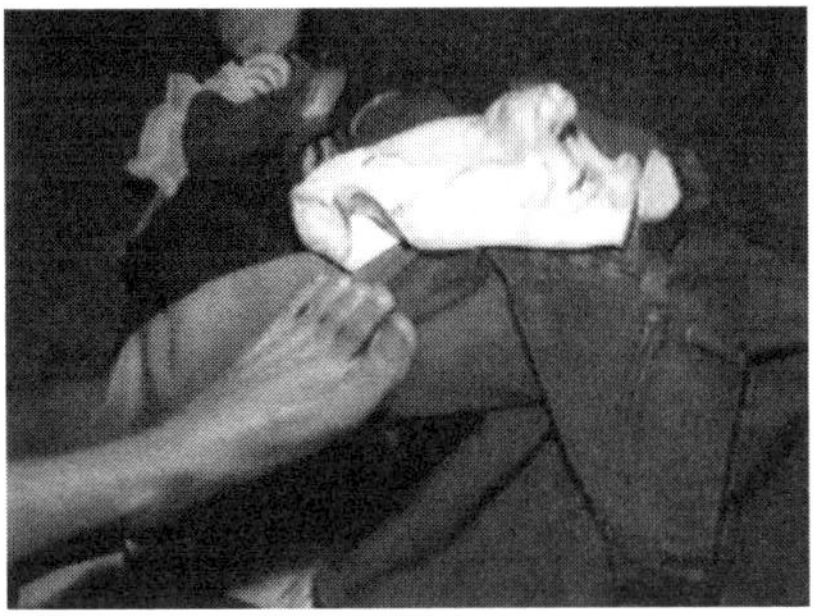

『ビデオ・レター』寺山修司＆谷川俊太郎　1982（DVD/2009　アートデイズ発売）

メディアの状況は、当時も今もそうですけど、やっぱり日本と全然違っていた。例えば、こういう映像作品をつくるために助成金を求めるのであればここの助成団体に連絡したらどうか、といったようなことをコーディネートしてくれるＮＰＯがあったり、４０００人、５０００人ものインディペンデントの映像作家のネットワークがあったり。とにかくインフラが充実していました。それに比べて日本には、あまりに何もない。見る機会を広げるのに困っている現実はある。ニューヨークの状況を見てきたことで気分的にも盛り上がっていたこともあって、それならとりあえず出来ることをやろうと思いました。ビデオアクトでは、少なくともいま悩んでいることを具体的にクリアしていくところからやっています。

■小さなビデオで表現する■

僕自身が映像制作を始めたのは、８０年代の終わり、８６年とか８７年、大学の２、３年のころに初めてビデオを触って、映像に興味をもつようになりました。当時、ハンディカムが出だしたころで、ビデオ・アートみたいなことに興味があったということもあって。それは、大勢で映画をつくるというよりも、一人で、自分で、なんというか、ペンを走らせるように映像をつくれないかなあというイメージ。ペンのように、自分の目の延長みたいな感じで、ふと思ったときに撮れるというところで、ビデオってすごくいいなあと思いました。

当時イメージフォーラムで寺山修司と谷川俊太郎の「ビデオ・レター」を見たことも、大きなきっかけになりました。個人の思いを表現する、そのときにビデオというものは、そういう表現にすごく合っているなと思った。大きな予算をかけるのではなくて、小さいカメラ一台で表現できる。俺もやってみたいと思って、映像をつくり出したのが８６年、８７年です。

８０年代のビデオ・アートって、基本的にＭＴＶ、プロモーションビデオみたいな感じが多かった。高城剛とか。そういったスタイルというか、ヴィジュアル面での新しさに追っているようにみえる作家には基本的にはまったく興味がなかった。それは俺のやりたいこととはまったく逆だったから。格好いい映像でＣＭつくってよかったねって話で。

ただ、テクノロジー・アート、たとえばナム・ジュン・パイクが衛星をつかってわけわかんないことをやってたじゃないですか。「グッドモーニング・ミスター・オーウェル」や「バイ・バイ・キップリング」。ああいうのは面白かった。新しい技術をつかって、いままで出来なかったことが出来るということにすごく興味があった。新しい技術で新しいネットワークをつくる、そういうこともビデオ・アートの中に含めて考えてみたときに、やっぱり興味を惹かれましたね。

それで、ビデオをつかってちまちまと作品をつくって、どこどこのコンテストで入選しましたみたいな、それなりの評価もあったんですけれども、やってて何かあまり面白くない。賞をもらってビデオ・アーティストになることが俺のやりたかったことなのかと考えたら、それはやっぱり違うなと。そうじゃなくて、小さいビデオを使って一人で表現することで、発信したい。世の中に問いたいことを映像化することで、その先の、映像化されたものを見た人の心を揺らす。あるいは、見た人と何かがこう変わっていくとか、そういうようなことをやりたかったので、このままでは面白くないなあと思っていました。

■複製自由■

その当時、粉川哲夫さんの本を興味深く読みました。彼の本の中に、パブリックアクセスの考え方みたいなものが書かれていた。まだニューヨークに行く前ですけれども、これがすごい面白い。誰でも自由に、公園みたいな感じでメディアを使えると、そういう考え方があるんだ、と。

じゃあ、いま俺がここで出来ることってなんだろうと考えたときに、当時はビデオテープでしたけれども、テレビで自由に放送することは出来ないけれども、ビデオデッキは持ってる人も多いだろうと。デッキがあるんだから、テープをほぼタダで、しかも著作権フリーで流通させれば、ある程度自由なメディアとして流通するんじゃないかという考え方で、自分でテープをコピーしてパッケージにして売るということをやり始めた。音楽ではコピーフリーとか、大友良英さんが「サンプリング・ウイルス計画」とかやっていたのもこの頃だったと思うんですけど、コピーフリーという考え方はわりとあったと思います。けれど、映像ではあまりなかった。「複製自由」にして、面白いなあと思ったひとがテープをコピーして回してもらえるといいなあと思ってつくったのが、「WITH OUT TELEVISION」というシリーズ。4号くらい出したと思います。第1号には、そのころちまちまつくってた映像が3本入っています。500円。複製自由。いろんな人にみてもらいたい、同じようなこと考えてる人いないかなあと。

広め方の方法として、出会った人にチラシを渡すというのはあるんですけど、当時ってまだ自由度があって、たとえば書店。青山ブックセンターやリブロブックセンターに委託で置いてもらったりしていました。直接訪ねていって、店長に会って置いてくれと交渉する。それでわりと置いてくれたんですよね。ビデオってけっこう場所をとるじゃないですか、しかも500円で7掛けとかなので、いま思うとすごいなあと思うんだけど、じゃあ20本置きましょうと言って置いてくれたりとかけっこうあった。模索舎やタコシェなどのミニコミセンターにも置いてもらったりしました。

■つくった後をイメージする■

映画『新しい神様』をつくったのが99年です。雨宮処凛さんにビデオカメラを渡したのは……なんだろうね。これは『新しい神様』という「作品」ですけれども、監督としての立場で、取材の対象者をつくって、その対象に迫っていくみたいな「作品」にしたいとは最初から思っていなかった。雨宮さんと対話をしていくさまを何か形にしたいというのが、最初つくるときに考えていたことです。ヒントになったのは、さきほどお話しした谷川俊太郎と寺山修司の「ビデオ・レター」。「ビデオ・レター」のようなことをやることによって、それが全体を包むような映画にならないかなと思って、それで自然にカメラを渡した。そこで撮られたものに対して、俺がどう思うかみたいなところのやりとりを続けていったらどうなるかなというふうなことは、最初

『Identity ？』1993

『新しい神様』1999

からイメージしていました。それってビデオじゃなきゃできないことでもあるんだけれども、ビデオじゃなきゃできないことをやりたいというわけではないんです。技術から入ったというよりは、対話を記録しようと思ったときに、あ、ビデオがあるじゃん、ということでビデオをつかってみたっていうところがあります。操作も簡単で、押せばすぐに撮れますからね。

それからこれは本当に最初のころ、ハタチのころの自分の思いですけれども、映像はつくりたいんだけれど、つくってそれで終わりというイメージではなくて、つくったあとの話というのが、俺の描く最終的なイメージなんです。作品をつくることが目的じゃない。それがどう広がって、見た人がどう思って、その人の感想なり意見を俺がどう聞いてどう変わっていくか、そういう有機的なやりとりが最終的な目的。そういう意味では、映画をつくって映画監督として商業的に成功していくことよりも、映画によって人が変わっていく、世の中が変わっていくということをやりたい。そのためには映画をつくるだけじゃなくて、広げていく、見せる、その場所をつくる、そういう仕組みみたいなものも含めてやっていかないと出来ない。それに、仕組み自体をつくることも楽しい。そういう最初の思いを現実化させるための具体的な行動として、映像をつくるということと、仕組みをつくるということ、両方が必要だと思うのでやっています。ビデオアクトでやっていることもそういうことです。

■メディア自体を変えることの政治性■

民衆のメディア連絡会の時から、映像を使って何かやろうとしたときに、それぞれにその人の現場というものがあって、たとえば松原さんだったら労働運動の現場でビデオを使う、遠藤さんだったら野宿者支援の現場でビデオを使うというふ

ビデオアクト上映会

ビデオアクト発行　ビデオカタログ

うに、みんなそれぞれテーマなり現場を持っているんですけれども、俺自身はそういう現場というものを持っていないんです。何々の運動のためにということでビデオを使ったことは一度もなくて。俺がやりたいと思ってやっているのは、メディア自体を変えることの政治性みたいなこと。G8メディアネットワークにしても、もちろんG8に反対する運動の現場はあるんですけれども、それを伝えるためのG8メディアネットワークという場所をつくることが面白かった。

　ビデオアクトもそうで、作品は何でもいいわけだから、へんな言い方ですが右翼的な作品がきたとしてもそれは無審査で受け入れて、カタログというメディアの中に突っ込んでいく。そういう場所をつくるためにやってきました。それぞれの現場はそれぞれにあるんだけれども、メディアそのものをつくることをいままでやってきたし、いまも基本的にやっていることは変わっていないです。

　とはいえ、誰もが自由に使えるメディアをつくる、ということをやりたいんだけれども、結局はできていなくて、テレビは無理でもネットは自由にできるじゃないかって言うけれども、そこにももちろん規制はかかってくるし、商業主義もそこに入ってくるだろうし、なかなか自由な場というのは簡単にできそうでできていない。パブリックアクセス的な、自由な誰もが勝手につかえるメディアづくりという意味では、まだまだ足りないなあと思っています。

■制作者ー観客■

　ビデオアクトでは上映会を、ビデオアクトが始まって1年後の99年から始めて、ほぼ2ヵ月に1回というペースで続けています。上映するということが前提なんだけれども、基本は制作者と参加者が直接あって話ができる場をつくるということが目的です。これはビデオアクトで紹介している作品にかぎらず、上映会の担当者が作品をみつけてきたり、推薦したりして、ビデオアクトで上映会をやったらいいんじゃないかという作品をセレクトしてやっています。これまでたぶん、57回か58回までやっているんですけれども、そのたびにほぼ毎回、つくった本人に来てもらっている。流れとしては、上映した後に、いわゆる映画館のあとのトークショーみたいな感じにはなるんですけれども、映画館と違って、監督がただ話すような、「お客さん」と「監督」という関係に止まらないで、制作者と参加者が同じ作品のテーマだったりをいろんな角度から話し合うようになっていくので、境目がないような感じで話しができるというところはあると思います。

　見るとついつい、ここはダメだとか、ここはいらないとか、いろんなことを勝手なその人の映像の世界観で言い合ったりもしますけれど、それが逆に面白い。直接話す場がないとそういう声も聞こえてこないですし、制作者側にとってもなかなか言われる機会もないわけですから、そういうことができる、場所があることは非常にいいなあと思います。「答えは映画の中にある」みたいな、語りたくない人も映画監督とかでたまにいますけど、ビデオアクトで誘った制作者ではそういう人はいないですね。ビデオアクトの場合はドキュメンタリーがほとんどということもあるかも知れないけれど、テーマであったり映像技術や編集についてであったり、いろいろと話せる。真摯に対話ができることはやっぱり面白いです。

　いま自主映画界みたいなのが盛り上がっていますね。小さな映画館で1回だけ上映して終わりで、次から次へとまた上映するみたいになっている。監督がずっと続けてつくれるような仕組みがあればいいけど、そうはなっていないなあと。なんだろう、単純に、でかい資本が動かしているシネコンのミニチュア版が、あちこちに出来ているような気がだんだんしてきて。アップリンクの浅井隆さんが言っている、「MMT（マイクロミニシアター）」構想というのがありますね。小さな、10人くらいしか集まれないような場所でもデジタルで上映できる仕組みを安く整えて、映画館じゃないけどちょっとした上映ができるスペース、そういう方面でのスクリーンを増やすことで、多

『PEEP "TV" SHOW』 2003

様な作品を観たい人、観てくれる人、へんな言い方だけど、観客を育てていくようなことが必要なんじゃないかなという気がしています。そういう意識を持った場がいっぱい増えればいいなって気がする。実際、上映会ってあんまり気軽にはできなくて、会場をおさえるのも3ヶ月前4ヶ月前に予約しないといけないみたいな、けっこうしんどい面もあるので。もうちょっと気軽に、「てれれ」的な方法で何かできないかなと思っています。

■テクノロジーと人間■

ユーチューブが使われはじめたときは、むしろ俺が使いこなせてないみたいなところがあって。すでに一般化している、一般化しているというよりは本当にみんなが使いこなしちゃっている。俺より全然技術をつかいこなしているし、すでにそうしたテクノロジーが日常に入り混んでいるようなところがある。なので、たとえば、ユーストリームが出てきたことで、そこからなにか新しい発想になったり、そういうのが出てきたことで俺自身が変わったというのはないですね。俺はどちらかというと、そういうものがすごく浸透してきたことによって、それによって人間がどう変わっていくのか、そっちの方に興味があります。自分が使っていくというよりも、これだけ映像だらけになって、これだけリアルタイムになって、どうなっちゃうんだ人間は、みたいな。そういうことのほうに興味があります。

2003年につくった『PEEP “TV” SHOW』という映画は、映像や情報が溢れかえる、そうした中でのリアリティみたいなことについてを作品化したものですけれども、その後もどんどん状況はすすんできている。最近は、グーグルアースみたいなものまで出てきて、地球全体がカメラに覆われているわけです。そうなるともう『PEEP “TV” SHOW』の頃とは規模が変わってくるというか。どこを歩いていても監視カメラに撮られているし、誰もがスマフォを持って、自分から信号を発信してGPSにキャッチされようとしている。それはすごく便利で、自分が今どこにいてそこに行くにはどう行けばいいというのがパッとわかって、どこにでも行けちゃうわけです。映像が、データが、監視が氾濫する、俺たちはそうとうおかしな世の中にいるんだけれども、その渦中に、実際に暮らす人たちはそれが「便利」だと思って享受している。カードを使えばその履歴がのこって自分の好みの情報が頼まなくても届く、アマゾン的な世界も当たり前になっています。

このことをどう考えるかというのは非常に難しくて、いまのがんじがらめの、テクノロジーによる監視があふれかえる状況から抜け出す方法があるのか、ないのか、ないんだったらどうするのかみたいな、そういうことを日々考えています。

いま、こうしたことをテーマに映画をつくっているんですが、考えてはいるけれども、結論はなかなか出てこない。唯一言えるのは、自分でいかにコントロールできるのかっていうことなんですよね。コントロールを他者にゆだねない。何をするにもどんどんデータを取られちゃったりするんだけれども、いかにそれを自分でコントロールするか、自分に関するデータの保管の仕方、開き方、扱い方、これを自分でできるかどうかというのが、いまのところポイントではないかと思っています。前の映画をつくってから、ずっと考えてきたことなんですよね。脚本を書きはじめたのが2010年で、昨年、撮影をしたところです。

『PEEP “TV” SHOW』は監視がテーマでしたが、俺の興味としてはさっき話したように、メディアの技術がどんどん進行することで人間にどういう影響を与えているかという、人間とテクノロジーの関係。そういう意味で、監視社会なりマーケティング社会と人間の関係にも、とても興味があります。

ビデオにしても、メディアの発展にしても監視社会の進化にしても、なんというか、どんどん開いていっちゃう方向だと思うんです。個人がビデオで自分のプライベートな部分を撮り、ユーチューブに公開して世界中に自ら広げる。監視社会においては、隠せるものがどんどんな

『GFP BUNNY』2012

くなって、勝手に開かれていってしまう。どんどん開いていっちゃうというのが方向としてある。それはいい面もあるとは思うんですよ。どんどん見てどんどん使ってくれ、さっきのコピーフリーじゃないけど、複製自由で、コントロールはしないから開きまくっちゃってくれみたいな。それはそれでひとつの、技術のいい面でもあると思うんですけれども、それは当然開かれていることで、誰にでも取られてしまう。取られて、向こうにコントロールされるのはいやだと思ったとしても、隠す方向にはなかなかならない。そのせめぎあいを考えたいというか、興味深いなあと思っています。

■コントロールされるのではなく■

いまつくっている映画『GFP BUNNY』(2012年公開予定)では、身体改造をしている人たちが出てきます。顔や頭にインプラントしたりして、人間をやめたい、越えたい、という人たちが出てくる。取材で出会った人たちの中には、将来の夢はサイボーグになることだと語る人もいれば、手のひらにICチップを入れることでコンピュータで認証できるようにして、手のひらをかざすことで鍵を空けるとか、カードを使わずにICチップで済ませたいという人もいる。これは逆サイドから見れば、ICチップを性犯罪者に入れて管理しようという動きもあって、アメリカや韓国では足にはめるわっかじゃなくて、チップを入れちゃえばいいじゃんみたいな話になっているんだけど、人間を飛び越えたいという人の中には、自らICチップを入れる人がいる。

僕はその自ら入れるという人にすごく興味があって、俺も入れたいくらいのいきおいがあるんです。ICチップを入れることによって、自分でコントロールしていけるんじゃないのか。テクノロジーを、何かそういう技術を逆手にとることで、コントロールされるのではなく、自分でコントロールする。そのために積極的にテクノロジーを取り込んでいくという。といっても、それはイメージでしかないんだけれど、何か、そういうことができないかなと思っていて。つまり、無意識のうちにあっけらかんとカードをつかって個人情報をとられてそれが出回っていくよりも、むしろそういうのを意識的に考えて、そういう世の中であることを自覚して、もっと先を行っちゃう、そういうことが出来ないかなと思っているんです。映画としてはそういう話になります。あえて飛び込みつつ反撃していく。コントロールされたくなくてテクノロジーから距離を置くのではなく、テクノロジーを使って反撃していく。具体的にはどうすればいいのか、そんなこと出来るのか、どういうふうにできるかは、まだわからないですけどね。

(2012年4月6日　聞き手・細谷修平)

検証：日本のメディアアクティビズム 第3回

市民メディアの勃興、挫折、現在

トーク
岩本太郎
フリーライター
白石草
OurPlanetTV
和田昌樹
横浜市民放送局・ポートサイドステーション

▼デジタル技術の進歩によって、人々がより自由に表現できる時代に入った。DVカメラの登場やブロードバンドの整備によって個人が放送局を持ったり、情報発信することが可能になったと言われる。また、1995年の阪神大震災以降、地域のコミュニティ放送局やケーブルテレビ局においても、市民メディアの活躍は大きく広がっている。

▼とはいえ、オーマイニュースやJANJANなど、市民参加型のネットメディアは活動を停止。海外などと比較すると、日本における市民メディアは規模も影響力も小さく、社会における認知度も低いという声も聞く。果たして、日本では市民メディアが根付きにくいのか？

▼「市民メディア」と呼ばれる日本独特のメディア活動の全体像を俯瞰しながら、メディア・アクティヴィズムとの関わりを考えたい。

WHAT'S
MEDIA
ACTIVISM?

「市民メディア」とメディア・アクティヴィズム

what's media activism?

岩本太郎▼フリーライターの岩本太郎です。私は、ここ10年くらい、いわゆる全国の「市民メディア」と呼ばれる分野を取材してきました。今日はよろしくお願いいたします。

　今日のプログラムには、日本社会には市民メディアが根付かない、育たないのではないか?と書かれているんですが、私が取材していると、全国各地に市民メディアといえるようなメディアは色々とあるとも思えます。ただ、〝検証・日本のメディア・アクティヴィズム〟という視点からすると、「市民メディア」というものにも、ずれがあるんじゃないかと思うんですよね。

白石草▼〝検証・日本のメディア・アクティヴィズム〟という括りで考えた場合、市民メディアをどう位置づけることができるか、実は直前まで悩んでいました。そこで、まず俯瞰してみたいなと思いまして、今日は市民メディアマップのようなものを作ってきました。(図・次頁)

　本当は独立性とか組織の側面からマトリックスにしてみたかったのですが、なかなか難しかったので、とりあえず、横のつながりの弱い市民メディアの全体像が見えるような図にしました。「文章で発信しているところ」、「音声で発信しているところ」といった、表現の種類を縦軸に、映画祭とか、ケーブルテレビとか、インターネットとか、どんな場で活動をしているかというのを横軸にしてみました。

岩本▼メディア・アクティヴィズムというのは、自発的に何かをやっていることというふうに考えて良いのでしょうか?

白石▼前回、米国のメディア・アクティヴィストから影響を受けたといっていた松原明さんが、〈ペーパータイガーTV〉の方が話していたメディア・アクティヴィズムの二つの定義を紹介していました。ひとつは、あらゆるメディアを使って社会を変えていく活動をしていること、そしてもうひとつは、その活動を通じて、メディアの構造そのものを変えていこうとしていること。その両方ともやっている人がメディア・アクティヴィストだと、松原さんはおっしゃっていました。

　私は、それが完璧な答えだとは思っていませんが、社会を変えていこう、メディア自体の構造を変えていこう

図）市民メディアマップ（これまでのさまざまな活動）作成：白石 草／2010年10月27日

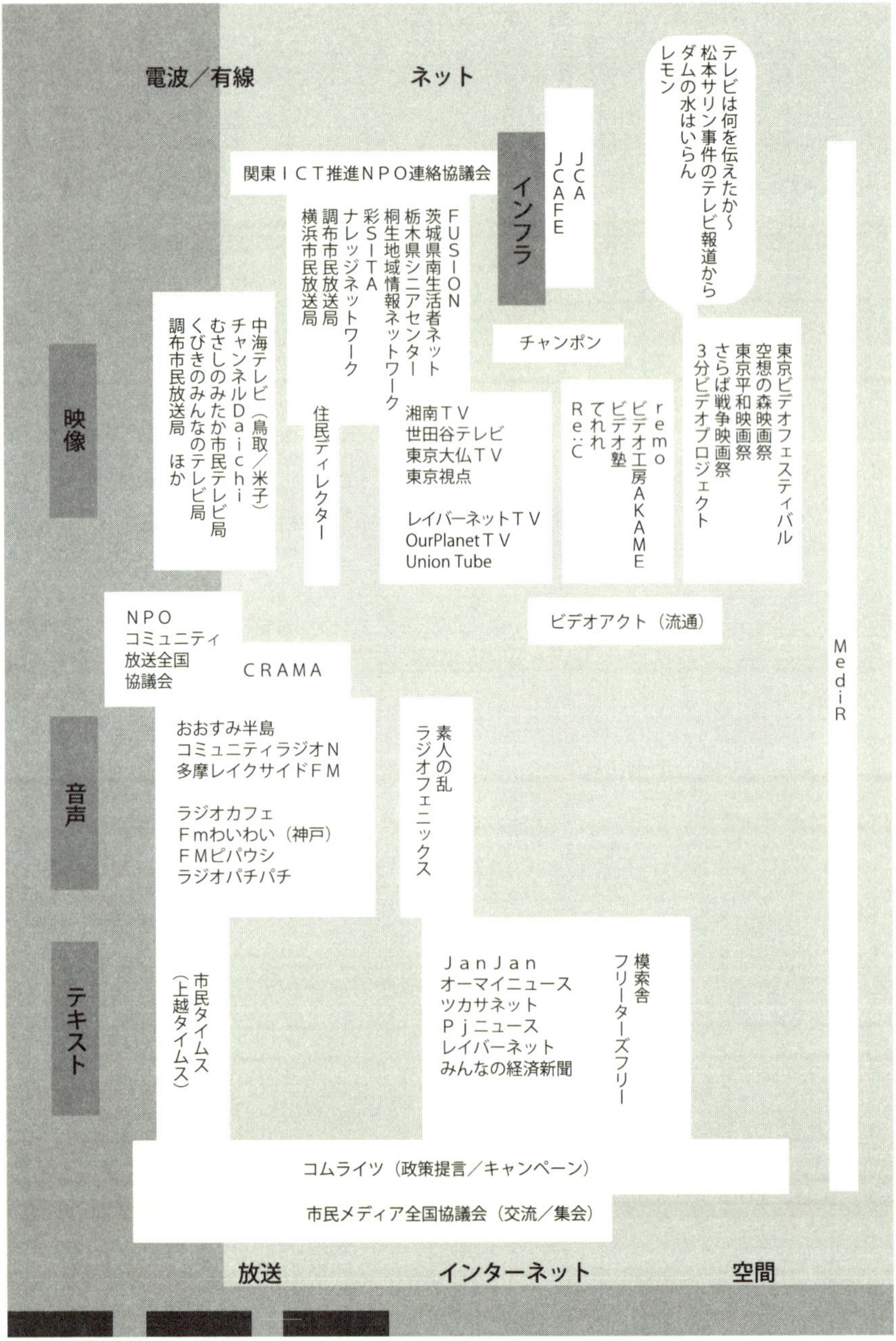
電波／有線
ネット
テレビは何を伝えたか～
松本サリン事件のテレビ報道から
ダムの水はいらん
レモン
JCA
JCAFE
インフラ
関東ICT推進NPO連絡協議会
FUSION
茨城県南生活者ネット
栃木県シニアセンター
桐生地域情報ネットワーク
彩SITA
ナレッジネットワーク
調布市民放送局
横浜市民放送局
中海テレビ（鳥取／米子）
チャンネルDaichi
むさしのみたか市民テレビ局
くびきのみんなのテレビ局
調布市民放送局　ほか
チャンポン
東京ビデオフェスティバル
空想の森映画祭
東京平和映画祭
さらば戦争映画祭
3分ビデオプロジェクト
映像
住民ディレクター
湘南TV
世田谷テレビ
東京大仏TV
東京視点
レイバーネットTV
OurPlanet TV
Union Tube
remo
ビデオ工房AKAME
ビデオ塾
てれれ
Re:C
ビデオアクト（流通）
MediR
NPO
コミュニティ
放送全国
協議会
CRAMA
おおすみ半島
コミュニティラジオN
多摩レイクサイドFM
ラジオカフェ
Fmわいわい（神戸）
FMピパウシ
ラジオパチパチ
素人の乱
ラジオフェニックス
音声
テキスト
市民タイムス
（上越タイムス）
JanJan
オーマイニュース
ツカサネット
Pjニュース
レイバーネット
みんなの経済新聞
模索舎
フリーターズフリー
コムライツ（政策提言／キャンペーン）
市民メディア全国協議会（交流／集会）
放送
インターネット
空間

という部分は、メディア・アクティヴィズムの重要なポイントだと思っています。そうした視点からこの図をみると、そういう層はインターネットや空間を中心に活動しているところに集まっているのは確かです。

岩本▼なるほど。そうすると、この表の上段にある中海ケーブルテレビをはじめとするケーブルテレビというのは、行政とも連携した枠の中でやっているという意味において、メディア・アクティヴィズムという面では、少し違うということなのですかね。

白石▼かつて、ケーブルテレビでも、電波免許を得ずに自主放送をはじめるなど、色々な取り組みがありました。ただ、そうした映像活動は、次第に消えていきました。活動が存亡の危機を迎えた時に、なくなると困ると住民が運動すれば、それはメディア・アクティヴィズムなのだと思うのですが、枠がなくなるときに、「はい、そうですか」とすぐに受容できる程度のものであれば、それは、たまたま趣味的にやっていただけと言われても仕方ないと思います。

私は、自分が発信する場所を獲得しようとしている人や、自分が持っている権利を守ったりしようとしている人が、メディア・アクティヴィスト的な立場にあると解釈しています。自分の枠を広げていこうとしている、スペースを拡大したい人たちです。

岩本▼たしかに、日本のケーブルテレビも、歴史をたどってみると、１９６０年代とかは、自主チャンネルのような形で出て来たところもありました。まだ地上波テレビの難視聴などが解消されていなかった頃の話、例えば、岐阜の郡上八幡では、電波監理局からの許可を得ずに、自分たちでアンテナを立てて放送を受信して、そこから地域に放送するという中継局のようなことを勝手にやっていた。その無免許のインフラを活用して、住民が自主放送をやっていたし、自主放送だけでなく、通信もはじめて、今の放送と通信の融合みたいなものをやっていたところもあったのだけれど、地上波テレビが普及していくなかで、いつの間にか消え去ってしまった。

そういう意味では、日本でも、ケーブルテレビにおけるメディア・アクティヴィズム的なことはあったわけです。にも関わらず、それが根付かなかった。いつの間にか、時代の流れの中で消えてしまった。

白石▼２００９年に民主党政権が出来た当時、総務省の原口大臣が「今後のＩＣＴ分野における国民の権利保障等の在り方を考えるフォーラム」という場を作りました。放送免許の在り方を抜本的に見直そうとしていたのですが、ここで、市民メディアやパブリックアクセスについても討論する機会がありました。その際に、大臣以下、委員に見せるために、ビデオを作りました。というのも、日本では、一般的には、市民メディア、コミュニティメディアといっても、まだまだ知られていないからです。

ビデオでは、１９９５年の阪神淡路大震災のときに、海賊放送として生まれたコミュニティラジオ「ＦＭわぃわぃ」、中央大学の学生が番組作りに関わっている「多摩探検隊」、二風谷のアイヌの人たちが中心に放送しているミニＦＭ「ＦＭピパウシ」、浜松に暮らす在日日系ブラジル人の人が放送しているインターネットラジオ「ラジオフェニキス」、大阪の喫茶店などで毎日のように、自主上映活動をしているカフェ放送「てれれ」、台風の時に大活躍した若者手作りのコミュニティラジオ「ＦＭ奄美」などを紹介しました。

岩本▼こうして並べるとマージナルというか、既存の大手メディアがなかなかカバーできないようなところから市民メディアの動きがわき起こってくるということが、わかりますね。

白石▼「目で聴くテレビ」のように、耳の聞こえない方が作った衛星放送局もあるし、熊本から始まった、町づくりとメディアがミックスしたような「住民ディレクター」といった活動もあります。ただ、それぞれが自分の活動で一生懸命なために、横のつながりが薄く、ばらばらに点在しているのが実情です。

岩本▼ただ、市民メディア全国交流協議会が２００６年に出来て、年に1回「メディフェス」というのが開かれているわけですよね。

２００９年に「メディフェス」が東京で開催された際に、パンフレットに市民メディア一覧を載せたのですが、ほとんどの都道府県に市民メディアに類するメディアを見つけることができました。インターネットをやってたり、コミュニティＦＭをやってたり、ミニＦＭをやってたり。数も多いし、多様です。

白石▼ここから本題になると思うんですけど、インターネットメディアは、2000年から2001年ころに様々なメディアが生まれましたが、かなりのメディアが既になくなっていますし、たとえ完全になくなっていなくても、事実上の開店休業状態になっているところも少なくありません。

放送免許をとっているようなFM局は、頑張って継続的に運営していますが、ケーブルテレビに放送枠を得ていた市民メディアのなかには、「てれれ」や「Recip（NPO法人 地域文化に関する情報とプロジェクト）」などのように、放送枠がなくなってしまったところもあります。基盤がしっかりして、活動が安定していて、印象に残るメディアというのは残念ながら、あまり育っていません。特にインターネットを中心としているところは、皆大変そうです。

岩本▼中には好きにやっているから、継続なんてどうでもいいよというところもあると思う。ミニFMやイン

アワープラネットTV制作の市民メディア紹介ビデオより。上から「FMわぃわぃ」（神戸）、「FMピパウシ」（二風谷）、「FM奄美」（奄美大島）

ターネットの場合、始めたいから始めたけど、もうやめたいからやめちゃった、というところも結構ある。市民メディアというと、ずっと続けないといけないんじゃないかと思っている人も多いと思うけど、私は、いつやめてもいいと思いますね。

白石▼確かにそうなんですが、先月、米国に行って逆のことを感じました。例えば、先ほどの〈ペーパータイガーTV〉という、1981年から活動している団体があります。そこは、スタッフ全員がボランティア。ヒエラルキーをつくらないという理念のもとに、毎週水曜日にミーティングするだけという組織なのですが、30年間続いていて、なおかつ、メンバーの中心は常に20代、30代。世代交代しながら、脈々とその場が続いている。継続は力なりです。やりたいときだけやって終わってしまうという日本に対し、米国では、継続している活動が多いことに驚きました。

岩本▼人の新陳代謝が図られているわけですよね。それはどういう形で、人が寄って来て、続いているんですか。

白石▼その点は、よく分かりませんでした。1980年代に〈ペーパータイガーTV〉をスタートした人たちは、既にいい年になっていて、アドバイザーのような形で支える側に回っています。映像作りに関わっているのは、学生や若い人たち。ニューヨークは、東京のような街なので、クリエイターとか、映像を作る人たちが沢山いて、彼らがインターンとして関わっています。

もちろん、かっこいいものを表現していることも影響していますが、自由に意見交換などができるからだと思います。深いコミュニケーションのとり方をしていますし、みんなで一緒に面白いものを作るといったことを共有していて、作るって面白いよねとか、そういうところで結ばれているのではないでしょうか。

パブリックアクセス獲得のための実践

岩本▼「この指とまれ」という人と、全体をオーガナイズする人が必要になってくるわけですが、日本だと、みんなで集まってやろうよといっても、長続きしない。やはり、長く続いているところは、全体をオーガナイズする、プロデューサー的な人がいるなあという気がする。〈アワープラネットTV〉（以下、アワプラ）の場合、2001年の10月21日から9年、白石さんが中心になってやってきたというイメージがあります。市民メディアというと、色々なところが思い浮かぶけど、東京に拠点があって、NPOで、インターネットで放送しているというアワプラの存在感は大きいと思うんですよ。

でも、そもそも市民メディアという感覚で始めたわけではないんですよね。

白石▼私はもともとメインストリームメディア出身で、大きいマスメディアにいました。最初はテレビ朝日系列のプロダクションにいて、東京のローカル放送であるMXテレビに移り、アワプラを作りました。

自分で立ち上げた時は、インターネット上に、プロフェッショナルなビデオジャーナリストのプラットフォームを作ろうとしていました。〈ビデオジャーナリストユニオン〉の遠藤大輔さん、あるいは〈アジアプレスインターナショナル〉とかに近いイメージです。ただ、当時は、誰もインターネットでの配信はしていなかったので、それをやってみようと。既に、神保哲生さんは〈ビデオニュースドットコム〉を始めていたと思うのですが、神保さんはドキュメンタリーというより、インタビュー番組という感じだったので、ドキュメンタリーを作る人たちのプラットフォームを作ろうと思っていたのです。それが、あれよあれよという間に、今の形になりました。

最初は、一般の人たちが、ビデオの作り方を教えてくれというので、ワークショップを始めました。そこで教えているうちに、この人たちはすごいかもしれないと考えるようになって、色々と学んでいくうちに、市民メディアというものがあるということを知ったのです。

2004年に、「市民メディア全国交流集会」がスタートするのですが、その時はまだ、私は全然他人ごとでした。〈民衆のメディア連絡会〉のメーリングリストに入っていたので、情報は得ていたけど、自分はお呼びじゃないという雰囲気を感じていて、3回目までは行っていません。初めて参加したのが、2006年の横浜大会です。2005年までは、まだ自覚がないというか、そんな感じだったんですね。

岩本▼確かに、この2004年くらいの頃と今では、集まる顔ぶれが変わってきていますよね。２００４年は名古屋でやったんですけど、その頃は、名古屋のボランティア団体が中心になって運営していて、熊本の住民ディレクターとか、地域おこしで発信している人たちが多かった。それがだんだんと、アワプラや独立系のメディアも顔を出すような流れになったんじゃないかなと思うんですけど。

白石▼２００６年頃までは、周りのことは何も考えずに、ただがむしゃらに活動をしていました。他のメディアのことは全く見えていなかったと思います。国内外の状況を冷静に見回わせるような余裕ができて、勉強するようになって、ようやく色々と分かってきたのです。

アワープラネット TV 制作
「宮下公園 ~TOKYO/SHIBUYA」2010 年　より

岩本▼当初から、国内とか海外に目指すお手本があったわけではないということですね。

白石▼ええ。私は、会社をやめる時に、デジタル放送推進室というところにいたので、主流メディアの世界の潮流は把握していました。英国でデジタル化がどうなっているかとか、イタリアでは新しいサービスが始まっているとか。けれど、そういった最新機器を始めとする、主流メディアの潮流しか分かってないので、市民による非営利のメディアについては、何も分かっていなかったんですね。今のマスメディアの人と同じで、市民がやることについては、ほとんど考えが及んでない。そんな状態でやっていました。

岩本▼大半のマスコミの人から見ると、一般の市民にビデオを作らせるというのは想像の外みたいですものね。

白石▼私の入った東京ＭＸテレビというのは、１９９５年に開局した当時、市民が作った番組を流す枠があったんですよ。あったんですけど、そこにどのような可能性があるのかとか、自分がやっている取材との関係性についてもよく理解していませんでした。

もちろん、遠藤大輔さんが、「新宿路上テレビ」という本当に面白い取り組みをやっていて、MXで流していたので、それについては、私も、面白いなと思って注目していました。「新宿路上テレビ」というのは、新宿の西口の路上にテレビをおいて、自分はキャスターに扮し、野宿のおじさんに見せるという、パフォーマンスのようなユニークな番組です。

MXはパブリックアクセスのようなことをやろうとしていたので〈民衆のメディア連絡会〉の人たちがMXに期待していたという流れがありましたが、私は、当時、そのことをよく理解していませんでした。

岩本▼当時、MXテレビの中心となってプロデュースをされていたのは村木良彦さん。ビデオジャーナリストを導入したり、様々な挑戦をしていたと記憶しているんですけど、それがなかなかうまくいかないという現実があったんですよね。

白石▼はい、MXでは、うまくいきませんでした。放送局だと難しいから、インターネットだったら成功するだろうと思ってはじめたのが〈アワープラネットTV〉。村木さんのMXテレビでやろうとしていたこととコンセプト的には近いところがある。ただ、それも実は誤算でした。2001年設立後しばらく、私はインターネットがブロードバンドになって、どんどん発信できれば、それで十分だろうと思っていました。が、そうではなかった。

急速に考え方が変わったのは、韓国の影響です。メディアアクセスに関する、あるいは公共性に対する概念を理解するようになった時点で、インターネットだけじゃダメなんだと。空間も含めて、あらゆる公共的な場所、パブリックアクセスを獲得しようと動かなければダメなんだと考えるようになりました。

つまり、インターネットがあるから、満足して放送しているだけでは、先ほどのケーブルテレビの事例と同じで、ダメなんだということがわかってきたのが、ここ最近です。

そういったプロセスを通じて、私としては市民メディアの全国協議会などの横のネットワークをつないで、自分たちの権利を獲得する必要があると自覚するようになっていったわけです。

行政とのつきあい方

岩本▼ここから、〈横浜市民放送局・ポートサイドステーション〉の和田昌樹さんにもご参加いただきましょう。

和田昌樹▼こんばんは。私の関わっている横浜市民放送局・ポートサイドステーションは、もともとコミュニティFMを作りたいなと思って始めたものです。横浜は電波事情が特殊で、港に近いところは、電波が千葉まで飛んでしまうし、横須賀の米軍基地や港湾施設があるために、電波の過密地帯なんですよね。内陸部だけに届くための見積もりをしたら、あまりにも高くて、FMはあきらめたのです。

ちょうど、その時、ポッドキャストが始まるということを聞いていたので、費用もかからないし、ポッドキャスティングをやろうと始めたのが、今の活動です。

その時に一緒に関わっていたのが、故・原総一郎さん。全国で、面白いメディアがあるとそこに行って話を聞き、顔をつなぐということをやっていた。その流れで、横浜市民放送局というものに至っています。

岩本▼ただ、横浜市民放送局のウェブを見ても実態がよく分からない。

和田▼横浜市民放送局は、いくつものユーストリーム番組の融合体です。お金がない、人手がない、機材がない。だから、それぞれ融通しあうわけなんですが、その割には、「俺がつくったものは俺だ」というプライドや意識がある。完全に一つのチャンネルにするのは難しかったので、お互いに作ったものを、一緒に見れるようにリンクしあえばいいじゃないかということで、横浜市民放送局というポータルサイトを作ったのです。

今年に入って、ツイッターとユーストリームによる影響は大きいですね。去年の秋前までは、こんなに盛り上がっていなかった。

岩本▼行政との関わりについて聞いてみたいんですけど、横浜は結構、助成金などを得たり、行政と一緒に仕事もしていますよね。いわゆるメディア・アクティヴィストの中には、行政との関係については、センシティヴに見ている人も多いと思うんですけど。

和田▼まったくそれは正しいと思います。ぼくはお金をもらうのは好きなんですけど、それによってコントロールされるのは嫌いなんですよね。これをやってもらわなければ困るとか、これが義務だとか言われるのは、望ましい状態ではない。そういうお金は使わないほうがいい。

今、横浜では、総務省のICT関係の交付金をもらっているんですが、運営している人の間でうまくいっていないんです。助成金を使うだけであっぷあっぷしている。足りないのではなくて、お金の使いみちを短期間で考えなければならなくて困っている。市民メディア活動の現場には不満が鬱積しています。交付金の契約主体はNPO法人か行政しかなれないので、とりあえずNPOである横浜コミュニティデザインラボが、契約主体になっているんですが、自分たちの企画やアイデアをスムーズにハンドリングできないでいる。原因は単純です。まず、交付金申請の締め切りが極端に短くて、納得のいく企画を提出しようにも行政からせかされて、言うなりになってしまうこと。そこへ持ってきて、NPOには資金がなく、金融機能を担うことができないため、結局、テレビ神奈川（tvk）に大半の資金を迂回させることになってしまっている。

白石▼横浜で6000万円くらいもらったんでしたっけ？

和田▼約7000万円です。

岩本▼すごい。

和田▼7000万円のうち、5000万円がtvkが仕切るデジタルサイネージ（電子看板広告）のお金で、東京の企業に流れるんです。残りが横浜で市民メディア活動をしている複数の団体に配分されるんですが、それでも、普段、手にしたことのない金額。総務省の巨額な助成金を使うといっても、税金だから使用目的は限られている。やりたいことがたくさんあっても、交付金をもらうために、十分に練ることもなく出した企画だから、いざ実施となると混乱がおこる。しかも、短期間にそれを消化しなければならないからあっぷあっぷしてしまう。一時的に交付金で一息つけても市民メディアの持続展開の促進には結びつかない。ぼくは市民メディアは巧遅なメディアだと思っているから、拙速に助成金や交付金を使うことに疑問を感じてしまうんです。

市民メディア活動を持続的に展開するためには、自分たちで収入の仕組みをつくり、独自のお金が入ってくるという構造をつくらないと、いつまでたっても単なる助成金や交付金頼りのメディアになって、最悪の場合は行

横浜開港祭 2011 の横浜市民放送局
提供：横浜市民放送局・ポートサイドステーション

政に左右されるメディアになりかねない。

岩本▼やっぱり公益に資するメディアみたいなところを目指すのであれば、しっかりと自主財源のようなものを確保していかなければならないということですか。

和田▼そうです。市民メディアが扱うテーマというのは、必ずしも公益に資するものばかりじゃないんですよ。要は、別のいろんな視点を提供すること。

さっき、白石さんは、プロから、徐々に「下から目線」を学んでいったといっていたけど、我々はむしろ「下から目線」そのものが面白くって仕方がない。マスメディアとは異なる、素人がカメラをもって、互いにやりとりをするインタラクションが面白い。

踊る阿呆に見る阿呆、同じアホなら踊らにゃ損損、という感覚が市民の間にも出て来た。ビデオを撮ることを面白がっている。メディアそのものを持って、撮って人に見せてという行為には、ある種の身体性がある。体を動かして、自分で編集してというところが、市民メディアのものすごくいいところだと思う。撮る、編集する、見るという立場をいきつ戻りつという肉体的、身体的な経験をしないと、メディアリテラシーというものは生まれてこないんじゃないかと思います。それが少しだけだけど、横浜では生まれつつあるんじゃないかなと思うんです。

岩本▼横浜では、これから（2010年11月）APECが開催されますが。

和田▼今、横浜はおまわりさんだらけなんです。横浜駅前も、福岡県警とか、岐阜県警とか、おまわりさんの制服のパレードというか、そういうのを撮っておちょくろうというのが市民の諧謔精神じゃないですか。

岩本▼横浜市からは何も言われない？

和田▼APEC担当の上層部には僕の知り合いもいるんだけど、むこうは近づいて来ないし、僕も近づかないようにしている。

岩本▼そこの微妙な距離感は保っているんですね。

和田▼そうそう、別に悪いことやっているわけじゃないんだから。

岩本▼そのあたり、2008年のG8洞爺湖サミットの時は、行政との距離感というのが色々と議論になりましたよね。市民の動きを多様に伝えるプラットフォームとして、さまざまなメディア活動が連携して、〈G8メディアネットワーク〉というネットワークを作ったわけだけど。

白石▼札幌市の協力を得て、メディアセンターを設置しようと協議を重ねてきましたが、とにかく警戒されていて、交渉はぎりぎりまでもつれ込みました。最終的には、場所もルールも、かなり、こちらの言い分が採用されたとは思います。

でも、日々の活動は公安警察から監視されていたし、デモで逮捕者も出たし、権力とあそこまで直接的にぶつかりあった経験は、私も初めてでした。

ただ、それこそいわゆる「市民メディア」や「市民記者」から、先鋭的なメディア・アクティヴィストまで、非常に多様な人が〈G8メディアネットワーク〉というプラットフォームに関わったことは、歴史的にみても重要なことだったと思います。

運営資金をどうするか

白石▼ところで、お金に関していうと、私たちは助成金はほとんどもらっていません。アワプラは助成金をとるのが上手というような神話が一人歩きしているみたいなのですが、時々、プロジェクトでとる程度です。例えば、今の話に出た〈G8メディアネットワーク〉や「メディフェス」のような時。そういうプロジェクトは、自分たちのお金でまかなうのではなくて、助成金を獲得してみんなで使うという形をとっています。

岩本▼アワプラはどうやって収入を得てるんですか？助成金をとるのが上手と見られるのは、なんとなく安定した感じがあるからでしょう。

白石▼収入は三つの柱になっています。一つは会費と寄付。二つめは、ワークショップなど教育系の事業。三つめは、いろんな団体からの受託の制作、いわゆるプロダクション業務をやっています。委託してくれるいわゆるクライアントは、NPO、NGO、市民団体が中心です。いわゆる大手と言われているようなところから仕事をとってやっている感じです。

これまで、こうした受託制作は、本意じゃないなと思ってやってきたんですが、最近、これが一番いいのかもと思うこともある。なぜかというと、その人たちの希望通りの仕事を、その人たちが満足するようにやりさえすれば、本業で何をやろうが自由なので。ちゃんとしたビデオさえ作ってあげれば、どんなに過激なことをしようが、文句は言われない。

最近では、番組を見てもらってから、事後に投げ銭のようなカンパをもらうといった手法も取り入れています。G8以降、海外のメディア・アクティヴィストから色々と学んだのですが、インターネットで配信したものをDVDにして、配りまくって、後から良かったら寄付をくださいというようなことも始めています。バラまき作戦というのかな。

すごく大きなお金にはならないけど、こまめにお金が入って来る。私たちがやっている宮下公園のビデオも、地元の町会の会長さんに配って、どんどんコピーしてくださいといって広げてもらっています。

始めた頃は、インターネット放送局なんだからネット配信だけという狭い考えでしたが、今は、DVDや上映

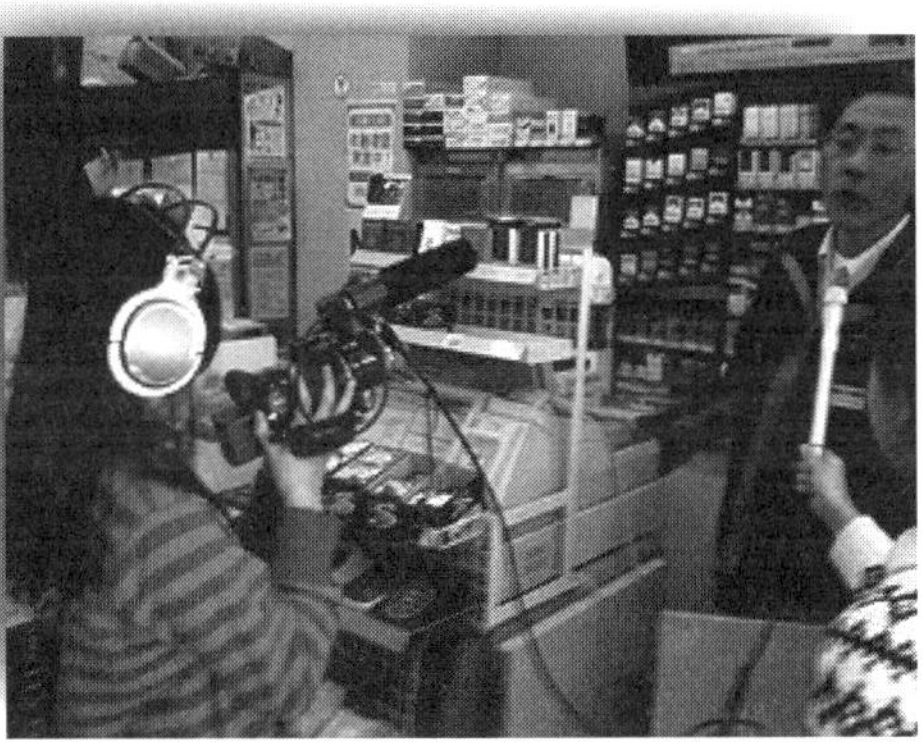

アワープラネットTV　子どもたちの映像ワークショップ

など、あらゆる手段で拡散させている。そして、応援してくれる人からお金をもらうというようなそんなやり方になってきています。

岩本▼どんなビデオも委託を受けるんですか？

白石▼〈アワープラネットＴＶ〉では、基本的に、社会貢献に関わるものだけに絞って、応援できる団体のビデオだけを作るようにしています。自分たちなりの文書化されていないコードがあって、総合的に判断して、委託を受けないものもあります。

例えば、こういうことがありました。福島県の浪江町で行われているＣＭコンテストというのがあるのですが、そのＣＭコンテストは、もともと、私たちがやった映像ワークショップから生まれたものです。でも、２回目以降のワークショップを私たちは断っています。

というのも、その事業は、原発の電源開発予算から出たものだったのです。ある新聞記者から、地方の女性のエンパワーのために映像ワークショップをやってほしいと頼まれた当初、その事実は知りませんでした。で、その仕事を受けたんです。地方の女性たちが１０人程度、東京で研修を受けるので、そこでワークショップをやるというものでした。予算もそれなりだし、ホテルで開催される豪華なものだったので、よく聞いてみると、電源開発予算だというんです。

電源開発予算というのは、様々な種類のものがあって、地域でのメディアリテラシー事業とかＩＣＴ活用事業なんかも、そういうところからお金が出ていることがある。彼女たちは、そういうお金で研修を受けて、帰ってから地域でリーダーとして活躍するという仕掛けでした。青森の大間町とか山口県の上関とか、人口減の激しい過疎地域の女性たちなので、エンパワーしてもらうのは良いことなんですが、電源開発を進めるため、反対派の切り崩しのためについている予算ですから、結局、原発を立地するための事業ですよね。

彼女たちが浪江に戻って、私たちのやった研修が気に入って、町おこしのためのCMコンテストをやりたいと言い出した時、正直、ビデオを作る楽しさを感じてくれたのだと嬉しい気もしました。しかし、電源予算と知った以上、これをもらうわけにはいかないということで、結局、2年目はお断りしました。もちろん、その後のCMコンテストの映像を見れば、それなりに面白いものもあって、地域が活性化するのは悪くないと思うんですけど、でも国の政策としてのバラマキです。明らかに問題のあるものにタッチするわけにはいかない。かなり強く依頼されたのですが、原発に対する私たちのスタンスをお話ししてお断りしました。私たちの中で、それまできちんと方針を立てていたわけではないけど、原発の抱える問題について共通認識はありました。

経験、インフラ、機会をシェアする

岩本▼ケーブルテレビのようなところだと、やっぱり、政治的にセンシティヴなことをやろうとすると、どたんばでキャンセルになってしまうようなケースもいくつかあるようなんですよね。例えば、市長選に絡んだ企画をしようとしたら、どちらかの陣営から色々なクレームがきたとか。アワプラでは、何か決定する時は、白石さんがディシジョン（決定）するの？

白石▼なるべく、フラットな組織にしたいと思ってはいます。NPO法人なので、実際には理事会や総会で予算を決めたり、方針を決めるわけですが、実質、働いているスタッフと私とで、一緒に、日々の仕事やプロジェクトは決めています。

時々、韓国の真似をして、まる一日会議というのをやっています。韓国の〈メディアクト〉では月に一回、全員会議というのをしているんだそうです。若いスタッフだと、設立時の理念などをなかなか共有できない。だから、その日一日は、事務所もクローズして、全員で話し合い、課題を共有したりする。それを聞いて、日本だと会議が長いとその会社はつぶれると言われるけど、逆に時間を忘れて会議をしたらどうなのかなと思って、導入しました。例えば、ウェブサイトをリニューアルするときとか、会員のメンバーシップを再考するときとか。

岩本▼参加メンバーは誰？　理事会とは別ですか？

白石▼スタッフ基本３人と、他に必要な人です。お昼用に美味しいものを買って来て、１０時半にスタート。事務所はクローズして、方向性を決めたり、今自分たちがやるべきことを絞ったり、ブレストをする感じです。

和田▼そういう作り方をするのも悪くないけど、それなら自分でやっちゃえとは思わない？

白石▼今、一番関心があるのは、自分が持っている技術とか知識とか、これまで得てきたものを、どう若い世代や多くの人とシェアするかということ。多分、一人でやっていたほうが、名前を売ったりとか、お金を稼いだりするのは便利だと思うんですけど、多くのものを共有しあうことが、一番重要なことだと思っている。

岩本▼ビデオジャーナリスト白石草として、突っ走ろうと思ったことはない？

白石▼そういうことは考えたことはないけど、一人でやっている方が、取材も自由にできるし、自分がやりたいことができるのは間違いない。理事会とか、総会とか、組織に時間かける必要ないし。ただ、今は、若い人たちに、色々覚えてもらいたいこともあるし、教えてもらいたいこともある。

あと、私は超エリートではないけど、大学まで行って、あまり苦労せずに就職して、ビデオも使えて、文章も書けて、ある程度、なんでも自由になる立場なんですね。そういった恵まれた立場であるならば、そうではない人たちに、メディアのアクセスを提供できるようにするということが重要だと思っています。障がい者とか外国人とか、シングルマザーとか。今、薬物依存症の人にワークショップをやっていますが、アクセスから遠い人たちに場を作るためには、自分たちが稼いで基盤を作って、そういう人たちには無償で提供しなければならないですよね。

それには、ある程度、こちらが安定できないといけないので、どうやったらそういうインフラを提供できるか、そういう人たちに渡していけるのかと、いつも考えています。

岩本▼人材育成含め、ということですね。

白石▼そう。だから、それが何年かで軌道に乗れば、ふらふらっと一人でいきたいなと。常に、その夢はあるんだけど、すぐには来ないかもしれない。

市民メディアの存在意義

岩本▼どうやって継続的に市民メディアを運営していくかという話だと思うんです。日本においては、市民メディアが根付きにくいという話もあって、インターネット新聞のJANJAN《ジャンジャン》とかオーマイニュース日本版の失敗話がよく出て来るわけですが、個人的には、あれをもって、日本で市民メディアが難しいというのは違うのではないかと思います。私の感覚では、あれは市民メディアというよりは、マスメディアの人たちがマスメディアで出来なかったことを、インターネットでできるぞと考えて、やってみたけど結果的にうまくいかなかったというような気がします。

　白石さんは、オーマイニュースに一時期、関わってこられてるんですよね。最終的に、オーマイニュースがああいう形で解散せざるをえなかったということについて、中で見ていてどう思ったのか、お聞きしたいんですけど。

白石▼オーマイニュースに関しては、私は二つ原因があったと思います。一つは組織が古いということ。普通の新聞とか、雑誌の編集部と全く変わらない。ヒエラルキーがすごくあるんですね。編集長が一番エラくって、若い人が意見を言っても、ほとんど取り入れられないというか。市民メディアっていうのは、アンデパンダンというか、誰もが参加できる、皆が意見をつぶされないというのが大切だと思うのですが、まずコミュニケーションの在り方、組織のあり方が、そもそもオルタナティヴじゃなかった。まさに日本の会社というか、クリエイティヴじゃなかったですね。

　もう一つは、コンセプトの問題。日本のマスメディアは大きいから、コンセプトもなく、何でもやるって感じじゃないですか。でも、小さいメディアは、何でも屋じゃなくって、何か核があるべきなんです。それが全くなかった。韓国のオーマイニュースにも、一度、行ってみたのですが、日本とは全く雰囲気が違うんですよね。韓国のオーマイニュースは、「進歩的なメディア」がコンセプト。日本語でいうと「シンポ的」というのは、「左翼的」「革新的」と感じで、政治に対しても意見をはっきり言うし、FTAの際のBSE問題のように、キャンペーンもしっかりやる。

日本のオーマイニュースの場合、ヘッドハンティング方式だから、鳥越俊太郎さんとか、元木昌彦さんとか、それなりに力のある人を見つけて連れて来るわけですけど、全く同床異夢。私も一本釣りで声をかけられ、一度は断ったのですが、どうしても来てくれと言われたので、年棒1000万円以上なら行くと言ったら、出しますというので契約しました。1000万円なら、500万円をアワプラに入れられるという発想でした。でも、1000万円を最初からもらうと怖いじゃないですか。だから、最初の3ヶ月間はお試し期間で、15万円だけでいいと、全額もらうのを断った。結局5ヶ月しかいなかったので、満額もらったのは2ヶ月だけなんですが。

つまり、お金で人を呼んでいるんですよね。自分で金額を提示しながらこういうことを言うのは失礼な話だけど、この形は絶対にムリだと悟りました。やっぱり、やりたい人たちが自然発生的に集ったものが市民のメディア。報酬が高いからとか、おいしい話があるからと人が集まってくるようなやり方は、ダメだと思います。

岩本▼オ・ヨンホさんが、当初、フリーライターにも記事を書きませんか?と声をかけてきたんですよ。市民メディアというより、専門集団というか、そういうものを目指していたように見える。JANJANにしても、あんなに大勢人が要るか?という構成だった。

和田▼私が一番最初に関わったメディアは、『週刊アンポ』。大学行くよりも、毎日、編集部に行っていました。『週刊金曜日』が創刊時に、購読料で5億円集めたというけど、『週刊アンポ』はカンパだった。新宿西口広場で、創刊号を持って立っていると、百円玉が次々に入って、袋が持ちきれないほどいっぱいになった。ベ平連のあった神楽坂の事務所には、毎日のように、為替が届く。とにかく熱気があった。今、それを望もうと思っ

てもムリでしょうね。

今、横浜で思うのは、ノリがみんな違うんですよ。みんなバラバラで、行政がやっている活動センターという場があって、なんとなく、互いには顔を知っていて、なんとなく、友達の友達だからってつながっている。

アンチマスメディア型の市民メディアと、下から積み上げ型の市民メディアというのが、今、両方併存していて、これから積み上げ型が増えて来るんだろうなと思います。どうやったら連携できるか、離合集散ということを保証するか、そういうが大切だと思います。映画『ザ・コーブ』上映問題でつながる人もいれば、APECでつながる人もいる、音楽でつながる人もいる、そこの中から、違う関心領域につながっていく。そのようなつながり方が増えてきていると思うし、そのためには、やはり空間、場が必要だと思いますね。

白石▼今、大阪の釜ヶ崎の商店街にある〈カマン！メディアセンター〉では、代表の上田假奈代さんが向いでバーをやっていますよね。

この間、米国でアクセスセンターに行ってきましたけど、やっぱり素晴らしいんですよね。一人ひとりはバラバラだけど、アクセスセンターに入れ替わり立ち代わり人がやってきて、共有のプラットフォームをみんなで使っているんですよね。アクセスセンターというのは、対象が広いんですよ。おじいちゃんから、子どもまで。誰も排除されない。

岩本▼今、ツイッターで、「発信のプラットホームだけでなく、人のつながりあいとしてメディアセンターは貢献できるのではないか」というコメントが届いていますが、まったくその通りだと思います。メディアというものを可視化するものとして市民メディアが機能していて、コミュニティの中で息づいていく。そういう展開がひとつ重要なんじゃないかと、そう思います。今日はありがとうございました。

（2010年10月27日　於／素人の乱・12号店）

「市民メディア」はこれから始まる ▼ 白石草

アワープラネットTVは、よく「市民メディア」の代表として紹介されることが多い。けれど、私は、この「市民メディア」という言葉がどうもしっくりとこない。だから、この言葉を避けることが多かった。

コミュニティメディアの国際会議「OURMedia」を設立したクレメンシア・ロドリゲスは、外部からの参加者に対する開放性やボランティア精神、非営利方針などに加え、社会変革に関して目標のあるメディアを、「市民（シチズンズ）メディア」と呼んでいる（ミッチ・ウォルツの著書『オルタナティブメディア～変革のための市民メディア入門』（大月書店）参照）。

しかし、日本では、ＳＮＳなど、市民が参加しているメディア全てを「市民メディア」と捉える研究者も多く、また、行政や大手メディアが仕掛ける官製「市民メディア」なるものまで存在するなど、定義があいまいだ。あまりにも方向性の異なるものが、同じ「市民メディア」として一括りにされている状況に、私は居心地の悪さを感じていた。

しかし、３１１の原発事故を経て、その違和感も徐々に薄らいでいる。多くの人の間で、「市民メディア」という言葉が定着し、「本来の」意味を取り戻しているからだ。

彼らの抱く「市民メディア」のイメージは、市民の立場に立った、社会変革のためのメディアであり、今すぐ、自分で始めたり、参加することができるものだ。「メディア」が特権的なものでなく、単なるファッションでもない。そのことが、共有され始めている。

イタリア自由ラジオのスローガン「メディアをうらむな、メディアをつくれ」。

この言葉が、今、あちこちで共感を読んでいる。「市民メディア」はこれからが、「はじまり」なのかもしれない。

顔が見えるところから、コミュニティがはじまる

WHAT'S MEDIA ACTIVISM?

下之坊修子（かふぇ放送てれれ）

「カフェ放送てれれ」を始めたのは２００３年。それまで私は女性をテーマにドキュメンタリーを制作する団体に所属していました。当時、大阪では映像づくりをしている女性が少なく、仲間を増やそうと講座もしていました。自分が制作した作品や受講生が制作した作品を多くの人に観てもらう機会がなく、どこかに女性チャンネルがないだろうかと探していました。その時、米国のパブリックアクセスの視察に行った人達の報告会があると聞き参加しました。そこで私は初めて市民メディアという言葉に出会いました。米国では市民がだれでも放送にアクセスできるという。たいへんびっくりしました。報告会をきっかけに、その視察団が２００１年ヨーロッパの市民メディア視察に行く時に同行させてもらい、オランダ、ドイツ、フランス、イギリスと回りました。その中でフランスのテレボカルという団体がカフェで、デモの様子やアート作品や風刺のきいたドラマなどを上映していることを聞き、視察団の方達と見学にいきました。私たちが行ったカフェはとても広いところで、たくさんの人が映像を観てワイワイガヤガヤ言い合ったり、笑ったりしていました。

私はテレビ局には関係したことがないので、日本のテレビ局のことは良くわかりません。ある知人の話では、テレビで市民が作った作品を放送できそうだと話しが進んでいたが「天皇」をテーマにしたものはだめだとか、「慰安婦」をテーマにしたものはだめだとか言われ、頓挫してしまったということがあっ

たそうです。だからそう簡単に市民が参加できるとは思えませんでした。だけどカフェだとそのようなことがなく自由に表現できます。また顔が見える関係の中で上映することが面白いと思い、フランスの自由テレビをまねてヨーロッパ視察の翌年に「カフェ放送てれれ」を立ち上げました。「てれれ」というのはパラグアイの言葉でマテ茶を回し飲みしながら交流することをいうそうです。テレビや映画と違って、カフェに来た人たちがお茶しながら自由に話しをする意味を込めてこの名前をつけました。

大阪を中心に近隣の府県の喫茶店をまわり、このようなことをしたいがお店で上映してほしいとお願いしてまわり、最初は8箇所ぐらいで試験的に上映してもらい3ヶ月後から有料上映してもらうことにしました。しかし、２００４年から3店に減り約2年の間上映店は増えませんでした。ところがある人が自分の住んでいる地域の画廊で上映したいと声をかけてくれ、それからは市民活動センターとかコミュニティカフェとかＮＰＯが運営するスペースでの上映が広がってきました。２０１１年には大阪、京都、兵庫、名古屋、東京と変動はありますが全国の約30箇所で上映しています。作品のジャンルは何でもよし、誰でも出品したい人はできるようにし、初心者でも参加できるように無審査で上映しています。今では小学生から70代まで関西を中心に、市民メディア全国交流集会（メディフェス）をきっかけに名古屋、新潟、東京などからも作品が集まっています。また海外からはフランスのテレボカルやドイツのケーブルテレビに関わっていた人と番組交換したり、大阪市大の先生からインドネシアの大学生と作品交換をしていただき、韓国からもメディアセンターを通じて作品が送られてきました。しかし、最初はほとんど応募がなく、知人にお願いして出品してもらったり、自分たちで制作したものを出品していました。映像を作っている人はいっぱいいると思っていましたが、いざとなると作品を集めるのがたいへんでした。とはいえ初年度は毎月、次年度からは隔月定期上映を続けてきて2011年末で9年になります。上映作品は520本、応募者は350人ぐらいになります。毎年上映した中から人気の高かった作品をセレクトして販売や特別上映会もしてきました。

上映していくうちにだんだん「これやったらもう少し上手につくれそうや」と思い「編集のしかたを教えて」とか「カメラを買おうと思うけどどれがいい?」とか聞いてくる人が出てきました。そんなおり友人の支援で、編集用のパソコンとビデオカメラとデッキを買うことができ貸し出しもしました。また映像制作の講座も続けて開催してきました。「カフェ放送てれれ」を観に来ていた人がそのうちにカメラを買って作品を作り出しました。ある女性は70代からパソコン編集を始めました。その方は昔、身体が弱かったのと戦争が重なり文字を習う機会を逃していたのでナレーション原稿が書けませんでした。でも単語だけ書いてその前後の文は記憶をたどりながら読んでいました。そのナレーションが好評で今ではボイストレーニングのためと劇団に入っているそうです。また女性新聞の事務所にいる方は今まで文字で発信していましたが、今では映像で記

録してそれを「カフェ放送てれれ」に出し、団体の報告にも使うようになったそうです。カフェ放送てれれ事務所では毎年映像制作講座をしてきましたが、「セクシュアリティ」をテーマに作品作りをしようと呼びかけたところ、レズビアンの人やトランスジェンダーの人やヘテロの人などが集まりました。あるレズビアンの人はシナリオを書きみんなで演じるということをしましたが、「自分が今まで心に押し込めていたことを表現できるとは思ってもいなかった」と語り、上映会でカムアウトして参加者と一緒に話をしていました。車椅子の人が作品づくりを始め、ニューカマーの人たちも自分の思いを映像で発信するなど、最近では今まで表現する場にいなかった人たちが映像を使ってどんどん発信しだしました。

私は市民メディアの面白さはここにあると思います。多様な立場の人たちがそれぞれの生活の中で感じたことをどんどん表現しだす。それらの映像を観てお互いのことを知りいろいろなことに気づく。私は海外から移住してきた人やその子どもたちの存在は知っていましたが、実際その子どもたちが何を感じ、何を考えているのかは分かりませんでした。彼女たちの作品を観て、どんな思いで生活しているのか少し分かったような気がしました。

カフェ放送てれれの作品はほんとうに多様な作品があります。テレビのように丁寧に作られる作品は少なく、それゆえに観た人はあーかこーかと想像をはたらかせます。そして参加者どうし話をする中で、自分とは違った受け止め方があることに気づきます。そしてそれはほんとかなあとか、実際はこうではないかとか、考えをめぐらすことになります。こういうことがリテラシー能力を高めることになると思います。表現することはその人に力をつけることになります。自分の思いや感動を表現し発信することで多くの人が評価してくれる。すると自分に自信がつき、今まで人と会話をすることが苦手だった人もコミュニケーションをしだします。カフェ放送てれれが始まったころ、上映会をしても「いいですね」ぐらいしか感想が出てこなかったのですが、だんだんと意見や考えを伝えるようになりました。でもそれで会場に険悪な空気が漂うようなこともありました。お互い批評しあうことには馴れてなかったのです。ところが、時間が経つにしたがい今度はそれぞれの意見を受け止められるようになってきて話が盛り上がることが多くなってきました。

カフェ放送てれれがたいせつにしていることの一つは顔が見えるところで上映することです。お互いに顔を見合わせて作品を観、話をすることです。そのことでより理解が深まるし、その場で交流が始まります。コラボレーションで次回作を作ろうという話になったり、音楽を作ってあげようというような話になったり、「こんなイベントをする」という情報に参加者が反応したりします。ネットとはまた違った形で、少人数ではありますが確実に情報が届き、行動につながる可能性があると思います。しかしまだそれが社会を動かすまでの力となるところまできていないのが現状です。でも、あちらこちらでたくさんの人たちが少しずつでも声を出していくことが世の中を少しでも良い方向に向かわせることになるのではないかと思っています。

２０１１年には、全国のアートＮＰＯなどが協働で開催する「アサヒ・アート・フェスティバル」に参加しました。参加団体などが一堂に集まる場で助成財団の方が「ここに参加している皆さんは分かりにくいことをしている。今までは一人が作った作品を多くの人にみせた。今は、みんなで作って少人数ではあるが確実に届ける新しい価値観のアートが始まっている。」という話をされました。なぜ「カフェ放送てれれ」の活動が解ってもらえないのか、これまでずいぶん戸惑ってきましたが、これで良いのだと納得しました。また、これからも届け方を探っていく必要があると思いました。

最後に一番大きな課題は作品の質を上げることです。質とは技術のことではなく、どういう心構えで作品を作るかです。先日ある監督さんのお話で「水俣の映像を撮っていたとき、我々は病気を撮るのではなく病気と共に生きている人間を撮った」ということを聞きました。震災の映像などもしかりだと思います。そこに住んでいる人に向き合った映像を撮ることがたいせつだと思います。カフェ放送てれれに集まる作品はまだそこまで到達していない作品が多くあり、上映会の参加者も少ないのが現状ですが、表現したい、観てほしい、観たい、という人がいる限り、続けていきたいと思っています。

てれれ　http://www.terere.jp/

WHAT'S MEDIA ACTIVISM?

素朴な味は意外とハマる

大村みよ子　路地と人

「世界一の美食都市」なんて、誰かのお世辞を真に受けているわけではないが、それでも東京には世界中から選りすぐりの食材が集められているのだろうと、東京っ子の私はなんとなくそう信じてきた。しかし、旅行などで訪れた土地の食材や料理を味わうと、自分がいかに薄っぺらい食生活を送っていたのか思い知らされる。考えてみれば、ここ最近の記憶に残っている味はどれも旅先でのものだ。素朴ながらも記憶に残る味を覚えてしまうと、美味しいなんて言葉はそう簡単には言えなくなる。昨年「カフェ放送てれれ」の合宿*で訪れた瀬戸内海に浮かぶ小さな島にも、海に山に、滋味豊かな幸があふれていた。その中のいくつかは今や我が家の定番メニューにもなっており、味わう度に、つい最近までその存在すら知らなかった島と、この2年間の出来事について思いを巡らせている。

「カフェ放送てれれ」の上映会を行うようになったきっかけは、とある集まりで見た下之坊修子さんによる「てれれ」のプレゼンテーションだった。「映像制作の経験不問・無審査」という謳い文句に惹かれた私は、プレゼンを終えたばかりの下之坊さんに声をかけ、翌日にはたまたま都内で開催された上映会に参加する。年配の女性による戦時中の爆弾製造所に関するレポートもあれば、チープな特撮ヒーローものだってOKの、潔いまでにごちゃ混ぜな上映会に私はすっかり魅せられた。そして、そ

ぱく・どよん展（2011年7月）
路地と人にて

の5日後に東日本大震災が起きた。私たちが運営する「路地と人」がオープンしてもうすぐ1年、という頃だった。

「路地と人」は、東京・神保町の古い雑居ビルの中にある、4・5坪の小さな「部屋」だ。現在は6名で運営し、これまで約50回の催しを行っている。

2010年4月からの1年間——つまり「路地と人」のオープンから1年程度で、「私とアート」の関係がここまで大きく変化するとは、私自身全く予想のできないことだった。以前の私なら、「てれれ」の上映会を行うどころか興味を持つこともなかっただろう。「てれれ」に限らずコミュニティアート的な匂いのするモノは、どちらかといえば苦手であったし、ひょっとすると、「市民メディアなんてアーティストの仕事ではない」と反発すら感じたかも知れない。その私が「てれれ」の上映会を行うまでになったことには、やはり「路地と人」での活動と経験が深く関係しているのだと思う。この場所を「ギャラリーではない」と宣言して開いた以上、ジャンル分けの難しいきわどい表現が集まることは覚悟していたし、アートの多様性も理解しているつもりだったが、場を提供する者としてそれを素直に受け入れるのは、思った以上に難しいことだった。あたりまえのことだが、アートに対する想いや捉え方・表現の方法は、本当にとてつもなく人それぞれだ。理解できる表現ばかりではないし、ひとつひとつに向き合うのは結構キツいことだったけれど、企画を重ねるごとに少しずつ気持ちは変化し、許容範囲は拡がっていったように思う。そしてそのことにはっきりと気が付いたのが「てれれ」だった。おそらくあの時「てれれ」に出会わずとも、私の変化はいずれ別の形で外に出ることになっただろうし、上映会を引き継いだ背景には震災の影響による「てれれ」東京支部の休止という問題もあるのだが、そのこと以上に私は、あの時「てれれ」にピン！ときたというその勘を大事にしたいと思っている。自分の変化をかつての自分の志向と真逆に位置する「てれれ」の存在で意識できたことも、個人的には嬉しい発見であった。

「路地と人」での上映会は、セレクト版も含めこれまで4回行っているが、参加人数が少ない回もあり、成功しているとは言い難い状況だ。「てれれ」の面白さのひとつである上映会後のディスカッションも、少ない人数ではその魅力が半減してしまう。現在、大阪を中心に展開している「てれれ」だが、東京や他の地域での上映会を定着させるには、各々の地域やスペースの特徴を活かした工夫も必要だろう。と言うと、何だか難しそうで気が遠くなるが、かつての自分を思い出すと「てれれ」的な場や表現を敬遠してしまう気持ちもわからなくはないし、その感覚にこそ「路地と人」での上映会を拡げていく為のヒントが隠されているような気もするのだ。実は私は、大阪の本家「てれれ」を経験せずに上映会を開催している。そのため、どこか「借りもののコンテンツ」という意識を持ちながら上映会を行っていたのだが、今年は本家を知らない者の強みを活かして、私たちならではの「てれれ」を作り上げてみたいと密かに企んでいる。幸い、昨年の合宿のテーマ「地域に種蒔くメディア」の言葉通り、「路地と人」にも小さな芽が出始めた。東京支部時代からのファンの方々の存在も心強い。2012年に「路地と人」で行う6回の「てれれ」はどんな上映会になるのか、どんな出会いがあるのか……そして1年後に何が見えるのか、考えるだけでわくわくしてしまう。

カフェ放送てれれ（2012年1月）
路地と人にて

路地と人　http://rojitohito.exblog.jp/

素朴な味は意外とハマるものだ。伝えたいという強い想いは、時に技術や経験をも凌駕する。「映像制作の経験不問・無審査の上映会のどこが面白いの？」と疑う人にこそ「カフェ放送てれれ」を観て欲しい。

「路地と人」で、待っています。

＊２０１１年7月23日〜25日、広島県高根島で行われた「映像発信てれれ」主催の合宿。路地と人からは2名が参加。地元商店街のコミュニティスペースを使って、作品持ち寄り式見本市「ポータブル！マイクロメッセ」を行った。

てれれ夏合宿
「ポータブル！マイクロ・メッセ」の様子
（2011年7月）

それがアートと呼ばれなくても全然いいんです。

甲斐賢治
（remo［NPO法人 記録と表現とメディアのための組織］）

WHAT'S MEDIA ACTIVISM?

■「アート」という言葉を疑う■

いまのように映像に関わることになる個人的なきっかけは、オランダの美術館に行ったときに、ダグラス・ゴードンのある作品を見たことです。なんだこれはと思った。それが97年。映画でもなくテレビでもなく、あるいはいわゆるヴィデオ・アートでもない映像に惹きつけられました。

その後2000年に大阪市の文化施設の技術スタッフとして働き始めたときに、とにかくそんな映像が観られる機会をつくろうと思い、大阪市主催で展覧会を企画しました。友人を介して、ヨーロッパや日本の作家の映像を集めました。いわゆる美術史の流れから映像を見るといった専門性を僕には担保できそうにないし、それよりもっと多様性があるほうがよいように思えたので、伊藤存と青木陵子の共作によるアニメーションがあれば、コンセプチャルな作品の多い豊嶋康子の映像作品や、オランダ在住のタケトモコのドキュメンタリー、イギリスの電子音楽レーベル「touch」に関わるジョン・ウォーゼン・クロフトの未発表映像作品などもありました。どれも小作品なのかもしれませんが、私的なドキュメンタリーや、アニメーション、景色を映しているだけのものなど、いろんなアプローチがそこにはありました。そしてこの展覧会を、当時、「ワールド・ワイド・ヴィデオ・フェスティバル」というオランダのヴィデオ・フェスティバルで働いていた人が観に来てくれた。彼女はもともと京都をベースとしていたのですが、当時、オランダと京都をつなぐような映像の展覧会を準備していて、のちに今度は僕がその展覧会を観に行きました。

いい作品はもちろんありましたが、結局それを説明する言葉がないというか。つまり、ヴィデオ・アートはアートの文脈にあるように思えたけれど、現在の映像のアプローチはこれとはまた異なるように思えました。で、これは展覧会を続けるより、研究会をしたほうがよいのではないかと、2001年度からは大阪市主催の研究会を設え、映像を見ながら話し合うような機会をつくりました。それでオランダから帰国したその知人や当時近いようなことをやっていた神戸アートビレッジセンターの映像担当者、大阪で早くから活動していたＶＪの面々など、京都、神戸、大阪と声を掛けて、まあ５〜６人で研究会を始めたのがremoの母体となっていきました。

この研究会は２００２年度までやっていて、remoが始まってからもリュミエール兄弟とかを集まって観たりしていました。たとえば、参加者の１人が大学の先生をやっていて、３０分の作品を学生がつくる授業の中で面白いのが出てきたけれど、それが何かはよくわからない。じゃあ見てみようと集まりの中で上映します。その映像はなぜか四角い画面で、家の中から外を撮っていて、窓が半分ぐらい開いていて、その部屋の中は暗い。だからほぼ正方形の画面に見える。で、左右のカーテンもちょっと揺れていて、その窓の外に電柱を通り越して道路が見えていて、そこにたまに車が横切り、犬が通るだけなんだけど、なんか見てしまうなこれ、と。とても漠然と、映像って何なんだろうというような話をしていました。テレビとかではこういうのは見ることができないし、映画のように物語があるわけでもない。なんの文脈もないにもかかわらず見てしまえるのはいったい何なんだろうというような話をしていたように思います。いわゆる理論的な研究会といったものではなくて、とにかくヴィデオ・アート以降進んできた映像表現について確かめようと。先ず実験映像があって、実験映像とヴィデオ・アートというのは明らかに何かが違っている。さらに９５年、６年ぐらいからはまた違う

remo［NPO 法人 記録と表現とメディアのための組織］
http://www.remo.or.jp/

remo 趣意
http://www.remo.or.jp/ja/2008/0101-6.html

我々の祖先は他者とのコミュニケーションをはかるため、ボディーランゲージから言葉・文字などにはじまる情報伝達のための様々な工夫、発明、開発を行ってきました。15 世紀の活版印刷の発明で情報はより速く拡散し伝搬する力を増し、電話を代表とする電気通信技術を経て、更にはテレビの誕生により、私達はリアルタイムに膨大な情報を得ることとなりました。現在では映像音響機器、コンピューター、インターネットなどを用いて個人レベルで情報を記録、編集制作、発信することが可能となっています。

しかし、現代生活に溶け込んでいるメディアには一方的に発信される市場開拓を目的としたものが目立ちます。こういったいわゆるマスメディアと呼ばれるものの動向は、本来の人間のコミュニケーションツールとしての『メディア』の機能を狭めているのではないでしょうか。個人とメディアという 1 対 1 の関係においては、目的に縛られないより多様でフレキシブルなありようが見られます。そしてそこで発せられる表現には、芸術性や国際性を伴う時代を超えた情報が含まれているかもしれません。

この組織では、特に近年目まぐるしい発展が見られる映像や音を用いた「個人を発信源とする表現」に注目しています。これらは、具体的なメッセージや物語でないことが多く、既存の装置 (テレビ、映画館など) では取扱いにくいものであるためにビジネスとしては成立し難い状況にあります。しかし、そのことは「個人を発信源とする表現」に価値がないということを示しているわけではないと考えます。

今後、これらの表現がどのように社会的価値を持つことと成るのか、また人々が個々にメディアを用いる中で本来のコミュニケーションという営みに相応しい動向をみせることとなるのか ── 私達は新たな表現活動のフィールドを開拓するために、改めて『メディア－媒介－』を介した表現を見つめ直し、様々な課題を探りつつ研究・実験・開発・実践の有機的循環を重視した活動を行います。

のが出てきていて、これは一体何なんだろうと。でも、その問いは僕の中で未だに続いているようにも思います。

　そして、僕はこの研究会と並行して個人的に、電子音楽のコンサートを大阪市の主催で、企画し実施していました。竹村延和、稲田光造、フランシスコ・ロペス、フェネズなどのライブをやっていたんですね。で、それもあってなんか映像だけやっていても範囲が狭いし、デジタルメディアにまつわる表現のNPOでいいんじゃないかという認識になっていきました。そして、組織の名前を考えていて、一人で勝手にremo（record, expression and medium - organization）という名前にしました。もちろん最終的にはメンバーに確認しましたけどね。当時、「アート」という言葉を一端疑う必要があると思っていて、「アート」という言葉を使わずに考えました。それでもう少し手前のこととしての「表現」かなと。「記録と表現」、それしかたぶんメディアはしないだろうと、「記録と表現とメディアのための組織」としました。だから組織の定款にも「アート」の文字は書かれていません。それにギャラリーでもないし、実践を伴う研究機関としました。この文章はオランダ帰りの彼女と僕とで概ねつくり、その後メンバーとで練り直しました。

■映像ワークショップをデザインする■

　そうやって、2002年に始まったremo［NPO法人 記録と表現とメディアのための組織］は、ミッションとしてはかなり広範なことが書いてあるので、僕はプロジェクトの集合体としての組織でいいと考えていました。企画を会議に

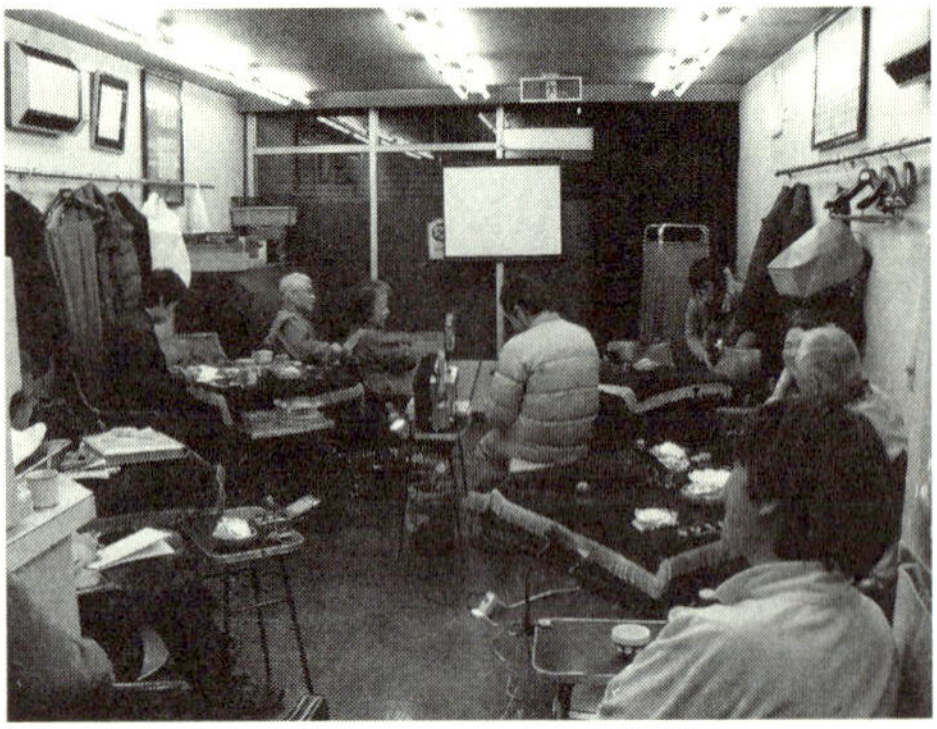

AHA! Project［Archive for Human Activities／人類の営みのためのアーカイブ］(2005～)
個人によって記録された映像群を、生活文化が記録された財として捉え直し、それらをアーカイブ(収集・公開・保存・活用する。2005年から始動。現在は、8mmフィルムという媒体のアーカイブに注力し、「出張上映会」「公開鑑賞会」等の収集・公開の手法を用いながら展開している。

remoscope（2004～）

remoが考案したリュミエール・ルール
【固定カメラ / 無音 / 無加工 / 無編集 / ズーム無し / 最長1分】

に則り撮影された映像を総称する造語。

remoscopeワークショップは、それぞれの視点で撮られた映像を持ち寄り、上映、談義する…いわば“句会”のような観賞会。特別な技術は全く必要なく、初心者、経験者問わず「作品」を創作し、それらを発表し、お互いに鑑賞し合うことができる場。2005年より子どもからお年寄りまでさまざまな年齢層の人々を対象にワークショップを展開している。

出して、合意形成されたらお金をやりくりし、受託している事業に、はめ込んだりしていく感じです。いいかえると、それぞれが勝手にミッションを読み解いて、プロジェクトを立てるわけです。「AHA!(Archive for human activities)」という古い8mmのプライベート・フィルムを収集し、みんなで見るような機会をつくるものもそこから始まっているし、「オルタナティヴ・メディア・ギャザリング」もそうなっています。実際、「オルタナティヴ・メディア・ギャザリング」もある1人のメンバーから切り離せない構造で、そのように極端に言えば一人一個、プロジェクトが立ち上がるようなかたちだとも言えます。当初から、それはそれでいいと思っていて、理路整然と、外から見て明確に機能がわかるようなNPOにする必要は別段ないと思っていました。もちろん内々で議論はします。実際、マネジメント面でお金のこととか対外的なこととか課題は尽きないのですが、「正しいマネージメント」というのをどこかから持ってきてはめ込むのも嫌だったんですね。要するに、僕らがやれるかたちでやっていったらそれがかたちになるだろうと思っていたので、まあ各自、やりたいようにやればいいと。その分、より多くの議論は重ねているとは思いますけれど。

　そんな中で、リュミエール兄弟の映像を研究者やメンバーと見ていて、話しているうちに映画発明当時の基礎的な技術を元にワークショップをつくることができるのではないかとなり、その技術をルール化したのが「レモスコープ」です。また、当時から大流行りだったワークショップというものがどうも安易につくられるようなところがあるので、「レモスコープ」のワークショップをつくるにあたってはきっちり設計をしたいと考えました。それで知り合いに当時、国立民族学博物館に所属する若い教育学博士がいたので、その人にきちんと依頼するかたちで、一年通して「ワークショップ・デザイン・ワークショップ」というものをおこないました。「レモスコープ」をネタに、他団体の人々も混ぜて7~8人で、ワークショップというのはそもそもどのように設計されるべきなのかということを考えていく。専門家にレクチャーされながら、実際「レモスコープ」のポイントはどこなのか、「レモスコープ」の良さはどこにあるのかというのを見い出しつつ、設計していくということを一年間かけてやりました。それで出来上がったのがいまの「レモスコープ」です。だから一定のかたちはできています。ただ、結論的には「レモスコープ」がある大きな飛躍的な成果を生むことはできないだろうとも思っています。映像における小さな成功経験、何かを表したというような経験を誰もが持ち帰れるということだけでこれは止まるなと。本当は、短歌とか俳句の句会のようなイメージも持っていました。だから五・七・五・七・七のように、一定の拘束をかけるようなルールを決めることで、広がれば良いなと思いました。ただ、言葉というのはどこでも持ち歩けるから自分の中で反芻もできますが、映像である「レモスコープ」はやっぱり違っていて、持ち歩けないですし、状況によっては出力すらできない。みんな同じ条件のもとでつくり、それによってコミュニケーションを図るということができるし、ネットなどにあげて見せあいっこすることもできますが……「レモスコープ」は今のところは映像の基礎技術の伝播に留まっているように思います。

■研究装置ー自律的に動く■

　さらに、あるメンバーが入ってきて、いわゆる「アクティヴィズム」というのがようやく関係してきました。僕も他のメンバーもそういったことに関心がなかったわけではないですが、情報をあまり得られてはいませんでした。

　当初、海外から誰かが来る時、その受け口として「オルタナティヴ・メディア・ギャザリング」をやりたいと。彼が言うには、情報交換というか、新しい情報がきたら受け止めてみんなに渡すような、つなぐような場所がいるのだと言ってました。そこから毎年、彼のネットワークを通じていろんな人が来るようになって、僕らもこういう世界があるということを知っていくことになりました。70年代に「発言の自由」を掲げる西海岸のラジオ局KPFAに関わったダニエル・デル・ソラールや、NYの市民メディア活動の創世記からあるペーパー・タイガーTVのディディ・ハレックが来たりしています。

remoの立ち上げのときから、「メディア」とそうしたアクティヴィズムというのは、当然同じテーブルの上に乗るだろうと考えてはいました。たとえば、ヨハン・グリモンプレの『ダイアル ヒ・ス・ト・リー』（1997年）という映画の情報があるメンバーから入ってくると、他のメンバーが「これおもしろい！」と反応する。そうやって確認しあっていったように思います。そのような選択眼というか、感覚的な何かが一定、信頼できないと連携は無理ですしね。つまり、その人というよりも、その人がどこをみているかというところで、ある程度接合していけるように思います。がっちりと一個になっているわけじゃなくても、それぞれ信頼できる接点があればやっていける。ようは、そうやって数年かけてremoのフィールドが見えるようになったんだと思います。「フィールド」という言葉は定款にも書いていますが、たとえば、いまの映画とテレビの使い方だけでは、映像の可能性はごくわずかでしかない。もっと可能性があるのではないかと。実践を通じてその新しいフィールドを探っていく、研究していくという考え方だったから、立ち上げ時は、わけもわからず、どんどん砂漠に出ていく感じでしたけどね。

remoは、アフィニティ・グループ……気の合う仲間なんでしょうね。ある関心によって集まってきた人たちが、その運動を続けていくためには、いくつかの要素やその時の振る舞い方みたいなものがとても重要だと思います。

例えば美術館というのは、歴史についての認識があってそれに基づいて作品を並べるのが仕事ですよね。美術館というのは人が入れ替わっても、その運動が繰り返される、そう促す装置なんですよね。アフィニティ・グループの場合は、それを装置から考えるのではなくて、自分たちの振る舞いから捉えていくような気がします。T.A.Z.とかオートノミー、自律的に動くというのは制度のことではない。まず制度があってそこに自由があるのではなくて、責任や義務もある自律的な行動によって自由が獲得されていく。それが大きな違いのように思います。だから美術の仕事だからといって、やりたい仕事とやりたくない仕事があるのは明らかですし、remoで働く身体と公共施設で働く身体というのは、とにかく全く違います。前者は、自由だけれどお金はなく苦しい。後者は不自由さとストレスを感じる。だから僕の場合は、両方行き来するしかいまはないけれど、そうした自律的な動きというのが世の中にもっと増えればいいと思っています。Media ChamponとかIRAとか、みんなそういうふうにやっているんだと思いますが、そこがもっと世間的に可視化され、確認されればいいなと。でも確認されればパッケージになって制度化されるような気もするし、難しいですけどね。

■集団的創造■

市民メディア全国交流協議会には僕個人で参加しています。2007年には全国の人々が集まるフォーラム「市民メディアサミット」（後に「メディフェス」に名称変更）が札幌であって、そこで、G8メディアネットワークの活動準備を知りました。2008年になって、「札幌で準備が始まってる。あんた映像やれるんやから休みとって一緒に来なさい」と、remoのあるメンバーに言われ、詳細がわからないまま、札幌に行きました。現地では、remoのメンバー以外で僕の知人は、藤井光さんとイルコモンズさんのアーティスト2人だけでした。その後、G8サミットを終えた秋の京都でのメディフェスの時に展覧会をすることとなりました。サミット会期中の札幌での状況を違うかたちで吸い出すようなものでしょうか。当時、G8メディアネットワークのみんなと話したのは、札幌でのデモを撮った映像が全部で12台あり、しかも同時刻で撮っている。こっちのカメラで人々は笑っていて、こっちの方では警察ともめている。それらを全部見るということが僕らにとっては重要だといったことでした。１２台のカメラは僕らの関わりの中にいるわけで、その現象自体がまず面白い。さらに、その時に「集団的創造のプロセス」という言葉が出ました。僕もそこに強い関心があったのですが、各自の行動をそのままひとまとめにすることで、そこに「集団による現象」というのが現れてくる。そのためにあの展覧会をする必要があったように思います。

　つまり、一人のカリスマ的作家、カリスマ的判断の解釈、たとえば映像によってみんなが何かを認識していくということはもちろんありうるけれども、そうではなく、ユーチューブ以降の映像には集団で何かを生み出し、集団で何か、たとえば認識を獲得していくような状態があり得、そのこと自体が、G8メディアネットワークの取り組みを通じ、確認することができたように思います。

■NPO—直接政治■

　遡りますが、２００４年にはrecip［NPO法人 地域文化に関する情報とプロジェクト］ができました。

　当時、僕は大阪市の事業の一環で、芸術文化振興にまつわるフリーペーパー「C／P（カルチャー・ポケット）」の編集やデザインをやっていて、２か月に一回発行していました。それが文化施設や地下鉄などでも１０万部配られるので、それなりに情報が届く。結果、その冊子を通じて、大小のアートの現場や執筆者のネットワークができていて、実際に、フリーペーパーというメディアが、みんなのそういった小さな動きの役にたてるという実感を得ていました。それはきっといわゆる報道とはちょっと立場が違っていて、現場などで会う人たちとの日常の

Alternative Media Gathering（2004～）
市民が主体となり発信するメディアやその手法、また、メディアを用いた新しい学習方法や表現方法の現状を把握するための研究会。

「G8 2008 をめぐる映像＋音、あるいは集団的創造のプロセス」
2008 年 9 月 10 日（水）～ 14 日（日）
京都 同時代ギャラリーにて

C/P（カルチャー・ポケット）

やり取りのなかにメディアがあるような状態なので、そういう意味では社会運動でのメディアに近いのではないかと思います。報道だとメディアの動向と現場が、どこか立場として切り分けられてしまう。そうではなくて、大阪のいわゆる文化活動、美術館であれNPOであれ、アーティストであれ、そうした動きと常に沿いながらメディアの発行を考えていくというのが、そのフリーペーパーの動き方でした。そうあるべきだろうと。地方には情報誌しかなく、批評は東京からしか来ませんし、その中間ぐらいのアクションを地場でやる必要がある。小さな、関西圏でぐるぐる回るようなメディアです。つまりは、大阪での文化活動の生態系下で、どうやって役割を担い、またそれぞれをエンパワメントしていくかといったことが活動の趣旨になっていたんだと思います。けれども、それを市がやめることになりました。当時、大阪市とケーブルテレビの番組で地場の芸術文化を紹介する「コネクタテレビ」というのを始めていたのですが、とにかくそうしたメディア事業が次々となくなっていくので、困ったなと。現場や書き手などのネットワークもできていて、メディアをつくる技術もあるんだから、これは組織化して、自立の道を探った方が懸命だろうということで、数名に声をかけ、recip ができました。また、web、紙、映像といった地域メディアを扱うわけですが、こういった情報が動く過程でそれを分析するようなチームも必要だと思い、社会学の研究者たちにも声を掛け、組織の運営も含め参加してくれることとなりました。

僕の中では、remo と recip は分別しつつ、つながっています。「個人とメディア」の関係において考えていくというのが remo。そして「地域とメディア」の関係においてその生態系で考えていくというのが recip。それが両輪のように必要な気がしたんですね。

それから、そもそも税金を使うということに強い関心がありました。僕は、公金を使うということに異常な関心を寄せていました。なぜなら、そのことが芸術を社会化することにつながるような気がしたんです。NPOという制度自体は非営利であるし、このいまの過剰な資本主義の状況から一つ出ることのできる回路となりうるような構造体の可能性を漠然と感じていますし、そこには縦社会ではなく横に情報が行き来するという居心地のよさがあり、それも重要だと感じていました。そして、基本的に公共のお金を使って何かをおこなうことに、とても近いポジションでもあることも大切だろうと。

僕は、行政の事業を受託する行為を「直接政治」だと勝手に言っていました。自分の暮らしている場所、環境を変えたいと思うとき、通常では政治家になるか、「清き一票」を入れて、お願いしますと言うことぐらいしか回路が無い。また実際それでは動かない現実もある。ところがNPOという法人格を持って、ある分野において手を上げていくと税金が直接降りてくるわけです。それでその環境を直接、変えられるわけです。僕の場合、自分たちで政策とかを読み解き、時に読み替えて、自らの環境を変えていけばいいんだと思ったのがNPOでやるとても大きな動機なんです。だから政策には敏感です。そこがズレていたら続けられないですから。

■芸術を自分たちで解釈し直す■

僕はバブルの世代なので、作り手的な友人の多くは東京とかニューヨークとかロンドンとかに出て行っちゃったんですね。けれども、「なんで出て行かなあかんねん」と、当時ひとりで思っていて。それでいろんな本とか読んでいくと歴史の問題というのを感じるようになりました。この地のりの中で、その土地の文脈を踏まえて、アートというのを考えないとずっと輸入品に頼ることになるんじゃないか、と。

高校の同級生の友達が、23、4の頃にギター弾きながら「俺、イギリス人になりたい」って言ったんです。「何で?」って聞いたら、「俺、イギリス人やったらもっとギターで、イケてたと思う」と。ものすごくわかるんですよ。おそらく、僕らはすごく哀れな文化ヒエラルキーの中のコピー側にいるわけで、これほど哀しいことはないなぁと。で、それって気持ち悪いなと思ったから、ここでやれることを考えなければと思うようになりました。それでもう動かないと決めました。

　ひとまず、そういうようなところから、輸入品の「アート」をベースに考えないようにするということを決めると、何がアートなのかが一端わからなくなったんです。とにかくここで表現ということを考えていき、どこか高次な、高いレベルの何かが出てきたときにアートというものに近づいていくのかもしれないと漠然と考えるようになりました。「アート」とよばれる輸入品の言葉を完全に疑ってかかったんだと思います。

　つまり、解釈をし直す必要があると思ったんです。その土地に根付いたかたちで、自分たちが考える芸術というのを作り直す必要があると。また、それでremoをやったりrecipをやったり、個人で行政の仕事をしていることも含めて、どれもヨーゼフ・ボイスのいう「社会彫刻」と言えるだろうと思っていたりもします。それがアートと呼ばれなくても全然いいんです。そういうアートの解釈を拡大したわけですよね、ボイスは。そうだとしたらそれをやればいいんだと思う。だから何がアートかどうかとかはさほど気にならないし、それにいまも考え中で、僕はよくわかっていないようにも思います。

　以前、remoのメンバーで、表現の中にはいろいろなレベルがあって、高次の表現というものがあるのではないかという話をしました。すごく高いレベルで成熟した表現というのがありうると。それを構成する要素というのは一体どういうものなのだろうかということを何回かに分けてしっかり話しあったことがあります。それで、3つのことが関係するのだろうと落ち着いたのが、いまでも僕の指針の一部になっています。一つは何らかに対する抗い。それは何か自分の内側のこと、精神的なこととも関係するような気もするし、もっと外の「社会」と呼ばれている状況や制度に抵抗するということとも関係する。あるいは不可能性ということへの抵抗かもしれなくて、ダンスなんかはそうみえたりもします。二つめは、文脈からは必ず逃げられないということ。「あらゆる表現は政治である」という言葉は絶対的だと思うように、そういう意味であらゆる文脈から表現は逃げられない。したがって、文脈を意識しないで表現をおくということ自体は無理であり、意識するほかない。いったい自分はどういった文脈にいるのかということを考えざるをえないということが深くその表現と関係するだろうと。最後のひとつは、何かヨーロッパでいうところのエレガンス、日本でいうところの〝品〟みたいなものが関係するということ。それは確かだとみんなで合意しつつも、まあ、ではその「品」とは何かと問われても、実は全然説明なんてできないんですけれどね。でもなにか確実に関係するように思えてならないんです。

　余談かもしれませんが、美学の「エステティーク」というのを直訳すると、「感性学」というように訳せるということをある本で知って、ああそうかと思った。美学というとなんらかその「対象」のことをついつい考えてしまうけれど、感性学というと、「なぜそれを美しいと思うのか?」という自分の方を考えるというような違いがあるように思うんです。なぜ、僕、あるいは僕らがこれをいま美しいと思うのかというのを考えることは、とても大切な問いであるような気がするんです。形状やディティールなど、対象の側の問題じゃない。

　とにかく「高次の表現」というものには、そうしたことが関係してくるんだろうというのが、いまでも自分がモノや現象に向き合うときの指針になっています。それぐらいしかアートのことはわかっていません。

（2012年4月2日　聞き手・細谷修平）

検証：日本のメディアアクティビズム 第4回

ネットアクティヴィズムとは何か

ゲスト
印鑰智哉
NGO／市民運動のICT活用助っ人

安田幸弘
レイバーネット日本

進行
松浦敏尚
市民メディアセンター MediR スタッフ

▼私たちは、人との出会い方、行動への参加の仕方、行動の記録と共有の仕方などにおいて、メーリングリストやチャット、ブログ、SNS などの発展とともにダイナミックに変化する日常を生きている。

▼世界でも日本でも 80 年代後半から、オンラインネットワークを通して、人と人や、人と組織の間のコミュニケーション回路をどう創出し変容させていくのか、ここに強い意識をもって行動する人々が現れ始めた。彼らは、オンライン上での表現の自由と通信の秘密はどのようにして保障されるべきかというテーマも提起した。日本では JCA-NET が 90 年代後半から活動を始め、黎明期の貴重な成果を築いてきた。

▼近年では 2008 年の G8 洞爺湖サミットで、〈G8 メディアネットワーク〉が独自のサーバを駆使してオルタナティヴな情報発信のプラットフォームを実現した。しかし、日本の社会運動はオンラインとオフラインのアクションをうまく結ぶことに成功しているとはいえない。

▼90年代から国内外のNGOやJCA-NETで活動し、様々なサイバーアクションに挑戦してきた印鑰智哉さん、〈レイバーネット日本〉の安田幸弘さんをゲストに、日本社会でぶつかる大きな壁とそれを突破するために必要な道筋について考える。

WHAT'S MEDIA ACTIVISM?

参加型民主主義のひろがりとネットアクティヴィズムの役割

松浦敏尚▼この回では、ネットを使ってアクションを起こしていくネットアクティヴィストとしてのマインドはいかにあるべきかを考えてみたいと思います。

　はじめに日本における情報通信分野の運動の歴史を振り返りながら、変化の激しい現代における活動の方向性や可能性について考える機会となれば幸いです。


印鑰智哉▼ＮＧＯや市民運動に関わり始めて２５年、インターネットは、１９９１年にブラジルに行ってからですから、２０年になります。ネットアクティヴィズムという言葉を噛み砕いて言うなら「インターネットを参加民主主義のインフラとして用いて社会を変えていくこと」と定義できるのではないかと思います。参加民主主義とは動員される政治ではなく、個々人の自由な意思にもとづく参加によってつくられる民主主義。選挙はあくまでも間接的な参加。もっとアクティヴに直接に参加していくものを志向してみたい。

　私が今、ネットアクティヴィズムが果たす役割として大事だと思っているのは、個々人・地域・世代・性・ナショナリティがバラバラに分散・点在している人々を、ネットを通じてつなげ、力づけることです。

　それを可能にするものがインターネット。重要なのは、みんなが使えるツールであること。簡単に署名ができたり、宣伝材料が簡単に手に入ったり、インターネットを使ってそうしたツールを提供していくことが大切。自分が好きなように書き換え、知り合いに配布できるものとして提供されたらどうだろうか？　現状が変わっていく可能性が、そこにはあると思います。

　日本語での情報世界はかなり貧しい。例えばブラジルなどラテンアメリカの情報はきわめて乏しいし、寡占情報産業、ＴＶとかラジオとか新聞といったマスメディアからの情報だけでは、拾うべき情報は取りこぼされ、届けるべき視聴者になかなか届かない。

　一方、市民社会側からの対抗言論・オルタナティヴメディアの動きはまだまだ弱い。これが日本の情報世界の現状で、世界的にも相当特異な状況にあります。にもかかわらず、日本の知識人もここにどっぷりと浸かってしまっているように感じる。日本の常識が世界の非常識として露呈してしまっている。この状況を変えていくのがインターネットではないかと思っています。

パソコン通信からインターネットへ

印鑰▼日本では、80年代から、BBSやPC−VAN《ピーシーバン》などのパソコン通信で市民運動の情報交換が始まった。岡部一明『パソコン市民ネットワーク』(技術と人間、1986年)――これはアメリカの様々な電子ネット・パソコン通信などの市民ネットワークを紹介したもので、今読んでもインスピレーションを得られる名著――などにもヒントを得ながら、何とかこのネットワークを使えないかと考えていた人が少なくない。

自分が参加していた日本の市民運動が最初にインターネットに出会ったのは、1992年のリオで開かれた国連環境開発会議でした。この時に日本の市民運動はAPCネットワークに出会った。APC(Association for Progressive Communications)は、当時既に、パソコン通信をアメリカやイギリス、ブラジル、アルゼンチン、オーストラリア、南アフリカなどの地域で相互につないで、インターネット的なパソコン通信を実現していた。なので、日本以外の参加者たちは、APCの電子会議室上ですでに事前の情報共有を済ませて参加して来ていたんです。英語が不得意な上に、情報共有さえできてない状態で参加した日本の人々は大変苦労したことを覚えています。さらにAPCの電子会議室では、事後のフォローアップもされていた。それに日本人も何とかついていきたいという強い思いを抱いたのが最初でした。

これがきっかけとなり、Nifty-serve《ニフティサーブ》やPC−VANや大学などで、電子ネットワークに関心をもつ人々が集まってきてつくったのが、1997年設立のJCA《ジェーシーエー》−NET《ネット》。リオの衝撃から5年もかかってしまいましたが、大変な思いをしてつくった記憶があります。私がブラジルから戻ってきた1995年当時、「インターネット使おうよ」とNGOに声をかけたら、「うちではインターネットに使えるようなPCは余ってないよ」という反応でしたが、同じ時期に出発した韓国のネットワークは、この時期から急速に育っていっている。

日本でようやく成功した活動として挙げられるのは

1997年の「戦争と女性への暴力国際会議」です。これはフィリピン人権センターのインダイさんとアジア女性資料センターの松井やよりさんなどが中心になって開催したものですが、自分はこの会議の最後によばれて、「何とかしなきゃいけない。これだけみんなが何とかしよう何とかしようと要望があるのに。今後どうしよう」と相談された。「でしたら参加者でメーリングリストをつくったらどうですか」「会議の英語名称からVAWW-NET《バウネット》（Violence Against Women in War-Network Japan）はどうですか」と提案すると、そのままそれが名称になり、ネットワークができあがった。このVAWW－NETの誕生は、APCの女性プログラムを通じてすぐに情報が伝えられ、翌日にはアラブやアフリカの女性への暴力に取組む団体からもメッセージが届くという形でどんどん広がっていった。インターネットの強さを生かした事例を生み出すことができました。

一方で、1999年には盗聴法が成立しました。これは90年代後半にどんどん出てきた軍事国家づくりの反動立法のひとつで、インターネットや携帯電話の盗聴、規制を可能にしてしまった。運動的に基盤が全然できていない状況で、これと闘わなければならないという事態に直面し、かなり大変でした。ネットアクティヴィズムとの接点がなかなか見えづらいかも知れないですが、もうひとつ大きな出来事として挙げられるのは、99年の「2ちゃんねる」の誕生です。これもこういう時代に始まっている。

2000年にはICANN《アイキャン》横浜会議が開催されました。ICANN（The Internet Corporation for Assigned Names and Numbers）とは、インターネットのガバナンスをやっているNGO団体で、実際にはアメリカ商務省から委任されて、インターネットのガバナンスを決めていくために世界各地で会議を開催している。横浜会議では、韓国から山のように活動家たちが参加してきた。この時のエピソードが非常に面白くて、韓国から「NGOのサーバ管理者どうしのミーティングをやろう」とよびかけられたのですが、韓国から20人近く参加したのに対して、日本側のサーバ管理者は1名のみだった。ここに日韓の差が露呈されてしまった。インターネットを能動的に使うということはどういうことなのかについても、後ほど討論できたらいいなあと思います。日本では、サーバを能動的に使いこなすことができてこなかったと思う。そういう意味では、２００１年にスタートした〈レイバーネット日本〉の活動は日本のネットアクティヴィズムの中では特筆に値すると思う。

運動団体の中でのＩＣＴ

印鑰▼こうした時代の中で、ネットを使ったどのような活動が行われてきたかについてお話しします。

　９０年代はともかくインターネットを使おうよということで、メールの使い方みたいなことから入っていった。まだ、インターネットを使って社会をどうこうするというレベルではなくて、運動と運動をピンポイントでつないでいくような感じだった。使われたツールはメーリングリストです。しかし、メーリングリストは公開で展開しないかぎり、基本的に閉じられたネットワーク。したがってこれによるネットワークはタコツボ化していったのではないかと感じます。掲示板をつくるところもありましたが、「荒らし」や嫌がらせの被害に遭い閉じざるをえないというケースも数多くあった。世論を積極的に喚起していくようなことはやりにくい時代だったと思います。

　フリーズしたパソコンの復旧作業やウェブサイト作成教室、事務所のＬＡＮ構築など、どれだけやったか数知れません。今にして思えば、インターネットを使う基礎作業みたいなことをやっていたんだろうと思う。

　一方で、運動団体の中で、ＩＣＴ（Information communication technology）、すなわち情報コミュニケーション技術がどのように位置づけられていたか、考えてみたい。よく言われたのが、Ｗｅｂというと「ボランティアさんの仕事ね」ということです。市民運動はボランティアに始まりボランティアに終わると言ってもいいほど、ボランティアが非常に重要ですが、言いたいのは、ＷｅｂやＩＣＴの活用は、中心的な活動ではないということ。自分たちのメディアをつくるという意識が非常に低い。例えば、ニュースレターの文章を「Ｗｅｂにアップしておいて」という、よく聞かれる言葉に象徴されています。こうなると、外部の人にとって、Ｗｅｂがその団体の活動に参加しコミュニケーションするスペースとしては、あるいは重要なメディアとしては認識されていない。

またWebサイトをせっかく作成しても、それへのアクセス動向を気にしない傾向が強かった。例えば、街頭演説の際には必ず相手の顔や反応を見て、声の調子を変えたり話す内容を変えたりしますよね。なのにWebだとどういうふうに見られているか気にしない。一方的。

それからもう一つ、Webページを消してしまうケース。デザインを変えるなどの理由で、せっかくつくったWebページを消してしまう。デジタルアーカイヴとして活動記録を残していくことができるのに、消してしまう。過去につくったページをちゃんと保存している団体はほとんどなくて、担当者が変わったから前のものは全て消して新しくつくり直したというケースが多く見られました。これでは、何年何月にどういう行動をした、それに対してどういう表現をしていたのかなどが残されていかない。こういうケースは今でも少なくないです。

つくられたWebページには、そこにリンクを張ってくれる人たちがいる。その時点で自分たちだけのものではなくなって、共有財産となっている。それを消してしまうということはもったいないし非常にまずい。それまで積み重ねてきたものが次の世代に引き継がれていかない。ゼロからスタートすることを無意味に繰り返すことになる。サイトのデザインを一新して綺麗にしたいという場合、それまでのものはアーカイヴにしてまとめればいい。ある程度技術的なことを知っていれば、リンク切れも防止することができます。Webサイトにとって検索エンジンで高い順位に表示されるということは非常に重要なこと。検索上位でなければ、存在していてもアクセスされることは非常に少ない。しかし、検索順位を上位にもっていくことは簡単ではない。ページを消してしまうということは、そうした努力も一挙に消し去ってしまうことになる。活動や広報を着実に積み上げ、それらを現在のリソースとして活用していくということが、できるのにできていないという点が非常に大きな問題だと思います。

印鑰▼ここからはポジティブな話に移りたいと思います。２０００年を境に、ブロードバンドの普及で常時接続が当たり前になり、ＯＳもWindows2000になりようやく安定するようになりました。Ｗｅｂ２・０と呼ばれる時代に突入した。

このＷｅｂ２・０の前と後とではどう変わったのかといいますと、前の時代というのは、誰かの書いた原稿をＷｅｂ上にアップしても、それへの反響や手応えがどうであったのかを知ったり伝えることは、技術のわかる人でないと難しかった。しかし後の時代になると、ブログに象徴されるようなＣＭＳが登場してきて、技術的な背景のない人でも原稿がオンラインで書け、それへの反響も目に見える形で把握することができるようになりました。

特に２００６年以降、ツイッター（Twitter）やフェイスブック（facebook）などのＳＮＳ（Social Networking Service）の広がりによって技術的な障壁は解消したと言えます。

〈レイバーネット日本〉はその点で非常に大きな一歩を記したのではないかと思います。というのは、いちはやくＣＭＳを導入したということ。ＣＭＳというのは、Content Management System の略で、ブログがそうですが、誰でも簡単にワープロ感覚でオンラインで記事が書けるという仕組みです。そうすると、一部の人たちがつくるのではなく、多数の人がサイト運営に参加して、グループとして運営できる。これは非常に大きなメリットになります。

しかし、こういうものを能動的に使えている市民団体はまだまだ少ないですね。ブログは必ずしも市民運動に適しているとは言いがたい。というのは、毎日毎日の活動記録を残していくことには適しているんですけれども、大事な記事が過去のものとしてどんどん後ろに、ブログの深くに沈んでいってしまう。ウィキペディアなどで使われているＷｉｋｉ《ウィキ》とよばれるシステムの方が市民運動に適している部分もあると思うんですが、Ｗｉｋｉを使っている市民運動も極めて少ない。ブログに偏りすぎるとまずいと思います。

もう一つ既存のＣＭＳの問題点としてはサイト内

サイトを作るうまい機構がないことです。たとえばWordPress《ワードプレス》は静的なページとブログ的な時系列のページをわけて作ることができますが、市民運動団体は複数のキャンペーンをやっているので、どうしても一つのサイトに押し込むとサイトの構成がややこしくなってしまう。複数のサイト内サイトを立体的に構成する機能があればいいのだけど、これも実際には難しい。レイバーネットで使っているPlone《プローン》はそのへんうまく処理できる数少ないＣＭＳだろうと思います（しかし、使うのが難しいのが難点ですが）。

　レイバーネットは、「ユニオンチューブ」などで映像コンテンツをＣＭＳでコレクティブに運営することにも成功している。これは素晴らしい。ただ一言言わせてもらうなら、もっとネットを使ったアクションをやってほしいと思っています。技術者の少なさ、後継者の問題があるのでしょうけれども。実は自分は２００１年でＪＣＡ－ＮＥＴの事務局は辞めています。市民運動の支援という形で様々な講座や教室を開催してきましたが、ＪＣＡの経営が苦しくなり、給料がもらえなくなりまして、グリーンピースに移った。

　グリーンピースでは、サイバーアクションとよんでいますが、イラク戦争や、辺野古の基地問題、六ケ所再処理工場、原発建設問題などについて、オンライン署名を展開してきました。この上にある写真は、イラク戦争一周年にあたる２００４年３月に日比谷公園で開かれた集会なんですが、このときは携帯を使ったアクションにトライした。

　そもそも集会に参加する行為というのはそもそも敷居の高い主体的な行為だと思うんですが、集会に出た人が集会の場では、演壇でしゃべる人の話を聞くだけの客体的な存在になってしまっている。シュプレヒコールに対しても応じるだけで受身になってしまっている。せっかく主体的に行動して会場に足を運んだのだから、もっとメッセージを出してもらおうということで、自分のメッセージを書いた写真を携帯からグリーンピースまで送ってほしいとよびかけました。ツイッターもまだない時代だっただけに、行動した人たちの熱い思いを発信するひとつの機会となったのではないかと思っています。

これらのサイバーアクションを数多く繰り広げた、その結果として、4年ほどでメルマガ購読者が5万を超え、参加型キャンペーンとして成功してきたと思います。アサヒビールがペットボトルのビールを販売しようという時に、「それはまずいよね」というキャンペーンをやって、８００人程度の参加者で、既に１０億円単位の投資をしていたアサヒビールの販売計画を撤回させることができた。これは例外的な成功だったかなという気はする。こうした参加型の運動は、参加者それぞれの主体性をより強固にすることができるのではないかと思うんです。六ケ所再処理場反対の時も何千人もの人たちから、それぞれの生き様が分かるようなメッセージが集まった。それらのメッセージは公開可のものは全て自動的にWebサイトに掲示されるようにしたんです。核問題を１０年以上やっている担当者が涙しながら決意を新たにするほどに、運動を鼓舞する力があった。

デモをしても数百人しか集まらないなかで、サイバーアクションによって、数千人単位の人がメッセージという形で参加し、さらにそれを見る人は数十万単位にまで広がるわけだから、そういった意味で問題を大きくしていくという成果は評価できると思う。

海外のオンラインアクション　運動圏を世界大に広げる

What's media activism?

印鑰▼同時期、海外ではどういうことが起きていたか。韓国の労働運動はみなさんご存知なので今回は割愛します。例えばcare2.orgというサイトでは、アカウント登録者が１４００万を超えていて、特に環境問題の取組みで非常に多くのオンラインアクションがおこなわれています。

グリーンピースの中でオンラインアクションが最も盛んなのがアルゼンチンで、数年前に聞いた情報では登録者が60万人。100万人の署名活動も成功させている。ここではオンラインの活動を中心に、森林法改悪を阻止し勝利した。もちろん映像制作や国会前の占拠や座り込みなどのオフラインのアクションも含め、多元的に展開した結果です。グリーンピース内では、アルゼンチンに負けるなというのがひとつのスローガンになっていましたね。ブラジルも結構強い。ブラジルの東アマゾンで今巨大なダムが造られようとしているんですが、それがオンラインアクションで世界中に広がっている。

この図は、ビジネスで使われるオンラインマーケティングの理論で「AISAS」というものです。これは、興味をもってモノを買った人が、その意見を自分の知人に広げていく、最初知っている人は少ないけれど、どんどん大きなサイクルになっていくというもの。「モノを買う」ところを「アクションに参加する」と置き換えれば、オンラインアクションを広げていく際に重要な指針となりうるものだと思っています。つまり、友人や知人を通じて広がっていくことが非常に有効であるということ。オンラインアクションを伝える↓知る↓参加する↓さらに広げる↓団体や組織のメンバーに加わるというサイクルの広がりを世界大で可能にするのが、さきほ

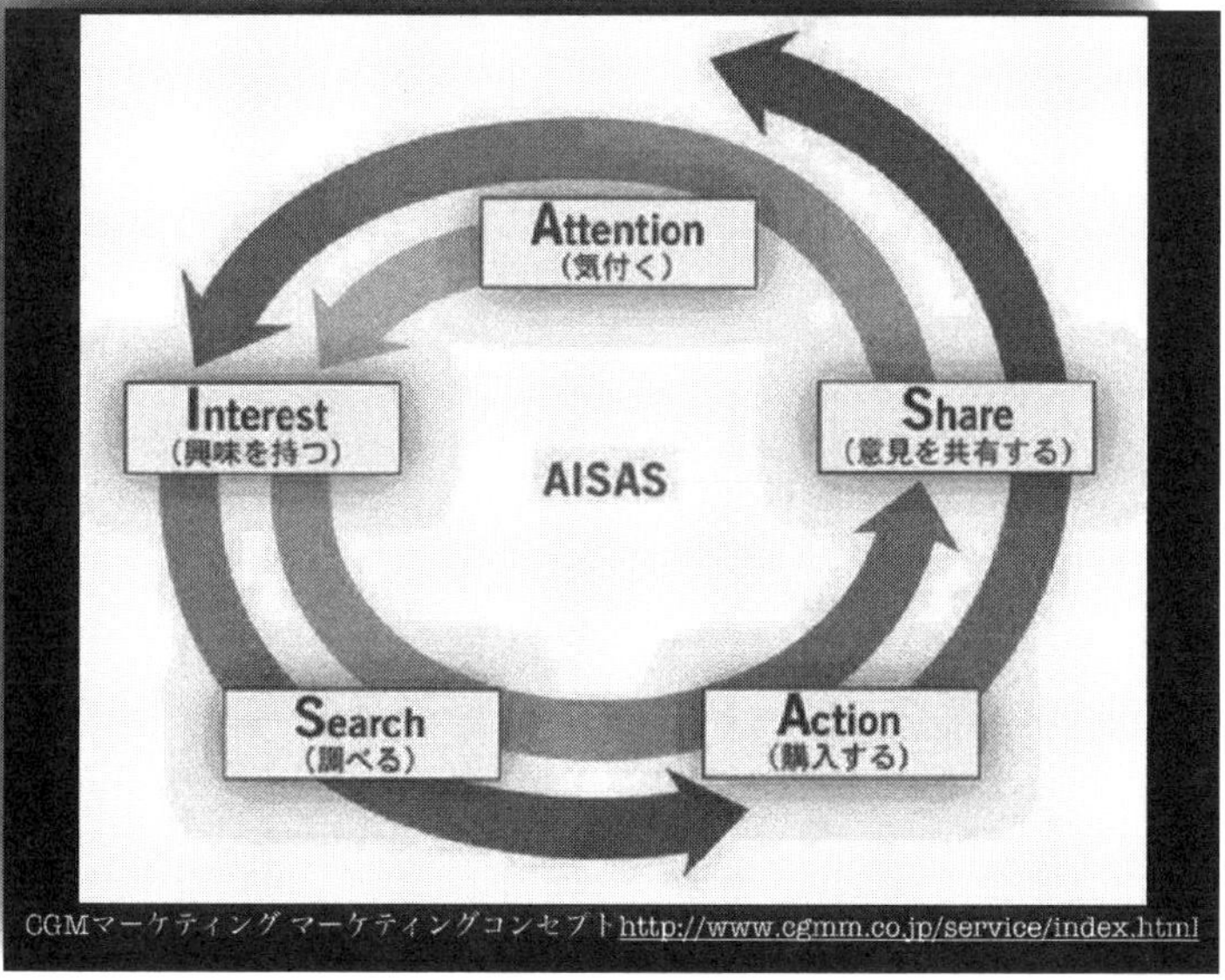

出典：http://cgmm.co.jp/service/index.html

どのＩＣＴです。

今後、重視していきたいのは、技術をどうやって運動の中に位置づけるかということ。ＩＣＴは、人と人との関係を変えることができれば、運動のあり方も変えることができる。デモや集会でも、その情報をＷｅｂにアップしておくだけでは、それを見て参加する人はせいぜい１０人程度。そうではなくて、Ｗｅｂを通じてアクションに参加できる仕組みをつくれば、日本全国、世界に開かれたアクションになる。

実際に、イラク戦争の世界統一行動デーには、世界中から日本のアクションにも参加する人が少なくなかった。こういう仕組みをつくることで、人と人との関係を変化させることが可能になる。紙の印刷と同じフローで、Ｗｅｂが情報掲載だけに留まるならこういう変化はまず起こらない。運動のプランニングにもっとＩＣＴ・情報技術を組み込んでいくべきです。そうでなくては、参加型の運動とはよべない。より参加型の運動を実現するためにＩＣＴで何ができるかについて、考えていきたいと思っています。

SNSとのつきあい方、その負の側面

印鑰▼昨年来、いろんな団体によびかけて、ツイッターを使おうよという行動を始めています。というのは、どの団体もメーリングリストに頼り過ぎていて、登録されている人にあまり変化がない。一年経過すると平均年齢も一緒に一歳上昇してしまうような状況がある。メーリングリストは閉じられた傾向になりがちでなかなか広がりにくい。でもツイッターを使えば、世代を超えていろいろ共有できます。一方で、そもそもツイッターはアメリカの営利企業がつくっているサービスなので、あくまでも広げるツールとして使うのはいいんですが、ツイッターで終わっていたらまずい。

今、無印良品のイスラエル出店計画に反対するオンライン署名を集めているんですが、最初はそれをツイッターでやろうという案が出ていた。でもツイッターでやってもそれは過去になったら消えてしまう。自分は、ＳＮＳに頼りきってしまうのは危険だと思っていま

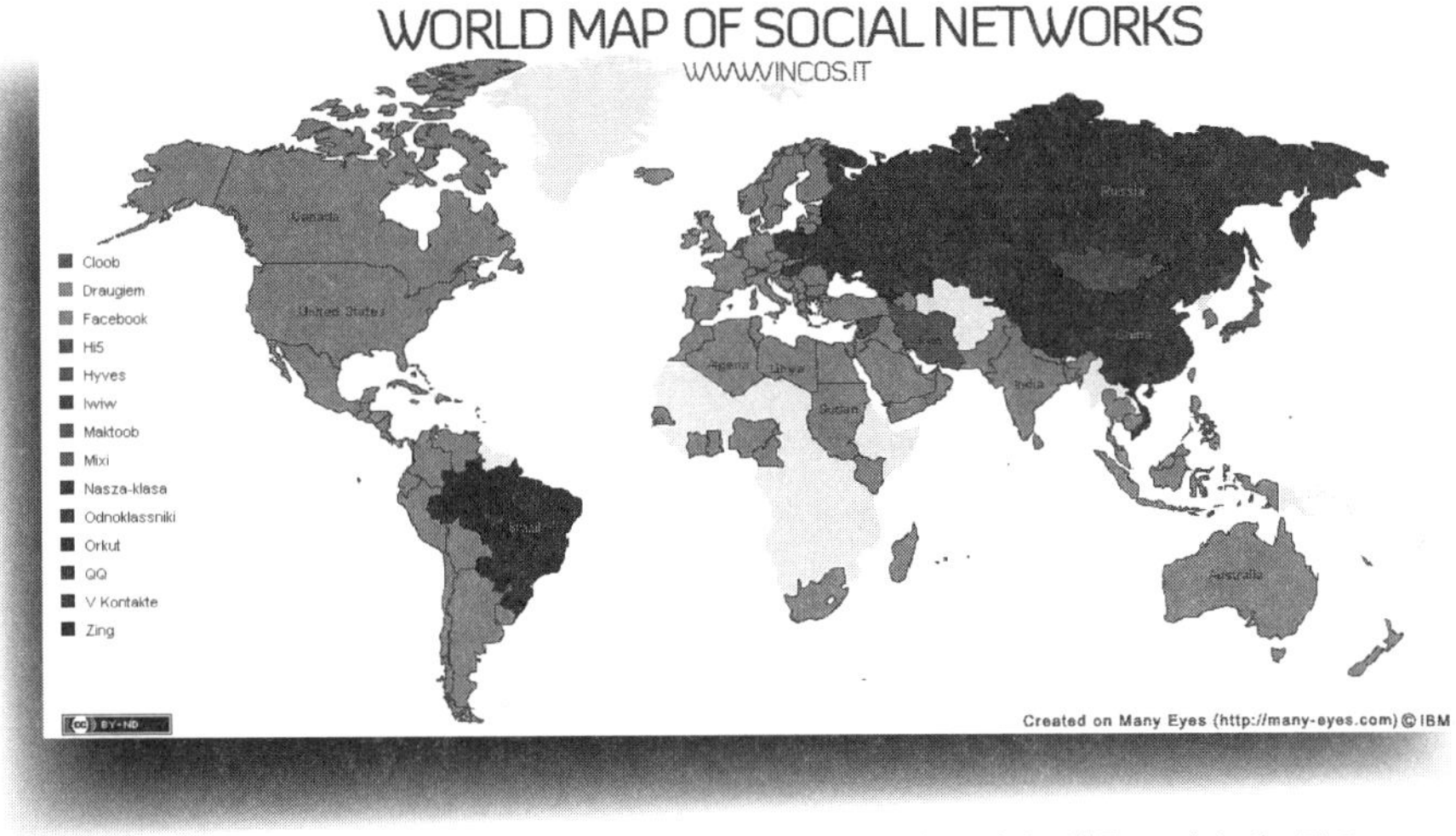

中国（QQ）、ブラジル（orkut）、ロシア（Ｖｋｏｎｔａｋｔｅ）を除く、世界のほとんどの国で facebook がシェア NO.1　出典：http://www.vincos.it/wp-content/uploads/2010/06/wmsn-01-10.png

す。特に今後は、全ての光を吸い込んでしまうブラックホールになってしまいかねない。「ソーシャルネットワーク」というと響きがかっこいいけど、むしろ「ソーシャルデータベース」と呼んだほうがその性格をよく表せると思っています。データベースはそれ自身、巨大化する傾向があります。大規模なデータベースほど意義があるだけに、操作される可能性が残る。特に営利企業がそれを保有しているという点には常に留意しておく必要があります。自分は、このままだと世界的には、フェイスブックが全てを吸い尽くしてしまうのではないかという危惧さえ感じてしまう。というのは、自分たちでブログやサイトをもつより、楽だし便利だということでフェイスブックに移行する人が少なくない。そうしてしまうと、フェイスブックで検閲されたりシャットアウトされると、全てを失ってしまうことにもなりかねない。

　このマップはどのSNSが優勢かを示した世界地図です（アフリカはデータがない）。フェイスブックが世界を制覇しつつある。面積的にはロシアや中国やブラジルでは1位でないものの、登録アカウントは伸びている。最近、ティム・バーナーズ・リーというWWW（World

Wide Web）のシステムを考案した人物が「フェイスブックはイノベーションを阻害する」というようなことを言っている記事を読みましたが、自分も、アメリカ系企業がもつSNSが全世界のデータを吸収していくような時代になることを心配しています。
　また、SNSの負の側面として、韓国や北朝鮮などへの差別的な動きもあります。ウィキペディアにも在日への差別を扇動するような内容が書かれている。日本は政府が自ら差別的政策を推進し、都知事も自ら差別的な言動をするくらいですから、これらも野放し状態です。こうした犯罪行為が無罪放免でどんどん広がっているのが現状。これにどう対抗していくことが可能なのか考えないといけないですね。これは取り組み内容によっては、言論の自由を奪うことになりかねないので、慎重な議論と行動が必要になります。一方で、フィルタリングが進んでいます。親が解除させない限り、子供の携帯にはデフォルトでフィルタリングがかかっているので、市民運動のサイトには子供の携帯からはアクセスできなくなっています。さらに問題なのは、子供が成長して大人になっても手続きをしない限り、そのフィルタリングは有効であり続けます。情報が流れない仕組みがつくられつつある。

運動にとって必要な技術を取り込んでいく

印鑰▼もうひとつ課題を挙げるなら言葉の壁です。グローバリゼーションが激しくなると海外との連帯は不可欠。ツイッターでいくら日本語で書いていても海外にはまず伝わらない。日本人って何してるのという状態。海外の情報を日本語にできる人は少なからずいると思うんですが、日本語の情報を英語にすることはできていない。

　以前、『英文AMPO』（アジア太平洋資料センター発行）という英文雑誌がありました。日本の様々な社会問題を海外の人にわかりやすく伝える役割を果たしていましたが、かなり前に廃刊になっている。日本の情報を扱った英語メディアはほとんど見つけられない。大きな労働センターなどでは、英語の機関紙などをつくっているとは思いますが、それは自分たちの団体、自分たちの活動についてのものでしかない。日本社会の問題について説明しているものはない。そんな中で、日本の状況を伝え、どう共同の輪を広げていけるのかが、運動圏の大きな課題だと思います。

技術的な話で言いますと、「クラウド」をどう見るかという問題もあります。自分はそもそも、非常にアナーキーなインターネットが大好きでした。というのも古いコンピューターにLinuxを入れてインターネットとつなげば、それで自分のメディアができたという感じがした。集権的なモデルではなく、分散的水平民主的なあり方がとても好きでした。

しかし今の時代は、世界で5つのクラウドがあればそれで十分だと言われています。実際問題、クラウドでWebサーバを構築したほうが有利だと思う。例えば、多くのアクセスがあってもサーバが落ちない。もうひとつはエネルギー問題。クラウドのコンピュータは不要なエネルギーを使わないように最適化されており、それと競争するのはほとんど不可能だろうと思います。しかし、こうしたメリットを優先させると、世界で5つのクラウドしか残らないという状況が生じかねないんですね。巨大企業に全てのデータを握られてしまう。それで市民運動の自立はありうるのかという問題があると思います。

来年に向けてみなさんと一緒にやっていきたいとおもっていることは、アクションセンターをつくること。それも1つのアクションセンターではなく、レイバーネットにも〈アワープラネットTV〉にも、ここにおられるみなさんにもつくってもらいたい。そして、タコツボ化しないで複数化して連携していくのが理想的。そこで運動にとって必要な技術を取り込む、これに取り組んでいきたいと思っています。とりあえず以上。

2000年代のネットアクティヴィズムの新しい動き

安田幸弘▼印鑰さんがたくさん話してくれたので、2001年以降の最近の具体的なネットアクティヴィズムの動きを簡単に紹介したいと思います。私は2001年に〈レイバーネット日本〉ができてからずっと関わっていますが、面白い試みなので、Webサイトにいろんな仕組みを組み込んでみたりして、やりたいようにやらせてもらっています。10年たちますが常に中身が変わりつつあるサイトになっていると思います。そうやって、自分の考えてきたことなどを、技術的な部分の改良改造をやりながら、他の運動にも応用してきました。

今日は〈G8メディアネットワーク〉(以下、G8MN)のことから話をしたいと思う。G8MNは今までのいわゆる「運動」からかけ離れたところから出てきたというのが面白いところ。日本の市民運動、インターネット以前からの運動が、メディアをどう使ったらいいのかということに苦闘してきたとすれば、Web2・0以降の運動というのは、ある意味「ネットを使っている人」が運動を始めた、そんな状況が生まれてきているのではないかと思います。

さきほど、ここ数年のネット上での差別排外主義の蔓延、在特会などもある意味、既存の右翼団体がコアになっているというよりは、むしろ動力になっているのは今まで既存の運動に触れてこなかった若い人達。下手すると中学生、高校生・大学生くらいからの人たちがもやもやっと集まって、それをアジテーターがうまいことメディアを使って組織して、それで結構、存在感のある運動になってしまったという状況があるのではないかと思います。一方、進歩的な運動の方はどうか。いわゆる左翼とよばれる運動には、そういったインターネットやメディアをうまく活用した動きがあまりないですね。

G8メディアネットワークの挑戦

安田▼1980年代に反原発運動がすごく盛んになったことがあって、当時、日比谷公園のデモに2万人が集まりました。主催者は1万人集まれば大成功と予想していたのが2万人も集まった、ある意味、あれがネットワーク的運動の行使だったのかなとも思う。あの時、どういうことが起こっていたかというと、マスメディアを使ってのいろんな広報や宣伝が行われ、それがさらに、FAXを使って次々と転載されていった。それが表に出ない裏のネットワークとしてすごい大きな役割を果たしたことを覚えています。

以降、それを新しいインターネットでどう展開できるのか、そういうようなことを考えてきました。そんな時に、２００８年に北海道でＧ８（主要８カ国首脳会議）が開催されることになった。ここで新しいメディアをつかって、メディア的な展開をしたらどうだろうかという話が持ち上がってきた。それでつくられたのが、〈Ｇ８メディアネットワーク〉（Ｇ８ＭＮ）という集団的なサイトです。今はもう残っていません。これはDrupal《ドルーパル》というＣＭＳを採用したサイトで、本家のサイトに加えて、テキストメディア系のサイトとビデオ系のサイトの３つほどがあった。Ｇ８ＭＮをつくる時に既存の運動のやり方ではなく、とにかく徹底的にアナーキーなネットワークを念頭において、計画的に設計されました。どこが中心というわけでなく、メンバーシップもラフな自由な形をとった。意思決定は「ラフコンセンサス」というやり方を採用した。ラフコンセンサスとは、民主主義的な企業やコンソーシアムではそういう形の合意形成スタイルが採られているわけですが、向こうがネオリベならこちらはアナーキーだということで、企業のグローバリズムに対抗する民衆のグローバリズムをどう設計していくかという形で、かなりラフにかつ密接なコミュニケーションをとりながら展開しました。

サイトの内容は、誰でも書ける一方、削除するにはラフコンセンサスでいろいろと話し合いをすることにしていました。警察によるデモ弾圧事件が起こった時、その写真を掲載するしないで大きな議論になり苦労しましたが、そんな形で情報を載せたり転載したりして広げていくことが意識的に行われていた。

それから技術的な試みとして、「タイムライン」という仕掛けをつくりました。海外では大きなデモがある時に「あっちは警察にブロックされているからこっちに回れ」「ここに集合してあちらに行こう」というような感じで、ツイッターが連絡手段として活用されている。ただ、ツイッターは警察も見ることができるので先に対応されてしまうこともある。それに対抗するには、クローズドな独立した形でのツイッターのような仕組みが必要になるわけです。そこで、前年のロストックでの反Ｇ８行動の際にツイッター的な「タイムライン」という仕掛けが開発された。それを日本でもやってみようと。あまり成功したとはいえませんが。

安田▼先ほどクラウドをどう評価するかという話がありましたが、大規模ＳＮＳなどのようなクラウドサービスを使ってしまうと、どうしてもそれが弾圧につながってくることは避けられない。Ｇ８ＭＮはアナーキズム的なネットワークということで、割とアナーキズム的な原理を取り入れて設計したので、どこかのデータセンターを中心に繋がり合うのではなく、それぞれに独立したノードをおいて、そのノードをつなげていこうということになりました。

　ではどういう弾圧がありうるのかという話ですが、運動がネットワーク化していくにしたがって、それに対して制約を加えていくような当局側の動きが強くなっている。先日流出した公安の外事三課の資料を見ても、ＦＢＩが非常に対策を強めていることが分かります。メールを使った連絡は、セキュリティの観点から見ると非常に危いし、盗聴や横取りもありうるわけですが、ＦＢＩのテロ講習会の資料を見ると「Gmail《ジーメール》のアカウントを共同で使われると我々としては困る」と書かれている。つい最近、アメリカで盗聴法改定の動きがあって、そこでは、Gmailやフェイスブックだとかを自由に盗聴できるようにしてくれという法案が今審議されているらしい。ＦＢＩが頭をかかえる手法に対して、それを無力化するような法案が提出されているという状況です。つまり外部に置くネットワークは常に監視に晒されていると考えた方がよい。サイバー犯罪条約（日本は未批准）のようなものがすでにあって、日本ではアメリカのGmailは盗聴できないけれども、ＦＢＩがそれを盗聴すれば日本の方でも自由にそれを入手できるということになっていく。そういった動きには常に気を配っておく必要があると思います。

　そういう中で、ネットワーク型の運動というのは、一方で情報を公開していくことで運動をつくっていくというのが基本。とにかく使えるものは何でも使う。ツイッターであれユーストリーム（USTREAM）であれ、他のＳＮＳであれ、それを使っていこうという形で新しく出てきたのが、２０１０年の「ＮＯ！ＡＰＥＣ《エーペック》 ＴＶ」だった。これについて私は運動的な部分での設計というのはやらなかったですが、基本的にはＧ８ＭＮと同じ形でコアな連中が動いて、そこにメディア活動家とよばれる人たちが集まってつくったメディアだった。

ユーストリームというのは、Flash《フラッシュ》をつかったインターネット放送ですが、現場に行けない人に現場の様子を伝えるというもので、非常にインパクトがありました。特にグローバル化した運動の中では多く使われつつあるメディアになっています。言語の問題もありますが、映像は言語の問題を一定部分超えられる可能性がある。G8MNでも映像は重要視していて、G8MNの末裔みたいな形で今も運営しているのが〈メディアチャンポン〉というサイト。これらは映像を重視してきました。そしてユーストリームがリアルタイム放送の可能性を開いてくれた。

最初、「NO!APEC TV」はラジオでやろうかという話をしていたのですが、実はインターネットラジオというのはなかなか広がらない。海外では影響力も大きいが、日本ではどうしてもそれがいまいちピンと来ないというのがある。ユーストリームとインターネットラジオの違いは何かというと、ユーストリームはソフトバンクが一大マーケティングをやって一般に認知されるようになったわけで、結局、ユーストリームと言っても、宣伝のおかげで認知されているだけであって、実機能以上の幻影が少なくないという感じもしています。ともかく、「NO!APEC TV」は運動との接点としてのメディア、やった後にむしろこういう使い方があったかと認識を新たにした部分があった。

メディア運動というのは、口で言っても伝わりにくい、こういうことができるというのをやってみせることで始めて納得してもらえる部分が少なくない。印鑰さんにしても、どうやって見せられるものをつくるかという部分に尽力してきたと思います。

印鑰▶いや、自分がダメだと思うのは、自分でやってしまうこと。ブラジルのアクティヴィストは、まず自分は動かない。例えばコミュニティの人を連れてきてその人を教育する。その人がさらに教えていく。若い新しいネットアクティヴィストを積極的にリクルートして、育成する戦略性をもたないといけないなあと。

安田▶ネットの世界は商業的なものとの壮絶な競争状態にあります。そういった中で、みんながわかるようにやるという方法もありますが、一点突破で実例をつくるというのも非常に大事。こんな便利で魅力的なものがあるという実例をアクティヴィストに提示していけば、皆右に倣えでいくだろう。やれるところまでやるという挑戦が必要です。

　やれる技術があって、やってないという現実があって、やったら効果があるということがわかっている以上、何が必要かといえば、イニシアティヴとそれをいつやるかということ。

　その一つの挑戦がG８MNでした。映像でG８を伝えていこうとして自分たちでやってみた。反響もあって使えそうだ。その経験が「NO！APEC TV」なんかに引き継がれた。それはG８MNの技術があったから可能になったわけです。ビデオ関係のサイト構築のノウハウは〈アワープラネットTV〉のサイトにG８MNの成果が盛り込まれている。既存の市民団体の人もメーリングリストばかりを見ていないで、こういうサイトを見て、インターネット活用の仕方を知ることが大事。いろんなサイトを紹介して面白いものをつくって見せていけば、新しいものが生まれてくると思います。

ネットアクティヴィズムとは何か

what's media activism?

印鑰▼技術的なアクティヴィズムのひとつに、フリーソフトウェア運動というのがあります。要するに、資本に囲い込まれてしまって不自由になったコンピュータやその技術を、人々が自由に使えるようにしようというもの。無料ソフトという意味ではなく、自由ソフトウェア。自分たちが自由に使える、何かの意図によって左右されない技術を保障する運動のひとつ。そういった運動がなぜ必要になってきたかというと、クラウドや他の企業によって提供されるサービス、Windowsにしても Macintosh にしても企業体によって提供されている製品。企業体にコントロールされるメディアでは、何かあった時に運動が根こそぎやられてしまう。例えば、中国が Windows のソースコードを公開しろと要求したことがありますが、マイクロソフトのソフトウェアに依存してしまっては何かあった時に国家的な情報処理のメカニズムが破壊されてしまうという恐れがあったから。そこで中国は、フリーソフトウェアをもとに開発した「紅旗 Linux」を採用したんです。それが民衆側の運動の中でも使われてくる。

　自由ソフトウェア運動の最初は何だったかというと、自由にプログラムをつくりたいということだった。マイクロソフトがバージョンアップしたからそれに付き合ってバージョンアップしなきゃいけないとか、このコンピュータはWindows XPじゃないと使えないとかWindows VISTAからアップグレードしようとしたらいくら払わないといけないとか、いちいち自分の使っているものに干渉されるのはゴメンだという素朴なところから始まっています。よく自由ソフトウェア運動の人たちが言うのは、電球がきれた時にどうすればいいか、マイクロソフトの電球だったら、ライセンス料を払ってアップデート用の電球を買ってきて付け替えないといけない。そんなの面倒臭いじゃないか。自分で好きな電球に付け替えられるようにすればいいじゃないか。というようなこと。そういう選択肢のひとつとして、Linux（GNU Linux）というＯＳがあります。WindowsやMacではない自分たちで自由にできるＯＳで、そのいくつかあるディストリビューションとして、Fedora《フェドラ》、Ubuntu《ウブントゥ》という２つのLinuxを使っている。自由にできるということは、自由に自分で何とかしないといけないということでもあって、使いにくいと言われていたが、最近UbuntuなんかはWindowsと遜色ないほどユーザビリティは高くなっている。自分はLinuxを使って１０年以上になります。

　そもそもパソコン、パーソナルコンピュータ自体がアクティヴィズムから生まれたともいえる。ＩＢＭとか（のちにCOMPAQ《コンパック》、そののちにＨ《ヒューマン》Ｐ《パッカード》が買収）といった巨大なコンピュータメーカーに対して、自分たちが使えるコンピュータをつくりたいということで、スティーブ・ジョブズだとかビル・ゲイツなどがマイクロコンピュータをつくった。これはコンピュータアクティヴィズムだったわけですが、その後、パソコンとパソコンをつないで、ネットアクティヴィズムの第一歩が始まる。

カリフォルニアでは、コミュニティメモリという図書館や公共の場所に端末があって、そのコンピュータでいろんなメッセージを共有できるようにしたシステムがありました。それからFidoNet《ファイドネット》、インターネットとは別に世界中のＮＧＯや市民団体が使っていたパソコンのネットワーク、これがものすごく初期のグローバルなＮＧＯ活動ではよく使われていました。ＵＵＣＰ（Unix to Unix Copy Protocol）という通信もあって、ＵＵＣＰで転送されたメッセージが更にFidoNetで南米やアフリカだとかの国々に転送されるといった形で、地球規模のネットワークを築いていた。そうした社会運動とリンクしたネットアクティヴィズムの最初の現れが、ＩＧＣとグリムネットだったのかなと思います。

難しいのは、コンピュータの用語を先行させてしまうとハードルが高くなる。コンピュータやネットワークの概念が分からない人にそれを前提で話すと、極端に話がわかりづらくなる。コンピュータの話をするのではなく、勘所は、人間と人間、人間と情報との関係性やつながりあい、その回路をどう構築するかということです。あるいはどう再構成していくかということ。それがネットアクティヴィズムの本質だと思います。

それを運動の柱に位置づける意識的な努力が必要。それがわかると、コンピュータのことも興味がわくし、興味がわけば難しいことも理解しようとする。自分は、社会運動団体がその必要性が理解出来ないなら、その必要性をわかってもらうような努力をするし、必要性に気づいたのであれば技術的な学習に足を踏み出すし、技術的に多少分かっているのであればスキルを磨くように挑戦する。そういう段階を踏んだサポートが必要とされていると思います。

（２０１０年１１月２５日　於／素人の乱・12号店）

2つの「空間」――通底する設計思想を絶えず問い返していくこと▼松浦敏尚

この対談以後も、ユーストリームなどを使った社会運動圏からの情報発信は急激に広がり、とりわけ原発事故以降はマスメディアへの不信の一定部分に応える動きを見せてきた。

ツイッターはそのリアルタイム性だけでなく（誤情報による混乱もあり）、他のWebサービスと連携して、必要物資やボランティア要請などのマッチングできめ細かな情報検索を可能にし高い評価を得た。

フェイスブックはオンラインの情報共有からオフラインでの行動とその組織化をかつてない規模で可能にした。

これらはネットアクティヴィズムの一端ではあるが、安易に「ネットを使った発信のこと」とせず、もっと本質的な理解に進む必要があるだろう。

今日のインターネット空間は、管理・監視強化と商業化で、Open（公開）・Free（自由）といったインターネットの設計思想は既に過去のものになってしまったと言っていい状況にすらある。しかし、Interactive（双方向性）は依然として失われていないばかりか、前述のように、大災害や原発事故に際して、人々の関係性や価値観までも大きく変容させていく様を私たちは目にしてきた。

インターネット空間であろうが現実社会であろうが、私たちはそこで人間関係を結び生活をしている。しかし2つの「空間」は多くの共通項を持ちつつも、異なる設計思想によって構築された（されうる）空間である。私たちはこれまでどのようにつながり合ってきたのか。そこではどのような情報が、どれだけの量、どちらの方向に向かってやり取りされていたのか。こうしたつながり合いの形と質に着目し、そこに通底する設計思想を絶えず問い返していくこと。それこそが、ネットアクティヴィズムの本質であり、人間関係や思考のパラダイムに大きな影響を与え、社会体制を民主制にも専制にもするカギを握ると言えるのではないだろうか。

ネットアクティヴィズムは、社会デザイン・アーキテクチャ・エンジニアリング・工学的発想といったキーワードに関連する分野とも近い関係にある。多くの人々との議論と共同を広げながら、新しい社会を実現するうねりが広がっていくことを期待したい。

インターネット時代のメディア・アクティヴィズム

安田 幸弘（レイバーネット日本）

WHAT'S MEDIA ACTIVISM?

20世紀末にインターネットが登場した頃に、「ＩＴ革命」という言葉が流行った。インターネットは蒸気機関に匹敵する技術革新であり、蒸気機関が産業革命を導いたように、インターネットは「ＩＴ革命」を導く。そして、これまでとはまったく異なる新しい構造の社会が誕生する――そのような意味だった。

新しい技術は人々の生活を変え、行動を変え、新しい社会運動を作る。その昔、産業革命で誕生した貧しい都市労働者たちは、蒸気機関車や蒸気船に乗って国境を超えた。彼らは経験と情報を共有し、団結し、立ち上がり、工場を止め、資本家たちとの闘いを始めた。そして、１９９０年代後半、インターネットと共に登場したグローバルな金融資本主義は新しい貧困層を生み、彼らはインターネットを使ってコミュニケートを始めている。

１９９９年にシアトルで開かれた最初のＷＴＯ総会は象徴的な出来事だった。インターネットを通じて、事前にさまざまな情報が飛び交っていた。「シアトルの総会は、何かとんでもない事件が起きるらしい」。その情報を見て世界中からグローバル化に反対する多くの活動家たちは、最初の総会を粉砕してしまったのだ。その様子は、ほとんどリアルタイムでインディメディア（ＩＭＣ＝Independent Media Center）というインターネットのウェブサイトを通じて世界に伝えられ、人々を興奮させた。ＣＮＮやＡＢＣが伝えない貴重な情報がそのサイトを通じて続々と伝えられたのである。

このように、グローバリズムに抵抗する運動は、インターネットを使って国境を超えた呼びかけ、国境を超えた情報の発信、そして国境を超えた対話と調整など、さまざまな局面でインターネットを活用しつつ始まった。グローバルな経済政策を調整するＷＴＯやＧ８、ＩＭＦなどのさまざまな首脳会議や、国際会議のたびに、インターネットが活躍し、最近の「オキュパイ・ウォールストリート」（ＯＷＳ）に続いている。

インディメディア——グローバル化に対抗するメディア・アクティヴィズム

コンピュータにケーブルをつないだだけでは何も起こらない。グローバルな運動にインターネットが重要な役割を果たすに至ったのは、新しい種類の社会活動家というべきメディア・アクティヴィストの存在が大きい。

メディア・アクティヴィズムやメディア・アクティヴィストという言葉は必ずしも一義的ではない。たとえば、抵抗運動のためのソフトウェアを開発したり、サイトを開設したり、ネットワークを設置する技術者を意味することもあれば、デジカメやＶＴＲを手に映像を記録する人々もいれば、ひたすらテキスト記事を作る人々もいる。インターネット時代のグローバルな抵抗運動と、労働運動や市民運動など従来の運動の違いを特徴付けるのが、まさにこれらのメディア・アクティヴィストだろう。

またメディア・アクティヴィストたちは、新自由主義、あるいは金融資本主義に抗議するグローバルな大衆的な運動を構成するセクターの一部であるとも言える。逆に言えば、メディア・アクティヴィストのような特定の分野で活動するアクティヴィストたちのグループの集合とも言える。それぞれのセクターはそれぞれが協調しつつ、それぞれが独自の活動を行う。こうした数々のセクターの中で、規模も大きく、またユニークな活動をするセクターがメディアだ。

大規模な抗議行動がある時には、メディア・アクティヴィストは通常、現場に情報の収集や発信のためのメディアセンターを設置する。そして自由に使えるパソコンやインターネットへのアクセス、記事や映像を編集するための設備、情報交換の場などを用意し、現場からの生の情報を発信する。このようなメディアセンターの原型になったのが、シアトルＷＴＯの抗議行動の時に誕生したインディメディア（以下、ＩＭＣ）である。

ＩＭＣは当時、爆発的に普及が進んでいたWorldwide Web（ＷＷＷ）を使って抗議行動に関するテキストや写真を全世界に発信した。メディア・アクティヴィストはもちろん、一般の抗議者や主流メディアで活躍するフリーのジャーナリストや写真家までがＩＭＣのサイトに情報を提供した。ＩＭＣが伝えるニュースは、商業メディアの報道とはまったく異なる抗議行動の真実を伝えるものとして世界中のインターネット・ユーザーから注目され、新しいメディア・アクティヴィズムの可能性を切り開いた。

だがＩＭＣの意味はむしろ、それが単なるウェブサイトではなく、その後のオルタナティヴ・メディアとしての理念や情報発信のポリシー、掲載された情報の取り扱い、運営の方針といったコンセプトの基本を作ったことだったのではないだろうか。それは一種の協同組合的なもので、フラットでオープンな構造、全員参加と全体討論による決定、非営利・公共性などの原則を持つ独立した活動を行う。

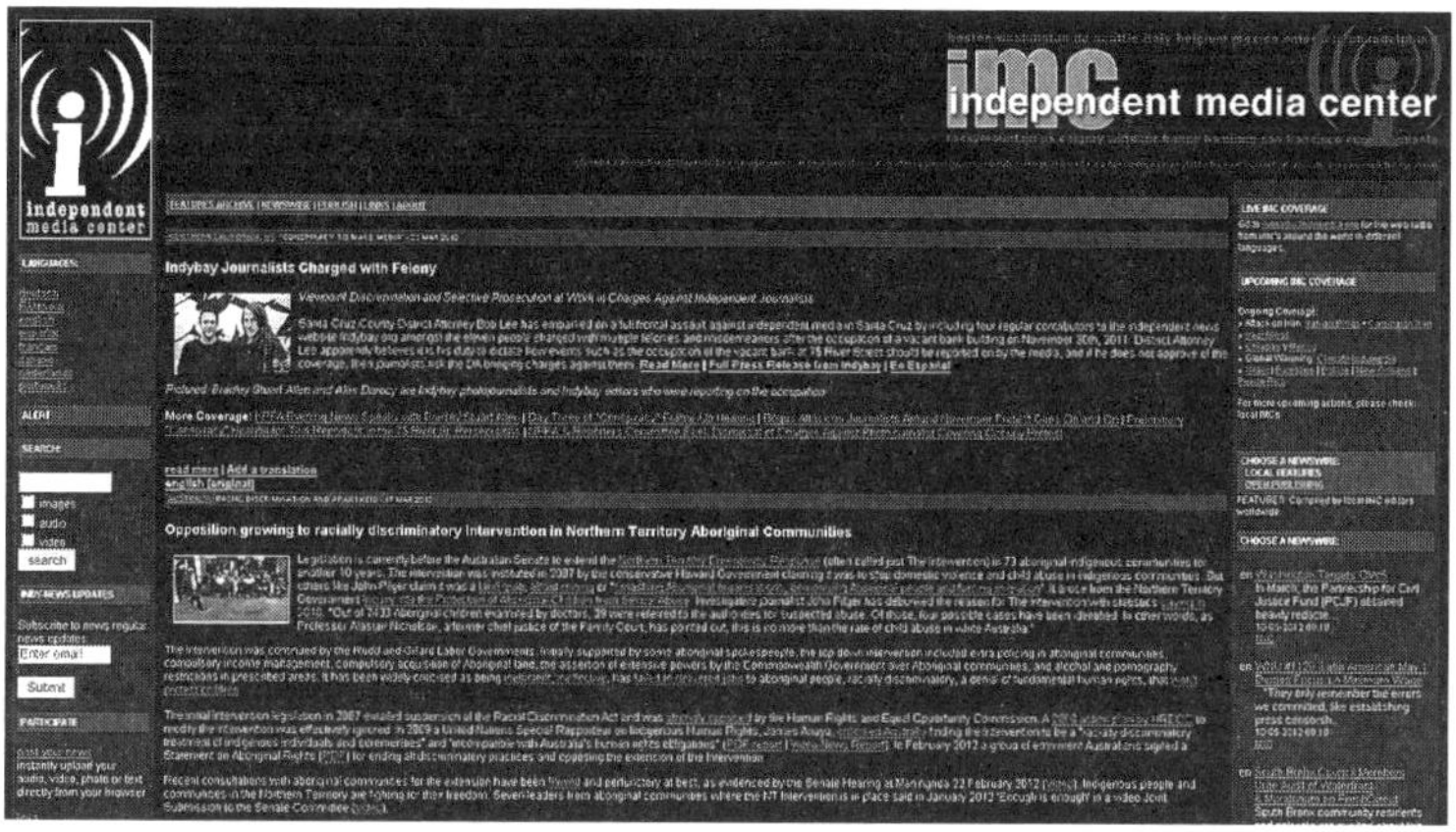

ＩＭＣ　http://www.indymedia.org/

シアトル以前にも、ＮＧＯの国際会議などではＡＰＣ（Association for Progressive Communications）などの通信ＮＧＯがメディアセンターを開設することは多かった。だが、その主な目的はＮＧＯの通信の便宜であり、広くメディア・アクティヴィストに開かれたものではなかったという点で、ＩＭＣとは異なるものだったというべきだろう。

もちろんＩＭＣが提示したこのようなポリシーは、ＩＭＣの独創ではない。グローバル資本主義に抗議する運動の多くは、ＩＭＣのようなオープンでフラットな組織の可能性を主張していた。そして、何よりもＩＭＣの情報基盤であるインターネットやＩＭＣのウェブサイトを動かすLinuxを始めとするオープンソース・ソフトウェアも、似たようなオープンでフラット、分散協調的な組織原則を持っている。インターネットという技術的な基盤の特性と、グローバリズムに抵抗する運動の組織的な特性の中間にＩＭＣのようなメディア・アクティヴィズムが誕生し、それがＩＭＣという形になって表れたと言えるだろう。

なお現在では、多くのメディア・アクティヴィストがＩＭＣのようなサイトの運営やメディア活動を行っている。そのため、現在のＩＭＣからはシアトル後の数年間、ＩＭＣが示してきたような存在感は薄まった。だが、ＩＭＣが提示したメディア・アクティヴィズムに関するポリシーは多くのメディア・アクティヴィストの中に確実に根付いている。

欧米のメディア・アクティヴィズムは、インターネット以前から地域ラジオや海賊ラジオ、ペーパータイガーＴＶなどに始まるパブリックアクセスなど、独立的なメディアが活発に活動してきた。そのような非営利のメディア活動は、インターネットの時代に入り、ＩＭＣのような独立サイトや、営利サービスではあるがYouTubeを嚆矢とする各種の動画サイトの誕生につながった。特に、YouTubeのような動画サイトは、世界中に映像を配信するメディアとして急速に普及し、社会運動の分野でも重要な情報発信の手段になった。

YouTubeの登場で、誰もがメディアを発信できるようになった。問題は、それをどう社会運動と連携させていくかだ。シアトルでＩＭＣが運動とＷＷＷを有機的に活用したように、メディアを運動と連結させていくことがメディア・アクティヴィストの課題になった。

メディアと運動との連携についての取り組みは、たとえば２００８年に日本の北海道で開かれたＧ８洞爺湖サミットに集まった世界各国のメディア・アクティヴィストが洞爺湖サミット後に立ち上げたChamponプロジェクトがある。メディア・アクティヴィズムの分野でユニークな活動をしている韓国のメディア・アクティヴィストと日本のメディア・アクティヴィストとの交流の中で、スタートしたプロジェクトだ。現在は表向きの活動は停滞しているが、このプロジェクトは日本国内での、そして国際的なメディア・アクティヴィストをつなぐリンクとして作用し、アクティヴィスト間の交流と新しいメディア・アクティヴィズムの試みが続けられている。

このようなメディア・アクティヴィストたちによる活動は、最近、多くの人々が使い始めたＳＮＳ

（ソーシャル・ネットワーク・サービス）によってさらに新しい展開を見せている。

SNS――水平に広がるネットワーク

シアトル以後の10年間、国際会議への対抗行動などを中心に広がった運動は、昨年の15M（スペインの占拠運動）と、それに触発されたOWS（オキュパイ・ウォールストリート）から新しい展開を見せている。OWSについての議論は現在進行形で、世界各地で行われている「オキュパイ」の内容はさまざまだ。従来のスタイルの座り込みやデモに「オキュパイ」を冠しただけでも立派な「オキュパイ」だろう。それぞれの「オキュパイ」がどのような形や要求を掲げたとしても、社会変革を求める民衆による抗議運動、「1%」に対する「99%」の怒りが意識されている限り、それは「オキュパイ」なのだろう。そして「オキュパイ」は民衆による抗議運動のひとつの形として、またたく間に世界中に広がった。

この新しい運動では、その具体的な形はともかく、YouTubeなどの映像やTwitterをはじめとするSNSが活躍した。オキュパイとSNSの関係は、シアトル以後の抵抗運動とIMCの関係に近い。その意味では、むしろSNSが「オキュパイ」という新しい運動の類型を作ったと言えるかもしれない。

シアトル以後の運動では、WWWがメインストリーム・メディアとは異なる新しいジャーナリズムのためのメディアとして登場したが、今回活躍したSNSは基本的に極めて個人的なメッセージングのためのツールだ。多くの人々が胸に抱えていた感覚に響くメッセージが次々と増殖を続け、予想外の方向に拡散していく。特にTwitterでは余計な説明を書く余裕もなく、ストレートなメッセージが広がる。

人々が圧政に苦しんでいたチュニジアやエジプト、リビアはSNSが政府を倒した。この時は、無駄な努力ではあったが、当局に通信網を遮断させるほどのメッセージが飛び交ったという。スペインの15M運動では広場を占拠している群衆に警察が投入されると、SNSで流された呼びかけに呼応して数千の人々が集まり、広場を守ったという。解雇や失業問題が深刻な韓国では、暗礁に乗り上げていた労働争議がSNSのメッセージで数万もの市民を動員し、事態を解決した。そしてウォール街のオキュパイも、SNSを通じて動きが伝えられ、多くの人々が集まってきた。格差などの不満が高まっている中国がSNSを規制している理由は、まさにこうした動きに歯止めをかけたいからだ。

もちろん、このような動員だけが「オキュパイ」の価値というわけではないが、いくらリツイートがあっても大量の人々が動かなければ社会を変えることはできない。従来は、大きな組織が動かなければ大量の動員は不可能だったのだが、SNSによる動員は既存の大組織を使わず、「運動」の外側にいた多くの人々に訴えかける。

SNSは、従来の固定的な情報チャネルではなく、基本的に個人的な関係を通じて情報が流れていく。簡単に言えば噂が広がるような方式なのだが、重要なことは、そこでは参加するすべての個人が主体的な情報のノードとなって情報の発信や転送を行い、情報のコミュニティを形成するということだ。

またSNSでは現実生活の噂よりも、それが広がる範囲は圧倒的に広く、早い。もちろん、広がる情報の信頼性や内容は「噂」以上でも以下でもない。あるいは重要な情報かもしれないし、悪意のデマかもしれないが、従来の情報チャネルが上から下へと情報が流れるものだったとすれば、SNSでは水平に広がる。そのため情報の流れを外部からコントロールすることは、事実上、できない。情報の発信源を何らかの方法で取り除いても、別の発信源が登場する。だから一度情報の洪水が広がれば、それを止めることはできず、もし止めるとすれば中東のようにすべてを遮断するしかない。逆に、無理に情報を広げようとしても、人々の興味を引かない情報は決して広がらない。

ＳＮＳは何らかの社会的な動きを加速するツールとして、非常に大きな可能性があるのは確かだ。ただし、多くのＳＮＳではプライバシーの問題や、セキュリティの問題、そして内容の検閲といった問題が指摘されている。これは現在のＳＮＳが、特定の組織がインターネット上のサービスとして提供するものであることによる限界だ。つまり、サービス提供者は悪意の情報利用や情報の流れに操作を加えず、第三者による干渉を受けないという前提を受け入れなければならない。

だが現実には、このようなサービスに対して法や秩序の維持、公共の安寧などを口実とするさまざまな介入や操作が行われ、その範囲は広がっている。ネット規制の可否についてはさまざまな議論がある。個人的には何らかの規制が必要な部分もあるかもしれないと思う。しかし現行の規制のほとんどが、非常に不可解なプロセスで決められ、有無を言わさず強制されていることに強い危惧を感じざるを得ない。

具体的には、たとえば青少年に対する「有害コンテンツ」に関するアクセスの規制や、コンピュータ監視法、などが有名だが、果たしてこれらの規制は実際の利用者の意見や現実は十分に反映されたのだろうか。また、知的財産権に関するＡＣＴＡ（後述）について、一般のインターネット利用者はどれだけ知っているだろうか。これらの法律や条約の立案や検討の過程で、一般の利用者の声はどれだけ反映されたのだろうか。

インターネットの世界は、個々の利用者のアイデアがコミュニティに広がるという過程を通じて発展してきた。政府などの政策的決定や法による上からの規制は、少なくもインターネットのような水平的かつ自律的なネットワークには似合わない。

アノニマス――ハック＋アクティヴィズム

民衆は自由に国境を超える資本の活動に抗議し、国家や資本は国境のないインターネットの世界でのグローバルな民衆の活動を抑えこもうとする。現実の世界とサイバー世界では攻守が変わるが、インターネットでも１％のコントロールに対する強い抵抗がある。

たとえば、ＡＣＴＡ（模倣品・海賊版拡散防止条約）という国際条約がある。主に知的財産権の侵害に対する取り締まりなどに関する国際条約で、現在は署名国の批准手続きが進み、発効待ちの状態だ。この条約は、極めて広い範囲の活動に大きな影響を及ぼすが、知的財産権強化を推進する日米などの限られた数の先進国を中心に進められ、その手続きも非常に不透明なものだった。

特にインターネットの世界では、ＡＣＴＡが発効すると一般ユーザーが作成するコンテンツやコミュニケーションへの影響が大きい。たとえば、音楽ファイルの共有は、すでに違法化されているが、ＡＣＴＡはファイル共有のように著作権侵害につながる可能性のあるサービスへの強制的な捜査やシャットダウンなどが可能になる。そして、その過程でのプライバシーの侵害や、基準が曖昧な「違法性」の判断を認めるなどの弊害も大きい。

ＡＣＴＡの影響が及ぶ範囲は、インターネットでの人々のコミュニケーションばかりではない。たとえば、特許権に関しても影響が及ぶが、第三世界の人々の命綱になっている安価な医薬品の製造ができなくなるといった人命にかかわる問題も指摘されている。そのため、日米などＡＣＴＡ推進陣営に属する国が署名した後も、現在もヨーロッパを中心に根強い反対運動が広がり、ＡＣＴＡの発効が遅れている。

この他にも、特にファイル共有などを狙ったSOPA／PIPA（オンライン海賊行為防止法）も、インターネットで強い反対運動がある。これは実際のファイル共有を行った者ばかりでなく、サービスを提供したプロバイダーや検索サービスやオンライン決済のサービス、はなはだしくは、個人のサイトのリンクまでを違法化する。音楽CDや映画のDVDなどをインターネットで共有することの可否はともかく、言論の自由、コミュニケーションの自由、表現の自由といった重要な権利を過度に制限するものだという反対の声は強い。

最近、米国で問題になっているのがCISPA（サイバーセキュリティ法）の動きだ。GoogleやFacebook、Twitter、Amazonといったインターネット企業が持つユーザーの情報を令状なしで米連邦政府と共有できるようにし、通信の秘密やプライバシー保護に関する法律と衝突する部分は、CISPAが優先するという内容の法案である。これが成立すると、事実上、オンラインでの活動は丸裸も同然になる。ホワイトハウスはプライバシーや通信の秘密を理由にこの法案に反対し、議会を通過しても拒否権の発動もあり得るとしているが、今度の大統領選挙で新しい大統領になれば、どうなるかわからない。

しかしこれらの条約や法律で指摘される最大の問題は、前にも触れたようにその手続きの不透明さであり、一方の当事者、つまり権利者側の主張と、それを受けた「違法」を取り締まる側の論理によって進められていることだ。多くの条約や法案も同じだが、いくらインターネットの利用者側が政策提言や陳情をしても、形式的な議論で物事は権利者側に有利な方向で決まってしまう。生活の多くの部分をインターネットに依存するようになった今、こうした問題は人々の日常生活に直接影響する。

欧州では、たとえばファイルの自由な共有を主張するグループが海賊党を結成し、EU議会に議員を当選させるといった活動もしている。だが、わずかな議員では、当面のＡＣＴＡを防ぐことはできない。議会に対して否定的な考え方を持つ人々もいる。議会が間違っていると思えば、残された方法は直接行動しかない。そのようにして、インターネットの世界でも「直接行動」をするグループが生まれている。

最近注目されている「アノニマス」と呼ばれる集団は、そうした直接行動のグループだ。彼らは１％の意を受けて密室で決定される、さまざまなプロセスに対するシアトル以降の抵抗運動に同調し、主にハッキングなどの特殊なＩＴ技術を駆使したネットでの直接行動を行なっている。このようなネット上での直接行動は「ハクティヴィズム（ハックとアクティヴィズムの合成語）」と呼ばれている。直接行動の中には、ＤＤｏＳ（分散サービス拒否攻撃）などの手法を使い、ターゲットのサイトを停止させる行動や、サイトへの侵入などを通じた機密情報の奪取と公開などがある。こうした活動に利用される技術は「ハッキング」と呼ばれ、現在では違法とされる技術も使われる。ちなみに、本来、「ハック」や「ハッキング」という言葉には、高度な技術による軽い悪戯といったニュアンスはあるが、犯罪的なニュアンスはない。実際に、プログラマーの中では、この言葉を善悪とは無関係の極めて中立的な文脈で使うことも多い。

初めてハクティヴィズムという言葉を使い始めたのは１９９０年代のカルト・オブ・デッド・カウというハッカー集団だったとされている。彼らの行動としては、たとえば、イラクや中国で行われているインターネット検閲を回避する手法を提供するなどの活動があった。しかしこれら初期のハクティヴィスト・グループは、限られた範囲の活動家による組織という限界があり、アノニマスのような広がりはなかった。従来のハクティヴィスト・グループに対するアノニマスの特徴は、匿名掲示板やＩＲＣ（インターネット・リレーチャット）を中心として情報を交換する無数の人々の集団であるという点だ。ちなみに、この匿名掲示板は4chanと呼ばれ、日本の2ちゃんねるの匿名コミュニケーションを取り入れたサイトだという。「アノニマス」というグループの名前も、発言者欄に表示される「Anonymous（匿名／名無し）」に由来する。

　日本の2ちゃんねるに出没する、いわゆる「ネット右翼」が特定の実体を持つ組織ではないように、アノニマスもまた4chanのユーザーの集合であり、組織としての実体があるわけではないと言われる。

ただし簡単な会員登録の仕組みもあることや、日本のネット右翼が「ネット右翼」としてのアイデンティティを持たないのに対し、アノニマスはガイ・フォークスの仮面などで象徴される「アノニマス」としてのアイデンティティを持ち、「アノニマス」の名前を使って行動するという点で、ある種のコミュニティ、あるいはネットワーク組織的な側面がある。そして重要なことは、アノニマスも多くのインターネット・アクティヴィズムの根底に流れる自由な情報や脱管理を重視する「ハッカー文化」の中にいることだ。

　アノニマスの活動としては、企業や政府のサイトへの攻撃、中東のアラブの春での支援活動などが有名だが、スペインの15MやニューヨークのOWSといった実際の動員の場面にも登場する。あるいは、15MやOWSなどの抗議行動に参加している人々がアノニマスに賛同するケースもあるのだろう。アノニマスは会員制の組織ではなく、特別な規則や指揮命令系統があるわけでもない。ちょうど、15MやOWSが自発的な参加による運動であるように、アノニマスも自発的な参加によるインターネット空間の運動体なのである。したがって、その関与の形式がどうであれ、世界中で起きている抗議行動には、他のさまざまなグループ、たとえば労働組合や政治的なセクトなどのグループとともに、何らかの形でアノニマスに関係するグループが参加しているのである。

たとえばアノニマスのシンボルとも言えるガイ・フォークスの仮面は、スペインの広場でも、ズコッティ公園でも見られる。最近は日本の反原発運動でもガイ・フォークスの仮面を見かける。もちろんこの仮面をつけている人がすべてアノニマスとして活動しているとは限らない。この仮面は今では、現実世界の抵抗とネット空間の抵抗を結ぶ民衆的抵抗のシンボルなのだ。

こうしたインターネットでの直接行動については、さまざまな評価がある。たとえば企業のサイトを停止させるDDoS攻撃は現在は違法とされ、極端な場合は「サイバーテロ」と呼ばれることさえある。確かに、インターネットが社会の重要なインフラになった現在では、インターネットでの攻撃はターゲットとされた組織の業務に大きな影響を与える。その手法やターゲットによっては大きな社会的な混乱を招くかもしれない。また、アノニマスは一枚岩の組織ではないため、違法な手段を使う抗議行動には参加しないグループもあるという。

ハクティヴィズムも抵抗運動の一形態と言えるが、実世界での抗議行動とは異なる点も多い。インターネットでの活動は、相手の業務に大きなダメージを与えることもできるが、何かを物理的に破壊したり人間に危害を加えるわけではない。また実世界での行動なら、分が悪そうなら引き、いけそうなら押すといった判断ができるが、インターネットでは周囲の状況を見ながら機敏に動くことが難しい。相手方の担当者との交渉を行いながら行動を維持したり解散するといった方法が取れないといった部分も実世界とは異なる部分だ。

複雑で多岐にわたるハクティヴィズムの活動について、当局や主流メディアが「サイバーテロ」や「コンピューター犯罪」というレッテルを無差別に貼り付けることには、十分に警戒しなければならない。現在は、インターネットであれ、インターネットでの直接行動に対する規制やマスコミによるフレーミングが先行しているが、インターネットであれ、現実の世界であれ、不正義に抗議する権利を否定してはなるまい。「ハッキング」は非正常的な技術であり、自分がターゲットにされれば決して嬉しいものではないし、防衛よりは攻撃の技術である限り、利用には慎重さが求められるべきだが、一律にこれを否定するのはむしろ危険だろう。たとえばWikiLeaksが公表する文書の中にはハッキングによって得られた文書も多い。各国の政府はさまざまな理由をつけてWikiLeaksをシャットダウンさせようとやっきになっているが、WikiLeaksが不正義への抵抗に重要な役割を果たしていることは多くの人が認めるところだ。

インターネット・アクティヴィズム——自由への干渉に対抗する

そもそも、インターネットというネットワークそのものの成り立ちが一種のアクティヴィズムだったといえるかもしれない。あらゆるコンピュータを相互に接続し、自由に情報を共有・利用できるようにしようという運動がインターネットであり、インターネットで使える技術の決め方からネットワークの管理の方法、公正な負担の分担などは、利用者の自発的な参加の中で、誰のものでもない、公共のネットワークを作り上げてきた。現在のような自由なインターネットが誰にでも利用できるようになったのは、政治やビジネスの干渉と闘いながらインターネットを作り上げてきた技術者たちのアクティヴィスト精神があったからだ。そして、自由なインターネットを守る闘いは、今も続けられている。

たとえば、通信の形式による差別を否定するインターネット中立性、特定の企業が持つ技術に依存しない通信の規格、外部からの干渉を受けない自律的な管理などはインターネットの重要な基本ポリシーだが、こうしたポリシーは常に圧力を受け続けている。一般のインターネット・ユーザーには見えにくい部分だが、インターネットの自由を保証するこれらのポリシーを堅持する活動は重要だ。

もう少し身近なところでは、たとえば人々が自由なコミュニケーションのためのツールを利用することを好ましく思わない人々は、さまざまな理由でコミュニケーションの自由を弾圧しようと試みる。また、インターネットでの活動を思い通りに支配しようとする人々もいる。

コミュニケーションの自由への干渉としては、たとえば、音楽ファイルの共有は他人の権利を侵害する行為だ、他人の権利は尊重しなければならない、したがってファイル共有はいけないという三段論法がある。一見もっともに見える（もちろん音楽ファイルについては、そもそも彼らにそんな権利があるのか、その権利は乱用されていないかといった議論はあるが、それは置いておこう）。そして権利の侵害を防ぐために、ネットワークの通信を監視する、誰が誰と権利を侵害しているかを知るために、通信内容をチェックし、発信者と受信者を細かく記録するという。これは立派な通信の秘密の侵害なのだが、そんな論理が通ってしまいかねないのが今のインターネットだ。著作権さえこの調子である。テロ防止という口実はほとんどオールマイティに使われる。

前にも触れたACTAやSOPA／PIPA、そしてCISPAなどに対するハクティヴィストの抵抗が99％の抗議を代弁するものだとすれば、これらの動きに対して精密な検討を加え、インターネットの自由、プライバシーの保護、市民的権利といった観点からオンラインでの活動を行うグループがある。たとえば、インターネット政策全般であればEFF（電子フロンティア財団）、ソフトウェアや知的財産権などについてはFSF（フリーソフトウェア財団）、言論の自由に関する内容ならACLU

（アメリカ自由人権協会）など、さまざまな組織が専門的な立場から発言を行い、署名やロビーなどのキャンペーンを呼びかけている。必ずしもそのようなキャンペーンが功を奏すとは限らないが、過度な条項についてある程度の修正を加えたり、法案の成立を食い止めるなど、貴重な成果は決して少なくない。

しかしインターネットの自由で安全な利用を脅かすこのような動きに対する抗議や反対運動、政策提言も重要だが、インターネットの監視は今、現実に行われている。米国は数百人もの無実の人を誤認逮捕し、テロ犯としてグァンタナモに収容していたという。中にはインターネットの監視網にかかって拘束された無実の人もいただろう。米国が声高に非難する独裁国家とどこが違うのだろうか。

日本も監視や盗聴、追跡などから自由ではない。日本の当局によるモニターの疑いはともかく、日本でも大部分のインターネット・ユーザーが米国のサービスを使用し、米国を経由して交換される情報も少なくないからだ。

隣の韓国では、そもそも通信の秘密などはないという。韓国の社会活動家によれば、あらゆる通信はモニターされているという。「希望のバス」という平和な抗議イベントを企画した人から、イベントの時、どうしても機密が必要な事項については、電話もメールも使わず直接、面と向かって話していたという。この話を聞いたのは、つい数ヶ月前だ。昔の独裁政権時代の話でも、どこかの独裁国家の話でもない。

世界中どこであれ、たとえば人権活動家やジャーナリストの身元や連絡先が露出した場合に発生する危険がどれほど大きいかは、改めて説明するまでもない。そして通信の規制やさまざまな理由による通信のモニターは、市民的な抗議行動や社会運動家の弾圧にも使われるだろう。

このような危険から社会運動を守る活動がある。すでに成立したインターネットの規制や法律、それによる、あるいは秘密理に行われる自由や権利の侵害に対抗するためのプログラマーやエンジニアによる活動は、１９９０年代から活発になっている。たとえば、当局による通信の傍受に対抗するための暗号ソフトウェアのＰＧＰ、ＩＰアドレスの捕捉を防ぎ、匿名性を高めるＴｏｒ、監視や情報の漏洩が疑われるサービスの代替サービスのRiseupといったソフトやシステムの開発、提供などがある。

また第三世界の民主化運動を技術面から支援する活動もある。たとえばサパティスタへの支援や、そしてシアトルＷＴＯでのＩＭＣに始まるメディア・センター活動も、そのような活動の例だ。最近では、アノニマスの周辺にいるハッカーたちが「アラブの春」の時に、国際電話によるインターネット・アクセスを提供し、当局による情報の遮断に対抗するなどの支援活動を行なっている。

拡大するメディア・アクティヴィズム

１００年ほど前に誕生した電波というメディアは政府に管理され、今ではすっかり資本のビジネスの場になってしまった。電波を取り返すメディア・アクティヴィズムも根強く続けられているが、自由なインターネットは新しいメディア・アクティヴィズムを続々と生み出す土壌になった。インターネットやデジタル・メディアの普及は、技術や社会運動の分野ばかりでなく、アートやサブカルチャーなどのさまざまな活動を巻き込んでメディア・アクティヴィズムを急速に拡大させている。

１９９０年代、一瞬で世界中にメールを送れることに感激していた社会運動家たちは、今では映像を使ったリアルタイムのコミュニケーションを駆使して国際的な動員を呼びかけている。資本家たちは、世界中に広がった市場で少しでも有利なポジションを獲得し、世界中から富をかき集めることを可能にする工作に忙しい。

ＩＭＣから始まったネット上の独立メディアの動きは、主流マスコミを脅かしている。世界中のメディア・アクティヴィストが伝えるローカルな運動は、またたく間に世界に伝えられ、ＳＮＳで共有されてグローバルな運動になる。ハクティヴィストたちは政府や企業の嘘を暴き出し、インターネットの活動家たちは自由なインターネットへの攻撃に抵抗を続け、世界の民衆をインターネットで結ぶ努力を続けている。

私にとっての撮るという行為2012

中村友紀（映像作家）

WHAT'S MEDIA ACTIVISM?

撮影中、「君のカメラはなっていない」と叱られたことがあった。

２００６年春、高円寺・素人の乱主催でＰＳＥ法反対の集会（お祭り）が新宿アルタ前にて開催された時のこと。

「リサイクル業者に死ねというのか！」「ぽんこつを使わせろ！」とユニークな怒号が飛び交う中、夢中でカメラを回していた私はその見知らぬ人からの指摘に、啖呵を切っていた。これは私の目であり、私はこの自分の目に誇りを持っている、くだらないことを言ってくれるな、と。

ふりかえってみれば、よくもまあそんなことが言えたものだと思う。

確かにでっかいカメラを持ちながら、酒を飲み、歌い、叫び、笑う私の奔放さは目に余るものがあったのだろう。（とてもよくわかる！）

しかしその私の撮影スタイルは、その後の撮影でもびた一文変わることがなかった。

その素人の乱の愉快な仲間達の記録をまとめあげようと編集していた最中に気づいたことだが、主人公である松本哉さんのお父さんの葬式シーンで、またもや私は我慢することなく、カメラを持ちながら泣いている。これがまた全くの無自覚であったのだから、我ながら驚いた。こんなカメラマン許されるのでしょうか、と自分で笑ってしまったが、どうにもこうにも変わらない。

思えば自分でカメラを持って、生身の人間を追っかけるということを始め

映画『素人の乱』撮影中　写真右、松本哉氏　左、二木信氏

たのは、この素人の乱の撮影が初めてだった。当時仕事帰りにふらっと立ち寄る行きつけの店となっていた素人の乱5号店リサイクルショップで、いつも通りの偽ビールをみんなでぐいぐい飲んでいたとき、店主の松本さんが「明日デモなんだ」とふいにつぶやいた。「カメラ持っているし、暇だし」とすぐさまその場で同行を決めた。

そもそもデモに参加したこともなかったので、だいぶのんきに構えていた。が、これがきっかけでやみつきとなる。この日のデモは、通称「三人デモ」と呼ばれている参加者3人のみのデモであった。（デモ申請時は4人だったのだが、1人寝坊で参加出来ず。）そのたった3人の参加者を警官数名、護送車2台ほどが取り囲み、阿佐ケ谷、高円寺間を歩いた。

外から通行人を装って撮ってくれと言われていたので、約束の地点で待っていたのだが、一向にデモ隊らしきものは現れない。すでに通過したと気づき、慌ててタクシーでデモ隊を追っかけ、やっと追いついたのはコースも半ばを過ぎた青梅街道。「えー、なにあれの友達？」と話しかけてくる公安をひょいひょいとよけながら、息も絶え絶え、もはやかけっこでカメラを回し続けた。

これほどの興奮を得たことはない。以降、素人の乱及び松本哉さんの日々を記録しようとすぐに決めた。なぜこんな面白い人々を誰も記録していない？誰だってこんな人々が目の前に現れたらカメラを回さずにいられるものか、と当時強く思ったのを覚えている。

目の前で起こるあらゆるハプニングに立ち会い、共に泣き笑いした一年半だった。

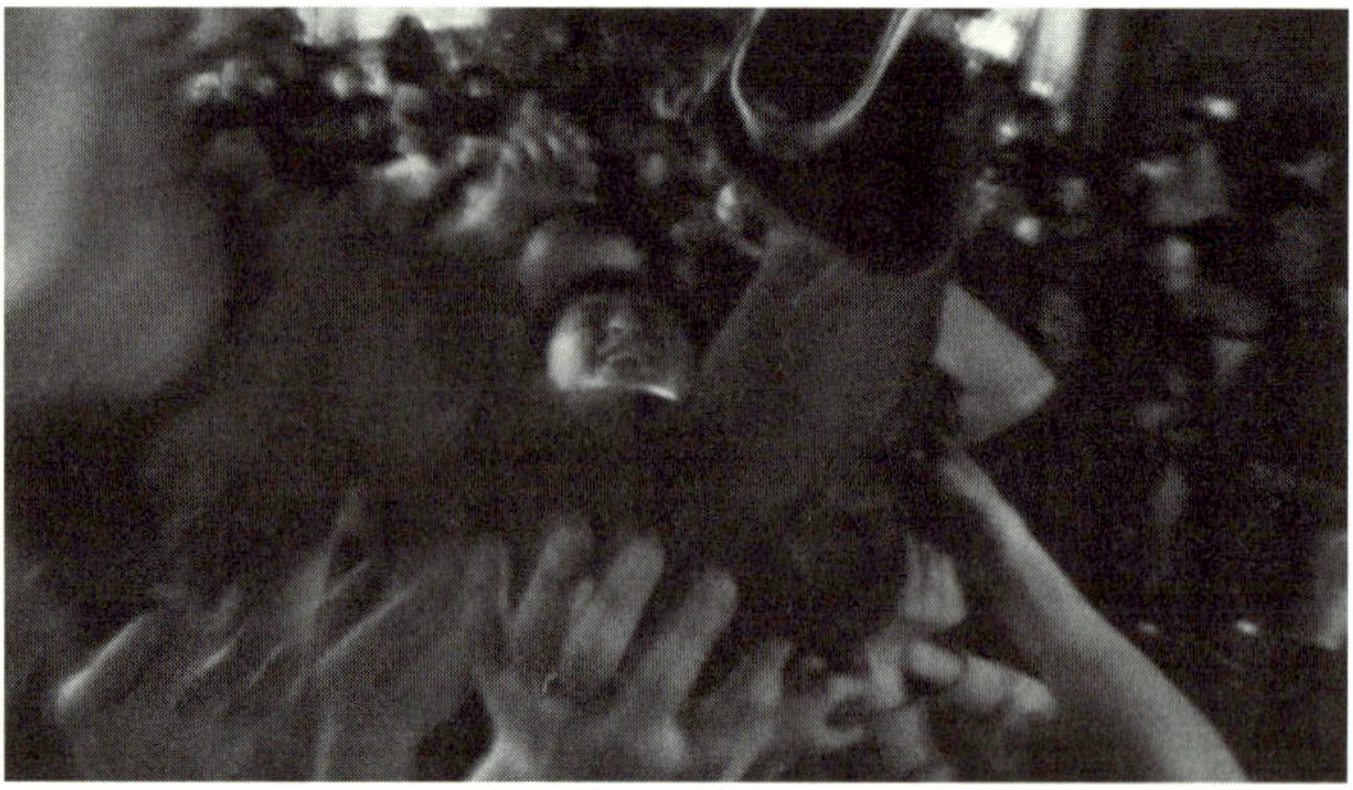

映画『素人の乱』より　杉並区議選に立候補した松本氏（選挙最終日の高円寺駅前）

撮影中、なんとか被写体にカメラを意識させずに撮りたいと、ドキュメンタリーの素人ながらに苦労したものだ。そうしなくては面白いシーンが撮れない。ファインダーを出来る限り覗かずに手でカメラを固定し、直接本人の顔をみて会話をしようと決めた。ならば、こちらの感情もそのまま出した方がきっと良い。結果的に、ホームビデオのような形式となる。これが良くも悪くも私の撮影の根っことなった。

２０１１年3月11日の震災。友人が仙台市でメディアセンターを開設すると聞き、何か力になれればと思い、4月末、カメラを持って現地へと向かった。

宮城県石巻市内、石巻専修大学構内のグラウンドは、県内外のボランティアの一大拠点となっており、ピースボートなどの団体や、個人で参加する人々が色とりどりのテントを並べ、まだ寒さの厳しい中で活動をしていた。テント生活のボランティア活動で、過酷な状況にも関わらず、私が出会った人々は皆笑顔で、とても満足そうな顔をしていた。

「テレビの前でやきもきしている時にくらべたらずっとましだ」と話してくれた人がいたが、その時の私の心境もまさにそれだった。その場にいる皆がその気持ちを共有しているように思えた。

夜、ボランティアの大工さんが作ったという大きなテーブルを囲み、ボランティアのみんなとお酒を飲んでいた私は、隣に座っていた人に言われた一言に凍りついた。

「何もしないで撮影だけやって、何がわかるの。」

石巻専修大学構内のテントにて、食事の時は皆で集まって毎夜酒盛り

撮った映像はこれこれこういう目的のためで、私はこういう気持ちで今ここにいるのだ、と慌てて説明をしたが、どこまでその人の心に届く言葉だったかはわからない。その人に悪意があって放った一言ではないというのはすぐにわかった。それでもずっとその言葉は頭から離れなかった。

案の定、次の日の撮影では、目の前の人に思うように話しかける言葉が出てこず、何を撮っても撮っている気がしなかった。撮ってきた映像を編集している最中、ずっと私は泣きたかった。その時の私には、誰に頼まれたわけでもない、誰にも必要とされていない状況にあって、カメラを回す時の覚悟がなかったのだと今は思う。

撮影者は被写体に手を貸してはいけない、同調してしまっては撮影は不可能だということは前提としてある。被災地で会ったカメラマンの友達は、「ボランティア活動そのものは、自分の仕事ではない」ときっぱり言った。記録することがここでの仕事だから、と。その通りだと思ったが、自分にはなじまない。ここは実際やってみないことには何もわからないな、とようやく気がつき、再度、現地へボランティアとして向かった。そのことできちんと納得できたことがある。

7月の石巻。基礎部分しか残っていない家の跡地に12人で一列になり、シャベルで土を少しずつ掘り起こしていく。おばあさんが木陰に座って作業する私たちを見ている。おばあさんの娘さんは未だ行方がわかっていない。娘さんの形見を何かひとつでいいから見つけたい、というのが今回のボランティ

高台から見下ろす石巻市街（2011年5月撮影）

アへの依頼だった。夏の盛りの炎天下での作業、一時間に一回は水分・塩分の補給と休息を取る。未だ余震が続き、作業時もラジオを手放せないというのも、現地にいかなければわからなかったことだ。休憩に入るとおばあさんはアイスなどを差し入れてくれるので、いっしょに食べながら話をする。最初は娘さんのこと、津波のことを聞いてよいものかためらったが、おばあさんの方から言葉がたくさん出てくる。作業をしないでおばあさんの話をずっと聞いている時間もあった。他のボランティアの人にも聞いたが、最近は話を聞くだけのケースがとても多いという。おばあさんの話を聞きながら、今カメラが回っていたらいいのにな、もったいないなと思う自分がいた。そういう感覚は常にあるし、そういう自分が時に後ろめたくもなる。なんだかだましているようで。その場にいっしょにいて、ことばを紡いでもらう。少し気持ちがわかった気になって、私は、しめた！と喜ぶ。

撮影する過程での一連のそれらはどのように言葉を変えても、やはり撮影者のエゴだと思う。シャベルで土を掘り返しながらずっと考えていた。両方は無理だな、と。ならば、撮影だけをするその非を全面的に認めて、その立ち位置をはっきり自覚しよう、と。例えば凄惨な現場で撮影をするその理由を、映像の重要性を目の前の当事者に説こうとも、きっと心から理解してもらうのは不可能だと思う。その場では映像はなんの役にも立たないから。でも、撮る。撮りたい。それだけだなと、ひっきりなしに吹き出てくる汗を拭いながら強く思った。

そういえば、あの時私の隣に座っていた人とも現地で再会した。「あれ!? なに、その格好！」と、私の上下ジャージ姿を指差し、笑うその目がようやく「お前を認める」となったのを見て、私は安心というかなんというか、そうだよなと深く納得した。撮るだけでわかった気になっちゃいけない。撮り手として調子に乗って大きなことを言いそうになるとき、いつも肝に銘じておかなければと思う。

記録映像がどのような意味を持つのかが、この震災を経て一般に広く浸透したように思う。未曾有の大震災のその瞬間をとらえたのは、マスメディアだけではない。被災しながらも携帯のカメラで撮影し続けた人々によって、膨大な記録映像が残されている。その映像から安否がわかり、家族と再会出来た人もいるし、ずっと行方不明になっていた家族の生前の最後の姿を確認することが出来た人もいる。カメラを持っていると話すと、「この惨状を是非記録して欲しい」と自ら進んでカメラの前で話してくれる人もいた。それは未来の自分への備忘録であると同時にきっと、歯を食いしばって今を生きる同じ被災者の人へのメッセージであると思う。

今私が撮影しているものは全て、何故か自分のためというよりは、今を生きる人々と（もっと大きく言って、未来の人々と）共有するものという思いがある。撮っているそばから、この映像をいつか必要とする人々の存在を強く意識する。大きく時代が変わるその真っただ中にいることを常に思う。だからとにかく撮らなければ、今を記録しなければ。私が今撮っている意味は、きっと未来の人がわかっている。

2011 年 4 月 10 日　高円寺「原発やめろデモ !!!!!」

検証：日本のメディアアクティビズム 第5回

身体的メディアの実践

トーク
五味正彦
模索舎 元代表
成田圭祐
Irregular Rhythm Asylum

進行
細谷修平
Media Champon

▼テレビ、インターネット、飛び交う“メディア”は様々な仮面を装い、「選ばれた出来事」を私たちに押しつけようとする。確かな統制をもくろみながら、そのスピードは加速を続けている。

▼この回では、そこから脱却するであろう、バナー、ステッカー、zine といった手触りのあるメディア、身体との接触を図るメディアについて、模索舎における情報の窓口としての実践、Irregular Rhythm Asylum のインフォショップという実践をみながら、例えばその発生源の 1 つである DIY パンクシーンなどを通して話し合う。

WHAT'S
MEDIA
ACTIVISM?

細谷修平▼今日はゲストとして、新宿にある模索舎の創設メンバーであり元代表の五味正彦さん、それからイレギュラー・リズム・アサイラム（ＩＲＡ）の成田圭祐さんにご登場いただきます。

今日は会場に、粉川哲夫さんが書かれたものをお配りしました。「解放のメディア」というタイトルがついています。二ヶ所、始めにちょっと読んでみたいと思います。

〝メディア〟とは、今日、新聞、ラジオ、テレビなどのコミュニケイション手段を意味するが、メディアとは、もともとは、ラテン語のmediumの複数であり、それは、具体的には〝中央通り〟、〝公道〟つまりは〝人と人が公的に出会う場〟を意味した。（p.186）

解放としてのメディアがめざすべきことは、むしろ、放送現場へわれわれが自分の肉体を使っておもむかざるをえなくさせるような条件をつくり出すことであり、身体性をより一層の嗜眠状態におちいらせるのではなく、身体的可能性を重層的に発展させるようなメディアをつくり出すことである。（p.209）

（粉川哲夫「解放のメディア」『これが「自由ラジオ」だ』晶文社、１９８３年）

メディアと場所、それから身体というものの関わりについて、ここで粉川さんは述べているかと思います。私はメディアについてを考えるうえで、こうしたことがとても気になっています。そこで今日は、この身体、場所、メディアというものがどう関わりあうのか、それを実践してきたであろうお二人にお越しいただきました。先ずは五味さん、よろしくお願いします。

模索舎創設まで

五味正彦▼こんばんは、五味正彦と言います。ちょうど４０年前１９７０年、１０月２８日、現在の場所にミニコミ書店 模索舎をつくりました。当時から、僕らはメディアというもの、或いは自分たちのたまり場というものを、基本的に「広場」と言う風に位置付けていました。なので、粉川さんの言っていることと相通ずる面が多かった。もともと、僕らにとってみれば、広場と言うのは、メディアなんです。韓国でいえばマダン、ギリシアではアゴラという。人々が集い、議論をし、休み、交流をする場所。アメリカやイギリスにも、公園にみかん箱を持ってきて演説をしたりする場所が

新宿西口フォークゲリラ（提供：大木晴子）

あったり。そういうのが広場です。そして、僕らがつくったミニコミというのも、メディアの思想、あるいは広場の思想であったわけですね。

　それから、フォークゲリラ。フォークゲリラの運動というのがありました。それは新宿西口が広場となったわけです。警察が、ここは広場ではなく通路だと言って、立ち止まることも許さなかった。そのやり取りが映像にも残っている。それで僕たちは、同じ新宿にこだわって、広場が通路とされるのならば、自分たちの手でもう一度広場を作ろう、と言うことで、７０年の秋に模索舎をつくったんです。今日お配りした資料、「元代表五味の判断による模索舎史」、そこにある通り、既に自分たちで作っていた出版社（ライン出版）*の会合で、新宿に広場をつくろうとします。この広場には二つの意味があります。一つはミニコミ出版情報の場。もう一つは、人のたまり場である広場。その二つの位置付けを持ったものをつくろうと。正式に言うと、「スナックシコシコ＋情報センターへの模索舎」といいました。

　実は、裏話風に言うと、最初に会議で決めた名前は「ずっこけ書房」だったんです。要するに、対になって

いるんです。「スナックシコシコずっこけ書房」。当時の全共闘的運動の、ちょっとずれちゃった感じが、シコシコであったり、ずっこけだったりした。自分たちにとってみれば、ずっこけることもシコシコやることも、ほぼ同義語としてあったので、そうつけたんですけれども、出版社へあいさつ回りしたところ、「ずっこけ書房なんて名前だったら、すぐにずっこけて夜逃げするにきまってるから本を出せない」って言われた。

それでもうちょっとまじめな名前にしようということでつけなおしたのが、「情報センターへの模索舎」です。

模索舎の原点はこれです（手に持って）。当時の僕たちのつくっていた『学生による行動する総合誌　摸索』*。いわゆるノンセクト

配布資料）

元代表・五味の判断による模索舎史

1970年夏　ライン出版総会にて、新宿に「ミニコミ販売スペースもある広場＝たまり場」づくりを決定。

1970年9月　現在地、当時の新築ビルと契約。約12坪（今のままのスペース）を賃借する。

1970年10月28日『スナックシコシコ＋情報センターへの模索舎』開店。

1972年4月29日　シコシコ閉店。

1972年5月22日　全スペースの改築を自力で、模索舎へ変更。コーヒー等が飲めるカウンターを残し、名称を『情報センターへのシコシコ・模索舎』とした。

1972年7月26日　警視庁四谷署（実態は公安）、模索舎を捜索。『四畳半襖の下張り』と題するパンフ65冊を押収。

1972年7月28日　代表・五味正彦、捜査・押収への抗議のため、四谷警察署に行ったところその場でタイホ。舎員・小林健も数日後、タイホされた。

1972年8月25日　弾圧と2人のタイホ・起訴に対し、反対運動盛り上がり、四谷公会堂にて「叛春本退治、四谷性談」開催。集会直前に2名保釈され集会へ合流。

1973年3月23日「模索舎『四畳半襖の下張り』裁判」東京地裁で第一回公判始まる。

1976年12月23日　地裁判決。有罪。

1977年秋　地裁判決も出、裁判で言うべきことは言ったという感もあり、ミニコミの内容も納品者との関係も変わってきた、との実感により、関係者も交え「それまでの模索舎運動の総括・解体」している最中、取材もなく勝手に朝日・毎日新聞等に「閉店を決定」と誤報道される。

1979年3月　店頭・店内全面（半分程？）改装。再出発し続けることとなった。いろいろ運営方法・名称等変わった。
・代表制廃止 五味代表 → 一舎員へ
・名称 情報センターへのシコシコ・模索舎 → ミニコミ書店・模索舎 へ等々。

1980年10月　模索舎10周年記念出版。『模索舎に納品された自主出版物総目録 70・10~80・7』上巻完成。下巻は81年2月刊。

1987年　模索舎運動の中から、五味が中心になって別組織（会社）として『ほんコミ社』設立。

1989年　五味、模索舎の運営から完全に離れる。

の学生の交流情報交換理論誌です。厳密に言うと模索の「模」という字が違う。本来は暗中摸索は手偏なんですが、たぶん当時の常用漢字にはなかったり、タイプ印刷や活版印刷は常用漢字ではないので拾えなかったんで、仕方なしに木編になったという経過があります。

＊ライン出版は石垣雅設（現在、野草社・新泉社代表）、『模索』は実方藤男（現在、京都・にんじん食堂）が代表又は中心スタッフで、五味は少々協力した程度だった。

模索舎創設まで

細谷▼ライン出版総会にて新宿に「シコシコ＋模索舎」をつくったということなんですが、このライン出版総会というのはどのくらいの規模であったんですか？

五味▼３０名から５０名。模索舎のメンバーともだぶっていました。逆に言うと、模索舎をつくったメンバーの源流は三つあった。一つはさきほどのミニコミ『摸索』をつくったノンセクトの行動する学生部隊、その母体はべ反学連です。それからライン出版に集まったメンバー、それからもう一つが、総会屋雑誌『構造』の編集部とそれを支えてた読者グループ。

細谷▼ライン出版に関わりますが、ここに『メディアの政治』（１９７４年）という当時の論客の一人であった津村喬さんの本があります。津村さんの模索舎との関わりについてお聞きしたいのですが。

五味▼ライン出版の一冊目の本は、津村喬『魂にふれる革命』（１９７０年）です。津村喬という人の一作目は、『われらの内なる差別』（１９７０年）。三一新書で、半分くらいが書き下ろしでした。『魂にふれる革命』は二冊目。『メディアの政治』は確か四冊目か五冊目です。当時津村は、僕らの仲間の中では大変な書き手・論客で、ガリ切りの名手でした。ガリ版で通信なんかを作ることをガリ切りと言います。フリーライターで評論家の鎌田慧さんも、早稲田の第二文学部の学生のころはガリ切りで、当時の言葉では筆工というのかな、それで学費を稼いでいたという話を本人から聞いています。

津村喬の『魂にふれる革命』は、当時「ビラビラ集」と言っていました。偉そうに学者がつくる論文集ではなくて、闘争の現場で様々なビラを出す、ガリ版を切ってビラを作るわけですが、そのビラを集めて一冊の本にしたもので、内容的には日本とアジアの関係等が多かったように思います。大学を解体するとか、アカデミズムを解体するというような内容。模索舎をつくる一番大きなきっかけとなったのが、ライン出版でこの本を作ったこと。要するに、先に本を作っちゃって、それから売る方法を考えた。最初、本屋に持っていったら、先ずは取次店に持って行きなさいと言われた。取次店と言うのは本の問屋です。トーハンとか日販、大阪屋、あるいは栗田出版などいくつかあります。そういうところを通してもってきなさいと。それで行ってみたのですが、一作目の本を作っても将来どういう出版計画があるのかわかんないような出版社とは、取引をしてくれないわけです。それ以前に僕らは『摸索』というミニコミも作っていたわけですけれども、そういうものについてはもちろん取次店では扱ってくれない。もっともらしい立派な本や雑誌じゃなきゃ扱ってくれないわけ。それだったらば、自分たちでもって自分たちの販売流通拠点を作ろうと。それが模索舎の原点になるわけです。ミニコミであれ、本であれ、雑誌であれ、自分たちの手で流通販売しようと。

細谷▼なぜ今日この『メディアの政治』を持ってきたかというと、津村さんがこの本の中で、書き手と読み手の関係について書いています。書き手が優位に立っていないか、読み手という存在についてを考えないといけないんじゃないかという。そうした関係性を言っていますが、そこのところを模索舎というか五味さん自身はその頃どのように考えていたんでしょうか。

五味▼岩波『世界』に代表されるアカデミズムの出版というのは、簡単に言うと、読者に判りやすい論文を載っけるのではなくて、判りにくい論文の方が価値がある。極端な話、ある大学の教授が論文を書きます、編集者に見せます、編集者がふんふんと読んで、先生良くわかりますと言うと、書き直して難しくしちゃう。基本的に当時の偉そうな本や雑誌は、普通の人にはわからないように書く。解らなければ解らないほど権威になる。そういうものを解体しようという思想が最初からありました。だから「ビラビラ集」を自分たちの出版の最初にしたわけです。

模索舎は基本２５歳以上からは出資をしてもらわな

い、あるいはメンバーになってもらわないという基本原則を決めていました。当時僕は24歳。今は64歳だからちょうど40年前。で、25、6歳の仲間がいました。彼らは仲間だから例外。それ以外に『われら戦無派』（毎日新聞社、1971年）という本を出した池田信一という人は、たった一人の例外でもって総会メンバーになってもらった。彼が『われら戦無派』で全国の若者たちの運動を紹介している、そのネタ元は半分ぐらい僕らだった。だからほとんど仲間、なので彼だけは例外でした。もう一つ、彼は支配するとか政治的な意識が全くなかった人なんですね。僕らの飲み友達。当時僕らが模索舎やシコシコで、学者とか社会運動家に出資協力をお願いすると、必ず出資してくれるという確信はあったんですけれども、でもそうすると、25歳以上の人たちは無意識的に金を出して支配するという傾向があった。なので、僕らはあえて自分たちだけで金を集め、自分たちだけで作るという25歳原則を内々で決めていきました。

　支配の構造を断ち切って横につながっていく。横につながる時に、縦に絶対にしない。これは相当強い決意を持っていないとできない。

細谷▼模索舎はずっと自主出版物を扱っているわけですが、今年3月に40周年記念のイベントをやったさいに、自主出版の「自主」というのはもともと自主上映などのイベントに関わっていたところからとお話しされていましたが。

五味▼当時、ミニコミという言葉は既にありましたが、「自主出版物」というのは模索舎の造語なんです。10周年記念でつくった自主出版物総目録。これは厳密に言うと『模索舎に納品された自主出版物総目録』で、自主出版物とは要するにミニコミのこと。ミニコミと言うのを敢えて自主出版物という言い方にしたんです。たまたま模索舎をつくる前、私が代表でベ反学連というノンセクトの学生運動をつくった時、その事務所を間借りしていたのが、その後、小川プロという独立プ

スナックシコシコ＋情報センターへの模索舎
店内のようす

ロの映画団体になる人たち。早稲田にありまして、三畳間くらいの事務所で、そのころは「自主上映組織の会」という名前です。で、何で自主上映なのかというと、当時映画界は五社協定というのがあって、上映する映画館も俳優も、映画会社の許可がなければ自由にできない、ブロックブッキング、そういう非常に閉鎖的、独占的な上映方法をとっていました。日本の出版界をみても、出版社の数が多いだけでもって同じことなんだと思いました。ですから、既成の流通に対して、ゲリラ的にやっている僕らのミニコミ活動・出版活動を、自主上映から言葉をいただいて「自主出版」と言った。そうした閉鎖的な体制に対して独自の穴をあける運動に、自主出版という言葉を使ったわけです。

細谷▼ちなみにこれは、模索舎の初期の写真です。ここでじっさい自主上映をやっていたんですよね。

五味▼たぶんこの時は全体の１２坪の内、模索舎が入り口から見て右側三分の一、左側の三分の二の９坪がシコシコだった。カウンターも含めて２６席くらいあるスナックだったんですけれど、その奥の空間がちょっと広い。つめれば１０人くらい入れる空間で、そのまた奥にスクリーンを付けられた。その空間でフォークやったりロックやったり。壁面は展示会になったし、その奥のコーナーを使って入り口から人が一杯入ると、地べたも含めて３０名くらい入れたので、小川プロの全作品上映もやりました。小川プロ以外にも「自主上映組織の会」の関係で、

スナックシコシコ＋情報センターへの模索舎　入り口（撮影：福島菊次郎）

東陽一や土本典昭の映画なんかも上映したような気がします。壁面での展示では、一発目がキューバ大使館から提供してもらった、ゲバラのポスター展。話を持ってきたのは藤本敏夫だった。これがものすごく当たりました。日本にはないサイズの、全判よりも大きいポスターです。これはホントに優れた、いま見ても最高の作品がたくさんあります。当時キューバは、国際的な協会などに入っていなかったんで、著作権がない、自由に使ってくれと言われました。僕らの仲間でもってずいぶん模写して、ゲバラのポスターを作ってた。

細谷▼模写して作っちゃうんですか（笑）

五味▼写真撮って模写して、シルクスクリーンで、同じサイズのやつを作ってました。模索舎ではないんですが、それはそれで一つの資金源になってました。展示は、二番目がベトナム解放戦線の子供たちの絵画展。提供してくれたのは、国民文化会議（代表・日高六郎。五味は当時、国民文化会議の専従職員とシコシコ＋模索舎代表を兼任していた）。三番目が日本で最初の南京大虐殺資料展。これは中国大使館がまだなく、日中友好協会（正統）永福支部提供の作品展です。シコシコが日本のアジアへの加害者論を展開する場所となりました。

文化ネットワークの形成　表現と権利

細谷▼小川プロとの関わりのほかにも、ある種の文化運動との関わりというところで、例えば黒テントも関わりがあったわけですよね。

五味▼黒色テント評議会。評議会だから議会があって、初代議長が佐伯隆幸、二代目が津野海太郎、三代目が佐藤信、四代目が今でも、もう議長とは言わないで代表ですけれども斎藤晴彦です。当時からいろんな交流がありました。

僕らはミニコミの全国の交流拠点になっていましたから、全国にそういう広場的・たまり場的な機能がどんどんできてくると、そういう情報が入る。例えば秋田だったらば安倍甲という代表がやっている無明舎、現在もありますけれども出版社であり、当時は学習塾であり、黒テントも含めて様々な演劇グループの泊まり場所であった。そこでは横索舎の情報と黒テントの情報と、そのほかテントみたいなものが自然に一か所に集まる。地方は東京のように様々なセンターがあるというふうにはいきませんので、一つのセンターが多様な機能を持っている。京都なら、ほんやら洞。金沢なら、もっきりや。皆、当時の友人がやっていて、今もあります。ちなみに京都のほんやら洞と金沢のもっきりやというのは、当時の大工集団というのが造りました。大工の中には岡林信康や吉田日出子、室謙二なんかもいて、彼らは、僕らがシコシコ＋横索舎をとんかちつくっている最中にも覗きに来てるんですけれども、全く手伝わないで冷やかしだけで帰って行った、40年たった今でも怨みに思っています（笑）

細谷▼先日もこうした話を少しお聞きして、私が「そういうネットワークがあったんですね」、といったら、五味さんから「当時はネットワークと言う言葉がなかった」って言われて。当時は「人民の網の目」と言っていたそうですが、そういう情報交換できるつながりみたいなものができていたわけですか。

五味▼僕らは左翼の中にもあった縦型社会性を破壊したかったわけです。それは横につながるということ、横につながるとは、つまり網の目状につながるしかなかった。僕ら横索舎はそれに「民衆の網の目」とか「人民の網の目」っていう言葉を使っていた。あまりはやりませんでしたけど。ネットワークと言う言葉が輸入された時、何だ僕らが言っていた網の目と同じ意味じゃないかと思ったわけです。

ミニコミと雑誌、演劇活動や映画活動などは相互に融合しているわけですね。例えば、街コミの元祖の元祖は『話の特集』という雑誌。廃刊になりましたが、その雰囲気の一部分は『週刊金曜日』という週刊誌で月に一回くらい「話の特集」の頁があって、読むことができます。その『話の特集』の編集部にいた本間健彦という人がつくったのが、『新宿プレイマップ』です。

細谷▼この『週刊アンポ』、表紙デザインは粟津潔さんですね。（手に持って）

五味▼粟津というと、必ず指紋と亀と放射線（？）がでてくる。これはちょうど指紋と放射線を合わせたみたいな感じですね。『週刊アンポ』は週刊とは言っても、実際は隔週刊。表紙は粟津や横尾忠則をはじめ、当時

（上）『週刊アンポ』創刊号
1969年11月17日

（左）『週刊アンポ』13号
1970年4月24日
A2サイズ・四折りポスター

一流の画家・イラストレーターに描いてもらっています。創刊当時からこういう週刊誌スタイルで、最後の方の号は開けるとポスターっていう形になってる。街に出ようという感じで、4・28の集会に集まろうというポスターになっています。

細谷▼このころのミニコミや冊子を見ると、「一緒になって活動しよう」とか、「集まれ！」とか、「俺もやるからお前もやれ」という具合に、行動を呼び掛けていますね。

五味▼自分はこうであるということと同時に、人に必ず呼び掛けると言うのが、ほとんどのミニコミに入っていました。それから、当時から常に力を持っていたのは文芸同人誌系のミニコミ。これはもうミニコミの底流にある。表現したい人と言うのは常にいるし、作家の登竜門としての同人誌、いまだにこうしたミニコミがあります。

　模索舎を作った時から今日やっている人達までの、揺るがないルールが一つあるんです。持ち込まれた出版物はすべてその内容如何を問わず取り扱い販売する、ということ。今は無審査・無鑑査と言う言葉を使っていますが、同じ意味です。内容チェックして猥褻だから売らないとか、政治的に主張が違うから売らないということはしない。要するに置き場であり広場であって、選ぶのは買う人である、読む人であると。そうして徹底的に権利にこだわる。どういう権利かというと、憲法２１条、言葉は正確ではないですが、出版という表現活動や商いを取り締まってはいけない、検閲はこれをしてはならないとはっきりいっています。わざわざ憲法でもって一つの商売を、あるいは一つの表現を具体的に規制してはいけないと規定している。ですから、これを絶対的自由権であるという風に当時の僕らは考えて、私たちがやる以上はそういうものを当たり前のルールにしようと。これは日本に於いてはそれ以前もそれ以降も模索舎以外にはたぶんないので、そういう意味で非常に主張を持った広場である、空間であるということは、今でも誇りを持って言うことができると思います。

細谷▼メディアというものが人の集まる広場として存在した、あるいはそこで活動している人たちがいたということを今日は少しでもお話し頂けたかと思います。五味さん、ありがとうございました。

DIYパンクシーンの躍動

細谷▼続きまして、模索舎と同じく新宿にイレギュラー・リズム・アサイラム（ＩＲＡ）というインフォショップがあります。今日はその成田圭祐さんにお越しいただきました。

成田圭祐▼よろしくお願いします。解りやすく言いますと、模索舎の国際版という感じでしょうか。だいたい同じコンセプトでやっているお店です。ただ、僕の場合はバックグラウンドが違います。大学の運動に関わった経験もありません。ではどうしてこういう風に、政治的な活動やアナーキズムの運動に関わるようになったのかとよく聞かれますが、僕の場合は、音楽の影響です。そうやってひと言で言ってしまうことには少し抵抗がありますけれども。音楽の影響からっていう人は結構いると思います。例えばクラッシュとかレイジ・アゲインスト・ザ・マシーンだとか、そういうメジャーで政治的なアーティストというのはいっぱいいると思うんですが、そういう人たちというのは有名過ぎて、僕自身が何かを始めようとするときには何の役にも立っていないんですね。では、自分が影響を受けてきたものは何か、振り返ってみると、さっき五味さんも言っていましたが、パンクの中でも縦社会、有名な人がいて、そこからファンがピラミッド型を形作るようなシーンのあり方に疑問を持つ人たちがいる。そういう人たちがバンドのほかにミニコミ、ジン（zine）というものをつくったり、ライブを自主的に非商業的に企画したり、あと音楽をリリースする自主製作のレーベルをやったりするのです。そういう人たちの、規模の大小の差はありますが、一つ一つの点が網上のネットワークで結ばれた、音楽シーンというよりはもっと生活、パンクとしてのライフスタイルを生きていくような人々がつくるシーンが存在しているんです。

　その中から僕はいろんなことを学びましたし、一緒に何かを作りあげる人を見つけました。それを今回ＤＩＹパンクシーンと呼んでいます（ＤＩＹ＝Do It Yourseif）。例えばフェミニズムとパンクの結びついた「ライオット・ガール」っていうムーブメントがあったり、「ストレート・エッジ」という禁欲主義的な思想を持ったハードコアのシーンがあったりしますが、細分化したシーンを一緒くたに、今回はＤＩＹパンクシーンと呼びます。

　今日観る映像は、ラテンアメリカから移民としてアメリカに移り住んできた人たちがつくっているパンクシーンのドキュメンタリーです。そのＤＩＹパンクシーンの基礎となる考え方と言うのは、横につながりを作っていくということです。メジャーを目指さない。メジャーレーベルにとり上げてもらうのを期待して活動するのではなくて、横に国際的なネットワークを作りながら、自分たちの活動範囲を広げていく。このラティーノ・ハードコアのドキュメンタリーを見ることで、ある程度ＤＩＹパンクシーン全体の動きも把握できるのではないかと思います。３０分ぐらいです。

上映・『Beyond The Screams / Mas alla de los gritos』

『Beyond The Screams / Mas alla de los gritos』
（Mertin Sorrondeguy,1999 年）

細谷▼ホントに型破りで、自分たちで一つ一つ作っていて、その中にはいろんなものがありますね。バナーであるとかＴシャツであるとか、チケットもそうだし、ライブ空間自体もそうだと思うんだけれども。大きく考えれば、全てのメディアを自分たちで発明しているというか。

成田▼そうだと思います。あと、基本的にパンクシーンに来るキッズっていうのは、要は学校とか会社からのドロップアウトですよね。彼らが社会に対して自分の声をつかむ、そして、自分のできること、違う社会、違う生き方、そういうものを見つけていくコミュニティーとして、パンクシーンというのは機能している。それはとても大事なところです。今のいわゆる新しい社会運動といわれているようなもの、パンクの人がほんとに多いんですけれども、この辺はあまり語られないし、知られていない。まあ、敢えて言わないことが多いですが、実際そうなんですよね。

そしてそれは世界的な流れでもあります。いま観てもらったのは１９９９年の映像作品です。いわゆるシアトルの反ＷＴＯの闘争があって、そこでわりと変わったっていう伝えられ方が多いんだけれど、パンクシーンとしては、それ以前から日常的に別の社会のあり方を模索してきました。今観たのはラティーノの話ですけれど、いろんな細かいシーンがそれぞれ別個に存在しているわけではなくて、緩くつながりながら世界的に結ばれていて、実際この映画を作ったLOS CRUDOSっていうバンドも、１９９６年に来日ツアーをしています。それから日本のバンドも海外に行って、いろんな場所でツアーをしている。だから今日もどこかで何百ものバンドがツアーをしてるんです。基本的にこの移動というのが、パンクの中ではすごく大きくて、それが確かなパンクのネットワークをずっと作ってきました。メディアのほんとに原始的な所にある、移動を止めない、それが彼らが力を持っている理由だと思います。

細谷▼実際、ＩＲＡにもいろんな人たちが立ち寄りますね。

成田▼そうですね。うちに来る人も、こういうＤＩＹパンクのシーンに関わりを持つ人が多いです。例えばこのまえも、山谷でトラウマサポートのワークショップをやっていたスウェーデンの活動家も地元ではハードコア・バンドをやっています。あとは、例えばこのまえ素人の乱の松本哉さんがヨーロッパツアーに行きましたが、ヨーロッパで松本さんに関わるいろんなイベントの企画をしたのもこういうシーンに関わる人たち。インターネットで検索してもあんまり出てこないし、本にも書いてない、学者も知らないし、あんまり気づかれないことなんだけれども、今のアクティヴィズムの世界的な動きの重要なバックグラウンドとして、こうした流れがあるということは知っておいてもらえるとすごくうれしいなと思います。

ＩＲＡという場

細谷▼ＩＲＡはスタートして１０年くらいですか。

成田▼７年ですね。ライブに行くようになって、日本にも水平的に協力し合ってつくるパンクのシーンというのがあって、その中でジンを作っている人がいるというのを知りました。バンドをやらない人でも、ただのファンとして関わるのではなく、自分も一人の表現者としてバンドと対等に関わる。自分の声を発する場がステージ以外にもあるということに、すごい励まされました。それで僕もジンを作り始めて、自分の日常的な感想であるとか政治的な意見であるとか、いろんなことを書いてライブハウスで配ったりしていました。それがバンドの人とかと知り合うきっかけにもなって、彼／女らのCDなどを僕が通販やライブハウスで売って、そのかわりに僕のジンを売ってもらったりとか、そういうことをやりながら、いろんな地方に知り合いをつくっていきました。

そういうネットワークが、非常に簡単なところから始まるんですよ。立派な本を出すとか、立派なCDを出すとか、そういう考えにとらわれないで、もっと気軽に自分が簡単にメディアになれるというのを知ったのが、こういうDIYのパンクシーンでした。

細谷▼僕はこの一年、模索舎に頻繁に出入りしていたのですが、なんでかというと、手作業のメディアというのにすごく興味があって、もちろんインターネットもやるし、映像をネットにアップしたりもするんだけれども、実は手作りというかクラフトワーク、そういったところでのメディア、ジンであるとかミニコミであるとか、そこでのコミュニケー

NU☆MAN with 鍋

ションというのをもう一回考え直さなければいけないんじゃないかなというのが、この情報社会においてすごくあって。

例えばＩＲＡではNU《ヌー》☆MAN《マン》があったりしますけど、そういった作業を通して人が集まったりしている。何でもいいと思うんだけれども、例えばこの時期は鍋をやりたいと、「みんな、鍋やろうぜ！」って言って集まった時に、鍋が一つのメディアになると思うんですよね。そこまで考えていいと僕は思っています。

成田▼そんな感じでやってますよ、NU☆MANっていうのは、お裁縫の集まり。すごい下手っぴな人が集まるんですけど（笑）

もともとたまり場がほしくって、たまり場は場所をつくればそれでできるんですけれど、単純に呑みの場になるっていうのにはもう飽きたんですね。まぁ呑んで楽しいのはいいんですけど、そのあと残るのが空き缶だけみたいなのって、すごい虚しいじゃないですか、はっきり言って（笑）

それはもう嫌だなと思って、どんなものでもいいから形になる集まり、そういうものをやりたかった。あと、基本的にいつも考えるのは新しい価値観の創造、そういうことをやれる場にしたい、と。今、ファッションはこういうものを買わなきゃいけないとか、新しい服着てないと気まずいとか、支配的な価値観がいろいろある。けど、それはもうどうでもいいじゃん、っていうような。自分たちの力を実感できるような価値を創造し、共有していくこと、コミュニティーっていうのはそういうことだと思っていて。

コミュニティーとメディア

what's media activism?

細谷▼皆で縫物したり、鍋つついたりとかそういった時間と、テレビで15秒・30秒のＣＭとかのスピード、速さの時間の流れっていうのは、明らかに違うもので、自分たちの時間というか本来の時間を再発見したり、取り戻さなければいけないのかなというのが考えるところとしてありますね。

インターネットにしても、ユーストリームとかツイッターとか、すごく速い速度で情報が流れる。それはそれで利便性はあるのかもしれないけれど、そこには決められた枠があって、その決められた枠の中でやっていくわけですよね。それだとそこでの作業というのは、どんな形であれ、資本や体制に回収されてしまう危険がいくらでもある。そうじゃなくて、その枠を取っ払ったところで、自分たちのやりたいことを自分たちの時間の流れでやっていく。そういったことを手作業のメディアというところだけではなくて、電子メディアのところでも考える必要があると思います。

成田▼そうですね。メディア。発信する方法はもう考えなくてもいいんじゃないかなと思っていて。というのは、コピー機もあるし、ユーストリームとか、ユーチューブもあるし、もうそれでいいじゃないですか。要は発信するのが誰かということだったりする。以前、〈アワープラネットTV〉のアメリカ訪問記、メディア活動の映像を見たんですけど、発信する人がどっかのコミュニティーの人というか、基本的にコミュニティーがベースにあって、このコミュニティーの人達が声を伝えたがっている。でも、日本にはいわゆるコミュニティーっていうのがなかなかない。

　それが大きい違いなのかなあと思いました。グループはあるけど、グループとコミュニティーってやっぱり違うんですよね。グループっていうのは、例えば週末だけ会うとか、一時的に集まってまた消えていくもの。そういうものは幾らでもできるんだけれども、コミュニティーって生活に根ざすものだから、すぐに出来るものじゃないけど、やっぱり大切です。コミュニティーというのは、さっきの粉川さんの文章にもあったけれど、路上の開放度とすごい密接につながると思う。日本は路上がすごく規制されていることがコミュニティー

WHY I ♡
カラオケ
PACHINKO
東京
I ♡ Tokyo for many reasons; the parks, the streets, the food...
...but mainly, I ♡ Tokyo for the Irregular Rhythm Asylum.
イギリスからきた19歳の旅人が残していってくれたジン

の生まれづらさの一因なんじゃないかなと思う。

細谷▼インフォショップって、もともとは公園であるとかそういったところでの恒常的な情報交換、ある種の「公の空間」がなくなっていったことで、じゃあ自分たちでインフォショップをやろうというのが一つにはありますよね。

成田▼まさにその通りです。それで、そのインフォショップって、ほんとに世界各地にあるんです。社会センターとかスクウォットとかも同じ機能を持ちますが、コミュニティー・キッチンやライブなどで人が出入りして、そうやってどんどん活性化されていく。ＩＲＡも世界各地から訪問者が来て、いろんな情報や知識を落としていってくれます。

　だから、生活のための知識や技術やものを共有できる場とともに、身軽に移動する身体性も大事だと思ってます。

パンクと飯

成田▼それから、パンクの場合は、においもメディアかなと。

細谷▼におい？

成田▼臭いんですよ。

細谷▼臭い！（笑）あ、そういうことですか。

成田▼はい。これ、友達が作っている『オプショップ・アンド・ウィートペイスト』という素晴らしいジンなんですけど、ここにサンフランシスコのパンクシーンのことが書いてあって、サンフランシスコのベイエリアのパンクが臭い、と。その基準がいろいろあって、初級者は「古くなってツンとするチェダーチーズの香り」。中級者になると「腐った卵を犬のおしっこでマリネにした香り」。で、上級者になると「赤ちゃんの嘔吐と野球場のマスタードに漬けられた腐乱死体の香り」

（会場笑）

細谷▼きついですねぇ（笑）

成田▼まぁ冗談なんですけど。でも実際に、においでつながる人っている。前にニューヨークからダンプスター・ダイバー（ゴミ箱漁りで食べ物を得る人）の二人組が来て、一切金を使わずに二ヶ月くらい日本に滞在してたんだけれど、彼らがパンクのライブにいって、日本のパンクの子のジャケットのにおいをかいでいきなり「あぁ、このにおい！」って、懐かしがって、それで友達になった。あとパンクの人はバンドのロゴや政治的なメッセージをプリントしたパッチを服やバッグに縫い付けていますね。それをきっかけに会話を始めることも多いです。ステッカーもよく作ります。

アメリカにディス・バイク・イズ・ア・パイプボムっていうバンドがいて、日本語で言うと「この自転車はパイプ爆弾です」っていうバンド名で、彼らのファンが自分の自転車にバンドのステッカーをくっつけたんですね。それを普通に空港の近くで駐輪してたら、警官がそれを見つけて大変だってことになって、二時間くらい空港が閉鎖される。大事件になったんです。これは日本でも報道されました。ふざけた名前が多いんですね、基本的に。

あとまぁ、五味さんも言ってましたし、さっきのドキュメンタリーを見ててもわかると思いますけど、難しい言葉は使わないです。ややこしくして権威づけるってことはしない。ひたすらストレートに怒りや不満を表現します。そういうのがアートワークにも出てるかなと思います。

それから、パンクシーンと密接に関わる政治的な活動はいくつか挙げることができます。ヨーロッパだったらスクワットムーブメント、アメリカだと「フード・ノット・ボムズ」です。路上の無料炊き出しです。こういう活動への資金カンパをパンクのバンドがレコードを売ることで集めたりします。僕もそういうレコードから各地の様々な活動を知りました。

彼らがこういうことに関わりを持つのは、むしろ自分の欲望というか、生活の一部として、無料で食事をしたいとか、仲間と会いたいとかそういうところから関わる人も多い。インドネシアとかフィリピンで「フード・ノット・ボムズ」をやってる若者の多くは、パンク経由で知った「フード・ノット・ボムズ」を自分たち自身でも始め、そこからアナキズム運動へと展開させていきます。インドネシアでは、街ごとに必ず「フード・ノット・ボムズ」がある。そこを拠点にいろんな人が出会い、一緒に飯を食い、ライブをする。そういうライフスタイルが出てきている。だからアジア方面のアナーキズムを考えるときに、パンクとの関わりは決して無視できない大事なところなんです。

細谷▼飯を食うっていうのがすごく重要ですね。

成田▼そうですね、しかも路上で。

細谷▼鍋一つあったらできますからね。私的な話で申し訳ないですけれども、僕も大学でサークル棟にいた時に、夜中つまんねぇなと思って鍋をやるんですね。そうすると全然知らない人が来る。だからほんとに鍋って面白くって、こんなに人を寄せ付けるのかって。酔っぱらっていただけっていうのもあるかもしれないですけれども（笑）だから食い物っていうのはありますね。

成田▼他人と一緒に食事をする機会を作るという試みは、たいていのスクウォットや社会センターで行われているし、ベルリンだったら、ほぼ毎日どこかのスクウォットで、カンパ制の食事を提供しています。日常的に仲間と会える環境と食事、これによってコミュニティーが形作られている気がします。その影響もあって、お裁縫の集まり、NU☆MANでもご飯を作って皆で食べているんですけどね。

細谷▼五味さんから見て、ＩＲＡの活動とかはどういう風に見えますか？

五味▼僕は、今の話、随分共感するところが多いですね。何やってるか全然知らなかったんですけれども、何となくわかったような気がします。あるいは素人の乱の松本君たちのやっていることとか。法政でやっていた「法政の貧乏くささを守る会」とかも、何かどっか共通する点があるように思いますね、世代を超えて。もう僕は６４だけれど、素人の乱とかもわくわくするね。僕らの場合でいえば、シコシコというやっぱり食べられる場を作った。ただしその頃、僕らの時は、安ければいいという発想で、安全な食であるとか無添加だとかには意識的ではなかったです。

それから、僕らの頃は学生新聞なんだよね。許可制の時代に、無許可で新聞を作るというのがゲリラ的に当たり前にあった。だからそういう表現活動は、立て看板とかポスター、ビラを作るとか、今のデジタル型だけじゃない、そういう多様な表現活動があってもいいんじゃないかなと思うし、やっぱり肉体でのデモというのが、僕はね、一番究極で基本的な形だと思う。

細谷▼これまでの回はわりと電子メディア、インターネットとかビデオとか、そういった話が多かったんですけれども、今日は少しでもメディアの枠を取り払う方に向けたかと思います。ありがとうございました。

（２０１０年１２月１６日　於／素人の乱・12号店）

発信する側が好きなだけ楽しんで遊ぶこと　▼　細谷修平

ある日のこと。友人と模索舎で待ち合わせをした。店に並ぶ本のいくつかを手に取っては勝手なことを話した後、友人とふたり新宿の街を歩き始め、改装中の元・洗濯屋のビルへと向かう。その後に改装を経て、カフェ☆ラヴァンデリアとしてオープンするその場所には、ＩＲＡのナリタ氏をはじめ、みた顔が揃って話をしていた。

どうやらこの日は何かの企画会議だったらしく、一緒に来た友人もそれを知っていて私と待ち合わせをしたらしい。つまりはとてもラフな集まりだ。

Ａ３サイズの紙をＡ５サイズまで折ったりして、「ここに店の案内、ここにマップ、ここは自由な欄でどうか？」とか「一カ月のイベントカレンダーにしたら使える」といった話が飛び交い、どうやらフリーペーパーをつくろうとしているらしい。

「しかしやっぱり、〝なんとか〟っていい名前だよね、全然意味わかんないし」。そんなことを誰かがいうと、皆一斉に笑い声を上げる。確かに〝なんとか〟というのは意味がわからない。思いつかなかったり思い出せなかったりするから〝なんとか〟と言うわけだが、それを名前に持ってきたのでは、未定のままなわけである。

斯くしてその翌月あたりには、輪転機で刷って一枚一枚手で折られた「東京にある勝手な奴らの店の総合情報誌 tokyo なんとか」が配布され始めたのであった。

こうして発信する側が好きなだけ楽しんで遊ぶこと、これがメディア活動には必要だ。そうでなければ、受けとる方もシラケてしまう。それから、広告びっしりとかキレイにレイアウトされたようなピカピカなものではなく、手作業でどこか肌触りを感じさせるものに人は惹かれるし、そこには受け手が介入する余地も残されている。

顔の知れたメディア活動は、そのぶん強度のある活動といえるだろう。街を歩き、そこから得た感覚を発信する。その強度ゆえ受け手の介入に構える必要はなく、受け手はまたいつでも送り手となる。そうして、送り手↕受け手という関係を、送り手＝受け手となるように試行していくこと。

第五回のトークは、こうした人を巻き込むメディアの楽しさを確認させてくれた。

こんなパーティ見たことない
――実店舗の無い ZINE 屋、特別な日を振り返る

野中モモ　Lilmag

「ZINE（ジン）／ミニコミ／アーティストブック　多種多様なインディペンデント・パブリッシング　世界の同人誌・同人誌の世界　アートとサウンド　クラフトとD.I.Y.……　などなどを扱う小さなオンラインショップです」という挨拶のことばを掲げて「Lilmag（リルマグ）」を開店したのは、2007年のはじめのこと。その前年に5年あまり暮らしたロンドンから生まれ育った東京に帰ってきて以来、あらたな人間関係が築かれるなかで手元に集まってきた魅力的な自主出版作品の数々を、もっと多くの人々のもとに届けたいと思ったのだ。

　商業出版の大きな書籍流通システムの外側で、さまざまなかたちの自主的な出版活動が実践されている。日本の場合、ミニコミ、同人誌、自費出版などなど、多種多様な名称／領域に独自の豊かな文化が存在しており、それぞれをどのように認識しているかも、人によって大幅に違っているはずだ。筆者は十代の頃からそれらに親しんできたが、2000年代半ばに東京で出会ったいくつかの作品には、「個人的なことは政治的である」という考えかたを大切にしてきた英語圏のジン（ファンジン）文化に共鳴する感性と、ネット以降の時代にあえて紙で出す必然性が感じられ、おおいに勇気づけられた。また、ジンという海外由来の概念を採用することで、日本の自主出版の文脈や約束事を対象化し、すべて等しく「自主的な表現活動」として改めて捉えなおすことができるのでは

ないか、と考えた。

開店時に用意した品数は、たしか十点ほど。価格は多くが百円から五百円程度、商業出版でなく自主制作で出す意味のあるものを紹介したい、というそもそもの出発点から、大きな収益をあげることは期待できない。実店舗を構えるという選択肢も、それで生計を立てるという発想も無かった。しかし、せっかく物があるのだから、じかに手に取って見てもらいたい。そこで、友人・知人の企画するライヴや展覧会、ピクニックなど、人の集まる場に出店する機会を作った。２００７年、２００８年には、当時飯田橋にあったフリースペース「ポエトリー・イン・ザ・キッチン」で開催されたオルタナティヴ・ブック・フェア「TOKYO BOOK FAIR」に参加。個人による非商業主義的な情報発信を実践している人、興味を共有している人が集い、大きな手応えを感じることができた。

新宿のインフォショップ「イレギュラー・リズム・アサイラム」と共同で、「TOKYO ZINESTER GATHERING（トーキョー・ジンスタ・ギャザリング）」と題したイベントをはじめたのは、２００９年。「ジンスタ」の綴りは「ZINESTER」。ジンを作る人・読む人を意味している。開催のきっかけは、オーストラリアはメルボルンのジン・ショップ「スティッキー・インスティテュート」から来た「国際独立図書週間」の呼びかけだった。世界各地の独立出版取扱書店でイベントを開催し、参加店どうしでポストカードを交換するというので、日本でも期間中に何かしようということになったのだ。第１回の会場は高円寺の素人の乱12号店（当時の別名

「ショック?ショクブツ」)。ジンを持ち寄り、展示・交換・販売する、あるいは無料で頒布する。入場料・出展料は設定せず、カンパ制。高額な会場使用料を求めないスペースがあったからこそ実現した催しだ。会場でジンの制作をはじめる人もいる。初対面の人どうしがいっしょに製本を手伝ううちに会話が弾む。おしゃべりする人、読む人、作業する人が混在する午後から夜のパーティ。これがとても楽しかったため、不定期で開催を重ねるうちに、いつのまにか「ジンギャザ」という略称も定着した。２０１０年秋の第5回からは、桜台の地下スペース「ｐｏｏｌ」の協力を得て、複数のバンドのライヴが入るやや大きなイベントとなった(ジン部門は入場無料・ライブ部門は有料)。２０１１年秋にも同じスタイルで第6回を開催。音楽のパフォーマンスとジンが組み合わさることで、この一日、この機会だからこその人の交差が生まれていたと思う。

２０１１年2月からは、「ジンギャザ」とは別に、「ジンスタ・アフタヌーン」と題した「ジンを読む人・作る人がなんとなく集う会」を、月に一回、たいていは月末近くの週末の午後に新宿のカフェ☆ラヴァンデリアで開催している。筆者が主宰ということになっているが、特に何をするでもなく、キャリーケースとトートバッグにジンと参考文献と文房具、それにおやつを詰め込んで持ってゆくだけだ。それでも幸いなことに、いつも心あらわれる時間を持たせてもらっている。この一年、ジンに興味のある人と顔をあわせて会話を

交わすことのできる場があることに、どれだけ励まされたことか。これからも発表、交流、情報交換の機会として続けていければと思う。

小さなオンラインショップとしてはじまったLilmagは、現在もあいかわらずひとりで動かす小さな店だが、こうして振り返ればずいぶんと「昔の自分からしたら夢みたいな光景」を見せてもらってきた。この先、そんな光景が身近なところにも遠いところにもどんどん発生し、「誰にも頼まれていないけれど自分が伝えたいから伝える」オルタナティヴ・メディアとしてのジンが根付くことを願ってやまない。

トーキョー・ジンスタ・ギャザリング　http://zinestergathering.blogspot.com/

Lilmag リルマグ　http://blog.lilmag.org/

ラジオアートとセルフメディア

パスカル・ボース（美術評論家）
粉川哲夫（ラジオアーティスト）

レクチャー：パスカル・ボース

いまから15分間と短い時間ですが、粉川さんのパフォーマンスを受けて、お話ししていきたいと思います。

私はセルフメディア、独自のメディアということをテーマに研究しています。その中で粉川さんの活動ともリンクしてくるわけですが、最初に簡単にセルフメディアの歴史をお話ししたいと思います。

セルフメディアという理論、これは理論ありきで起きてきたムーヴメントではなく、粉川さんのような方をはじめとするパイオニア、アーティストの方が何かアクションを起こしたことで生まれてきた理論です。こうした意味で、セルフメディアの歴史というのは、実は１９２０年代のブレヒトまでさかのぼるのだというお話を先ほど聞いて感動していた次第です。とはいえ私が話すときのセルフメディアというのは、60年代前半から70年代80年代における、粉川さんがアーティストとして、またメディア・アクティヴィストとして活動していた時代のムーヴメントのことを指します。

セルフメディアを語るうえで、1968年にデヴィッド・ラマラスというアルゼンチンの作家がヴェネツィア・ビエンナーレで発表した作品について紹介したいと思います。彼はヴェネツィア・ビエンナーレで初めてこれを発表したのですが、この作品のタイトルは「三つのレベルにおけるヴェトナム戦争時の情報局―視覚的イメージとテキストと音」というものでした。しかしこれがヴェネツィア・ビエンナーレのキュレーターによって、「特定のテーマに関する情報局」というすごく漠然としたタイトルに変えられてしまったのです。それはまさに敬遠する行為だったと思います。その敬遠する行為を行なったキュレーターの言い分としては、それが政治的すぎるということで問題があるとして、ヴェトナム戦争

という言葉さえ削除してしまったわけですけれども。では、ポリティカルな意図が作家側にあったかというと、おそらくデヴィッドがこの作品を通して言いたかったのは、いかにこの泥沼化したヴェトナム戦争のなかで情報が扱われていたかという側面であって、ヴェトナム戦争の善悪に関することを言いたかったわけではない。そこをはき違えてしまったセンスのないキュレーターがタイトルを変えた。この作品の面白い要素の一つとして、コンセプチュアル・アートの展示に見えるというか、一瞬、官僚制批判をした作品に見えるということがあります。実際これは展示期間中、デスクの前に人がいて、当時生で流れていたイタリアのニュースを聞いてタイプライターで起こし、それを送り出すという行為をずっと行っていました。そういう意味でこの作品は、マルチメディアのインスタレーションといえると思います。なぜ、マルチメディアかというと、インスタレーションであるという事、人がいるという事、

もう一つは、壁に実は「LISTEN」というふうに書かれているんですけれども、「聞け」というのは、なにを聞けというかというと、このインスタレーションのなかにラジオが用意されていて、そのラジオは館内にいる人だけに向けた公的な、外の人には聞こえるラジオではなくって、館内にいる人だけに向けられたニュースであるとか、美術史的なものであるとか、そのような放送をしているラジオだったわけです。鑑賞者は見ることと聞くことを両方する。それはまさしく、ミュージアムというシステムをメディアというものに変換させるというアーティストの試みであったと思います。それというのは、さっき控室で粉川さんとも話していたのですが、今後の美術館のあり方というのは絶対変わっていくと思っていて、この作品は１９６８年のものですから、既にメディアは美術館の役割に取って代われるということを体現していたのではないでしょうか。

そしてこの3、4年後に、モントリオールの大学教授であったジャン＝クルティエというひとが、セルフメディアという概念・理念を理論化したわけです。このジャン＝クルティエというひとは、マクルーハンなんかの陰に隠れてあまり知られていない理論家ですが、彼が「我々というのがメディアそのものになるのである」ということを最初に提言したひとです。メディアというのは19世紀の写真の登場にさかのぼるわけですけれども、そうした機械であるとか、テクノロジーというのが私たちの身体の拡張であるといったマクルーハンの言葉を変えて、最初に言った人なのです。ひょっとして、彼があまり有名でないのは、フランス語圏の人であったからかもしれません。また彼はメディアという事に関して、もちろんヴィジュアル・グラフィックは然り、また書くという行為、文字という事にまで言及しています。そのセルフメディアというものがどういうものかというと、発信する私たちが自らプロデュース、発信することができて、編集することもできて、コンテンツをいじることができるという媒介であるという事ですけれども、90年代以降、現代においてはリアルな形で私たちもセルフメディアというのを語るようになってきていると思います。ただそもそも60年代70年代にそうしたアイデアが出てきたときには、いまいちそのリアリティがなかった。粉川さんをはじめとする多くのセオリストやアーティストたちは活動を続けてこられたし、また彼らの間ではそういったコミュニケーションは図られていましたが、僕にとってみれば70年代80年代でセルフメディアという概念は一時ストップしてしまったというか、あまり語られなくなった気がします。ところが90年代に入って、特に95年以降、また新たな形で発展してきた。特に若手の作家たち、例えば、リンカーン・トビアーといった人たちが、あきらかに70年代の先人たちの活動を意識して——リンカーン・トビアーなんかは粉川さんのことを自分の活動として研究していますけれども——95年以降、セルフメディアというものが新たな息吹を吹き込まれ、今に発展しているのではないでしょうか。

そういった中で95年以降に登場してきたセルフメディアのアーティストの作品を紹介していきたいと思います。父である粉川さん本人が、彼らのような自分の息子のことを認知しているかはわからないですけれども、彼らは70年代の先人を意識的に引用して活動しています。これはピエール・ユイグが1997年に発表した「モバイルTV」という作品です。彼のこの作品というのは、展覧会期間中、期間そのものをワークショップとして展開します。ワークショップで作り上げるのはテレビのコンテンツになります。実際つくられたテレビのプログラムは、美術館の近所に放映できるぐらいのトランスミッターをつくって放映する。その近所の人に何を見せるかというのを、ワークショップの参加者とともに作り上げていくというものでした。そういう意味で、メディアにコントロールされたものの中から何かを生産していくという行為ではなくて、全く新しいオルタナティヴなコンテンツを作り上げたという意味で、真に前衛的な試みであったのではないでしょうか。

そして次にご紹介する作品は、グレゴリー・グリーンという人の1990年代半ばに制作発表した作品です。彼も70年代以降のセルフメディアの先人たちの影響を背負っています。彼の作品の制作テーマは「アナーキズム」で、そうしたところでも70年代の先人たちと繋がるところがあると思うのですが、これは「M.I.T.A.R.B.U（ミターブ）」という作品です。車の中にすべてのメディア、スタジオを完備しています。その中にはラジオもあるしテレビもあるしインターネットもあるという、三つの違うレベルのメディアを搭載しています。車が動くという事で、発信源を限定できない。これは権力からの逃走であるとか、国家からの逃走であるとも言えるし、車がフォルクスワーゲンであるということで、ヒッピーの思想も反映していると思います。面白いのは、ラジオ・テレビ・インターネットということ。ラジオというのは先ほどのデモンスタレーションにもあった通り、すごく小さな範囲で発信できるメディアですよね。そこにテレビがあって、さらにインターネットということで、ローカルな発信とグローバルな発信、グローカルというアイデアがこのとき既にグレゴリー・グリーンによって作品化されていたという事だと思います。

こうした意味で、90年代に入って70年代のセルフメディアが再来してきたというのがとても興味深いと思ってみています。なぜそれが再来してきたというかというと、おそらくテクノロジー自体の発展ということ。それと90年代に入ってメディアに対する批判というか、メディアの存在というものが問題視されてきたという社会の流れがあると思います。どの時代にも優れた芸術というのは、我々の文化であるとか生きざま、生活を反映したものであるといえると思います。そうした必然性のなかで、セルフメディア・アートというものが90年代以降、再来してきたのではないかと思います。70年代にジャック・デリダがこういうことを言っています。「重要なことは、メディアを批判することではなくて、新しいメディアをImagine＝想像して、Create＝創造することである」。そんな中で、90年代半ば以降に出てきたセルフメディア・アートというのは、本来の意味でのデモクラシーの体現としてあるのではないでしょうか。デモクラシーというのは、我々個人がメディアとなること、またはメディアやコンテンツをプロデュースしたり発信したりすることです。我々個人が発信するという事は、お金であるとか大企業にコントロールされたマス・メディアに対して、我々一人ひとりがメディアであるとかコンテンツを発信していくことだと思います。そういった意味でセルフメディア・アーティストたちは、戦うことをモチベーションとして作品を制作しているわけです。そしてその戦いの中に鑑賞者である我々を誘い込む。それがセルフメディア・アートだと思います。自らがメディアになるということにおいて考えたことがあります。10年前に粉川さんのパフォーマンスを初めてブリュッセルでみました。その時はアーティストとして活動されていたわけですが、10年後にこうして再会してみると、professor＝教授になっていらっしゃる。教授というのは自分の講義であるとかを通して、伝え、教え、影響を及ぼす立場なわけですが、そこでは粉川さん本人がメディアになった。そういう意味で、セルフメディアを本当に体現されているなあと思いました。ご清聴ありがとうございました。

トーク：パスカル・ボース×粉川哲夫

パスカル・ボース▼今日のパフォーマンスをみてもびっくりするというか、ほんとにいつも粉川さんのパフォーマンスには驚かされるのですが、今日は特に後半部分で、手を介入させることによって、同調する電波の質を変えるといった試みをされていたと思います。手というのは身体の一部ですよね。その身体というのがいろんなメディア、媒体のなかの一つのセルフメディアだという事を考えたときに、最たるものだと思うのです。セルフメディア・アーティストである粉川さんが、今日あのパフォーマンスで手を介入させることによって何かを起こしたという事を非常に興味深く見ていたのですが、粉川さんはそれを意識してパフォーマンスをされていたのでしょうか？

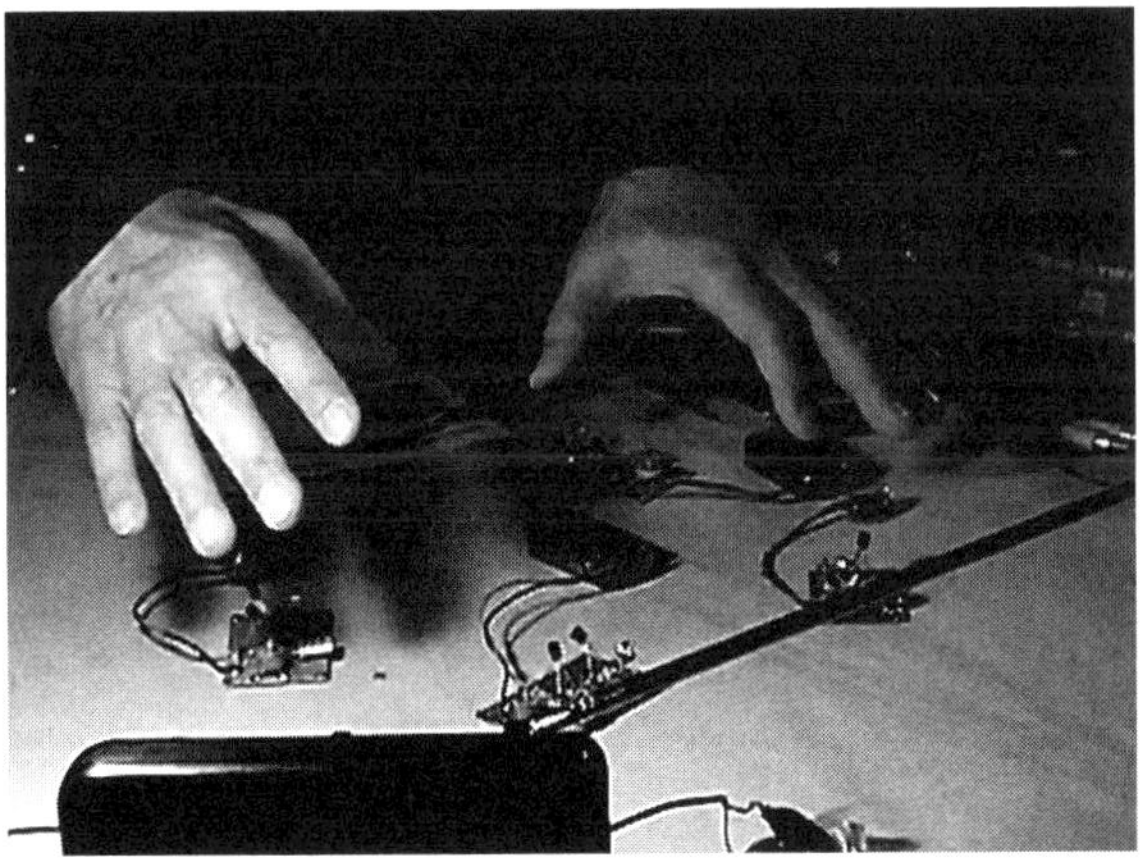

粉川哲夫▼僕は身体と電子テクノロジーの関係ということでずっとパフォーマンスをやってきたんですね。それが一つで、もう一つに自由ラジオの活動というのがあったわけです。それらは最初は別々にあったんです。というのは１９７０年代の終わりですけれども、イタリアの自由ラジオの運動が広がっていった中で、日本にはアーティストや活動家が、放送局を使える場所というのが全然ないことに愕然としたわけですね。それで誰でもが使える放送局をつくろうという事で、自由ラジオの活動に関わっていったわけです。その時は、そうした自由ラジオの活動と、もう一つ僕がやってきた身体と電子テクノロジーの関係の中でパフォーマンス実験をするということは繋がっていなかったんですね。僕らは自由ラジオをある種の小さいコミュニティ・ラジオだと思っていたのですが、それ

について海外に向けて僕がリポートめいたことを書いたりしているうちにですね、ある時カナダのザ・バンフ・センター・オブ・ジ・アーツのキュレーターが、僕の電波活動というのはアートだという風に言って、僕をアーティストとして呼んでくれたわけです。ミニFM（当時、自由ラジオはこう呼ばれるようになっていました。最初この言い方に反発していましたが、自由ラジオの日本版がミニFMだと考えるようになりました。）の方ですよ、身体と電子テクノロジーのパフォーマンスのことは知らないわけです。それでその時に僕は、ミニFMって、放送すること自体がコレクティヴなアート活動なのだなということに気づかされたわけですね。それからミニFMをアートの活動として考えていったら面白いんじゃないかなという事を考え始めたわけです。

パスカルさんと会ったのは１９９８年だったと思いますが、ブリュッセルにジャン＝ポール・ジャケットという非常に面白いキュレーターがいて、バンフでの記録（RADIO rethink art, sound and transmission, 1994）を読んで僕に興味を持ち、ブリュッセルに呼んでくれたのです。彼が仕掛けた集まりで僕はトランスミッター・ワークショップをやって、みんなで送信機をつくって、そこから電波を出したんです。ある人はその送信機をノイズ・ミュージックの道具として使ったり、ある人はそれを外に持ち出して放送をしたりといった非常にカオス的な空間が出来上がりました。その現場にパスカルさんがいらっしゃったのですね。

それで手のことですが、僕が最初に身体と電子テクノロジーの関係のパフォーマンスをやった頃は、僕ももうちょっと若かったので、裸になって電子機器と絡みあったり、そういうこともやったのですが、だんだんなんかこう身体の中の最も身体的な部分、これはまあメルロ＝ポンティなんかも言っていることですけれど、手に関心が収斂されてきたんですね。手についてはポール・ヴァレリーやゲーテやカントも言っていますけれども、非常に面白い存在なんですよ。身体のすべてが集約されている最小単位としての手に関心を持って、まあいまこういう風になったかなという感じです。それでこれは例としては恐れ多いのですが、大野一雄さんが身体が動かなくなってパフォーマンスをやった時に、手だけのパフォーマンスをやったんですね。これは素晴らしいものだったんです。やっぱり手というのは、身体性という事を考えたときに非常に奥が深いのだと思いました。テクノロジーというのはギリシャ語のテクネーから変わってきた言葉ですが、テクネーというのは手作業とか手仕事とかそういうような意味なんですね。そういう意味で、手とテクノロジーとの関係ということを考えていくと、僕らが当たり前のものだと思っているテクノロジーについての考え方が変わります。今、テクノロジーはどんどん手と関係ない方に進んでいっているわけです。デジット＝digitというのは指ということですよね。だけどもデジタルは手とはどんどん関係なくなっていくわけです。それに対して、手と電子テクノロジーとの関係をあえて近づけていくと、なんかこういままでとは違うテクノロジーがみえてくるんじゃないか。テクノロジーの方向性、本質というのが別な風景の中で見えてくるのではないか、ということも、手のパフォーマンスや手作業にこだわっている理由です。

セルフメディアという概念の歴史的背景をパスカルさんは話してくれたのですが、彼から送られたセルフメディアの文章を読ませてもらった時に、もう一つ、ちょっと考えたことがあるんです。それはミシェル・フーコーの「techologies of the self」という、彼がバーモント大学で英語で講義をした時のものがあるのですが、ほとんど彼の最晩年の文章で、「自己のテクノロジー」（訳＝田村俶・雲 和子、２００４年、岩波現代文庫）と日本でも翻訳されていますけれども、あれを思い出したんですよ。いままであれは僕にはなんかよくわからない文章で、ざっと読んでそのままにしてしまった。それを出してもう一回読んでみたら、セルフメディアというものを考える場合に非常に参考になるという印象を受けたんです。それはどうしてかというと、フーコーはですね、近代のテクノロジーとは違ったテクノロジーというのを考えるためにあの講義をやったんですね。彼によれば、ギリシャには二つの流れがあると。一つは自己といった時に要するに自分を知るという、知識とか学問とか、さまざまな、まあメディアもそうですけれど、結局その自分を知るための技術、テクノロジーとしてテクノロジーは発展してきた。けれどもギリシャの時代、特にグレコ・ローマンの時代にはですね、彼は配慮＝take care ということを言っていますけれど、take care の技術というもう一つのテクノロジーがあったし、それが一つ

の流れとして続いてきて、どこかで消えてしまったということを言っているんです。それはアウグスティヌスの「告白」とか、そういうようなかたちで痕跡を残しているのだけれど、自分を知るという技術じゃなくて、自分を思いやるという take carering の技術っていうものもあるし、その流れというのがあるんじゃないか。それがむしろ近代の中では消えてしまって、自分を知るということ、自分を概念化していく、自分を知識としてシステムにしていく、そしてそれが一つのデータベースになっていくというような方向で、今日というのは進んできているのではないか。彼はそれに対する代案＝ alternative なアグリーメントを出して、そこをさらに論述しようとした時に亡くなったわけです。そういう点をパスカルさんに聞いてみたいのですが、パスカルさんはフランスの知的バックグラウンドの中で仕事をしてこられているわけで、フーコーも非常に馴染みの思想家であるでしょうし、それからもちろんガタリやドゥルーズのことも知っていらっしゃるし、映画論も大学で教えているわけですが、「セルフメディア」のことを問題にされたとき、フーコーなんかは意識されましたか？

パスカル▼確かにお送りしたテキストを書いたときは、フーコーやドゥルーズを読んでいました。身体という概念に関していえば、メディアというものが社会の中に取り込まれていく中で、自由＝ freedom というものを代言するための身体というものを書いていました。そこにひょっとしたら民主主義の源というのがあるのではないかと考えたところがあると思っています。同じ時に読んでいたドゥルーズが非常に興味深いことを言っています。彼は当時、フランスの国立映画学校で教鞭をとっていたわけですが、芸術＝ art は media というものと一切関係ない、また、communication ということとも一切関係ない、それは、art というのは抵抗するという行為でない限り、media ということとも一切関係がない、また、communication ということとも一切関係がない、という風に言っています。それはいわゆる反語で、抵抗の行為でないものは art ではない、art というのは抵抗という行為なのであるという風にドゥルーズは言っているわけです。それは art と media の関係に対して提言したように思っています。そうした中で粉川さんの作品というのは、ご本人がそう思われているかはわからないのですが、私にとってはすごく political な作品だと思うんです。このドゥルーズの発言、art とは抵抗の行為であるということのドゥルーズの言葉を、粉川さんはどう受け取られますか？

粉川▼フーコーはいまのメインストリームのテクノロ

ジーがどんどん進んでいった場合、身体が知の器官になってしまうということをいいました。ドゥルーズやガタリの場合、一つ注意しなければならないのは、politics といった時に、彼らはマクロな politics ではなくてミクロな politics をいうわけです。micro politics というのはなにかというと、いわゆる政治的イデオロギーとか党派性であるとか、政治的ステートメントといったものではなくて、我々が何の気なしにやるしぐさとかしゃべり方とか、ある空間が持っている空間性の politics というかそういうものが重要なんですね。それは、アナール学派の歴史学者たちが発見したことと連動しているわけです。ガタリとかドゥルーズが出てきて大きな思考の革命を起こしてくれたなかで、政治活動にとって最も重要なインパクトの一つは、やっぱり micro politics への転回だったと思うのです。いわゆる政治と芸術というテーマで議論がおきた時に話がうまくいかなくなるのは、芸術がどういう風に、あるイデオロギーとか党派とかそういうものと関わっていくかという問題にいってしまうからです。ところが政治というのはそういうレベルじゃなくて、もっと日常性の些末なことの中にあるんですね。そういうことで micro politics の問題というのが出てくるわけですし、僕自身に関していうと、パフォーマンスの装置や放送の送信機をなぜ自分で作るのかという場合、テクノロジーについてのコンヴェンショナルな方向に対するレジスタンスかもしれないし、提起かもしれないです。まあそういう意識はあります。

　パスカルさんにちょっと聞いてみたいのは、「メディア・アート」という言葉が80年代に流行してきたときに、僕なんかは micro politics との関係で違うなと思ったことがあります。メディア・アーティストの大半は、発注芸術といいますか、エンジニアに頼んでしまう。設計図を書いて、こういうシステムで作ってくださいということを頼むわけです。アーティストというのは、まあミケランジェロとか偉大なアーティストはいっぱい弟子がいて、カンパニー

としてやっていたということがいえるわけですけれど、でもやっぱりなにか自分で筆を動かすとか石を削るといったことはやると思います。けれど、メディア・アーティストの非常に多くの部分が、設計図を書いて注文を出してエンジニアに作らせる。エンジニアとアーティストの分業体制というのがかなり支配した時期があるわけですよ。そのあたりはどうですか？　セルフメディアというのはそのあたりでもアーティストに対して意識の転換、態度の変更を迫っているというのがあると思うのですが。

パスカル▼ほんとに「メディア・アート」というジャンルというか概念ができてしまったわけですけれども、私も「メディア・アート」というものには批判的だし、懐疑的です。「メディア・アート」というジャンルの中で、どうもメディアというものがツールとしてすばらしいものであるような、テクノロジー信仰みたいなものがあると思うんですね。それが80年代に流行してきたわけですが、どうも違うらしいというのを感じた敏感なアーティストたちが90年代にセルフメディア・アートに戻ってきたのではないかと思います。

ナム・ジュン・パイクについて粉川さんが個人的にお好きかどうかはわからないですけれども、彼はビジュアル・アーティストとして初めて、テレビモニターというのが他の使い方もできるということを示した作家だと思います。使っているものはテレビモニターという新しいテクノロジーだったんだけれども、他の使い方ができるという提示の仕方は、美術史においては非常に古典的なやり方だったということで、すごく面白いと思います。

先ほどのお話から考えると、粉川さんが、メディア・アクティヴィストとして活動されていた自由ラジオの部分とアーティストとして活動されていた部分が90年代にリンクされたというのは、私の中ではすごく説明がつくというか、合点がいくところがあります。

テクノロジーに対する信仰という意味で、最近、「六本木クロッシング」という森美術館で行われた展覧会を観に行ったり、山口にあるIAMAS（情報科学芸術大学院大学）を訪れて感じたのは、発表している作家や学生というのが、テクノロジーに対して非常にナイーブだということですね。コンピューターとの関係に対してズブズブというか、そこに批判の精神もなければ、コンピューターでこんなことができるんですよ、みたいな。なんというか、あまいというか。それは確かにすばらしいし、ナイスなんだけれども、私としてはやっぱり、テクノロジーの使い方のマックスの可能性というのを突き詰めて提示していくという必要がアートの中にはあると思います。

粉川さんが非常に興味深いのは、そういった意味でテクノロジーのマックスの可能性を追求するがゆえにローテクに戻るという。そのローテクなものが、美的な観点から見てかわいいとか美しいとか一時はやった時代もありましたが、そうした美的な観点からローテクではなく、テクノロジーに関する何かのメッセージを追求するがゆえにローテクに戻ったということ。そのメッセージはおそらく、消費・消費者・消費社会またはキャピタリズムということであるかと私は思っているのですが、そうした一連の60年代以降の流れとしてのメディア・アート、それから90年代以降台頭してきたセルフメディア・アートという流れの中で非常に興味深く思いました。

粉川▼僕はローテクに関心があるわけではないんですね。今日見せたものも非常にローテクに見えると思うんですが、あれは要するに無駄なものをどんどん取っていったときに残った、ものすごく複雑なシステムのなかのシンプルなエレメントなんです。なんでそういう風に無駄なものを排除していくかというと、シンプルになった時に初めてテクノロジーの本質が見えてくるんですね。ですからあれはローテクではないんじゃないかという気がします。いずれにしても、こういう簡素化によって、身体との関係がすごく近くなっていくのです。ハイテクは、だんだん身体から離していくわけでしょ。身体の要素というのをどんどん消していくわけですよね。それに対して、簡素化されたテクノロジーでは身体が介入する余地がある。たとえばケータイを見てください。ケータイをばらしても何もできない。それはロボットが造っているからです。だけども簡素化されたテクノロジーでは、こちらが部品を取り替えたり改造したりすることによって、その機能を新たに再発見することができたり、何か別なものに変えたりすることができる。そういう意味での括弧つきの「ローテク」というのは、ハイテクより面白いだろうと思います。

今日、象徴的なことがありました。簡素化したテレビ送信機の映像を、プロジェクターがノイズとして判断してしまって映像を映してくれなかった。すべてがシステマティックにセットされているので、マニュアルではコントロールできなかったんですね。「ハイテク」ではこういうことが起きるのです。

本稿は、「ビデオ・ランデブー：映像の現在」（２００８年1月10日（木）－20日（日）、大阪市立近代美術館（仮称）心斎橋展示室）における、トーク　粉川哲夫×パスカル・ボース「ラジオアートとセルフメディア」（1月13日（日））の採録に加筆修正を施したものである。

表現者としての粉川哲夫

櫻田和也（remo［NPO法人 記録と表現とメディアのための組織］）

remo［NPO法人 記録と表現とメディアのための組織］は、2008年1月10日〜20日にかけて大阪市立近代美術館（仮称）心斎橋展示室にて「ビデオ・ランデブー：映像の現在」と題した展覧会を企画した。ここに掲載されたパスカル・ボースと粉川哲夫との対談は、その会期中に用意されたトークイベントの内容である。

おそらく灯火なくしては見ることも描かれることもなかっただろうラスコーの壁画にさかのぼる「映像史」を背景に活動するremoはそこで、とりわけその量的増大をもたらした20世紀に焦点をあてた。19世紀末、リュミエール兄弟が発明したといわれる映像は、20世紀にはいり映画・テレビ・ホームビデオといった商品形態をともなって人々の生活に浸透する。しかしその基本機能として人々の生活を記録しつづけると同時に、映像は予期せざる多種多様な文化を育み、芸術の領野においても実験映画やビデオアートといった試みを切り拓いてきた。

20世紀末を経たいま、デジタル技術と高速化する通信手段により距離と時間とを超える映像は、文化のあり方に根底的な変化をもたらす。いわば量的には無尽蔵と考えられる映像が光の速度をもって人類をのみこんでいく——「そうした中で私たちは、想像をはるかに越える映像の洪水という現実に一方的・無意識的に流され飲み込まれるのではなく、それを自覚的に読み解き、上手に付き合い、自らのものとして使いこなす必要に迫られている」——その可能性を探るというのがビデオ・ランデブー展の企画趣旨であった。

当日まず、粉川哲夫は自らの設計になる「世界で最もシンプルな回路」である小型のＦＭトランスミッターをつくってみせる。電波受信機も、ひっくりかえせばそのまま送信機になるのである。また音であれ映像であれ電波を媒体とすれば変わりはないから、ほんの少しの改造で映像をとばすＶＨＦトランスミッターになる。しかしその受像を最新のデジタル・プロジェクターから出力するとき、電波の乱れが大なればノイズ・キャンセルされてしまい信号が検知されなくなることもあるだろう。そのような「機材トラブル」をも共有する希有なレクチャーとなった。

引き続いて実演されたのが、ステレオ音源を一切入力することなく、複数のマイクロ送信機とふつうのラジオ受信機によって構成された電磁場に「手」をもって介入するパフォーマンスである。アートを人類の営為——人為——というならば、まさにその根源的なデモンストレーションというにふさわしい*。

したがって粉川哲夫は、たとい歴史的順序としては逆であるにせよ、映画批評家であるよりも以前にひとりの表現者である。この事実は、ローマ字表記で検索すればわかるとおり——おそらく当人の意図とは無関係に——現代美術史のあちこちに思いがけず刻まれたテツオ・コガワなる固有名が示すところだ。日本語では「メディアアート」に十把一絡であろうと、世界的にはサウンドアートという用語法で語られる文脈に欠かせない人物が大阪にも多数いるとすれば、まさしくラジオアートの第一人者が、東京にはいる。

＊当日のレクチャーおよびパフォーマンスの様子は、イルコモンズによる記録がここに公開されている。
http://www.youtube.com/user/remofootage

検証：日本のメディアアクティビズム 第6回

ネットでの動画配信の発展と課題

トーク

小林アツシ
映像ディレクター／ビデオアクト反戦プロジェクトスタッフ

山川宗則
Media Champon

川井拓也
ヒマナイヌ

藤井光
映像ディレクター／美術家

進行

細谷修平
Media Champon

▼2001年9月11日以降にアメリカが起こした「対テロ」戦争の経過とともに、抵抗する側からのインターネットを使った動画配信はその展開を加速させた。この回では、それらの成立過程から現在までに起きたネットでの動画配信をめぐるさまざまな出来事を振り返る。

▼また、昨今広がっているUSTREAMなどのネットによる動画配信の展開をみながら、メディアと運動をめぐる現在を話し合う。

WHAT'S MEDIA ACTIVISM?

細谷修平▼今日は「ネットでの動画配信の発展と課題」というのがテーマです。告知では２００１年９・１１以降のインターネットでの動画配信というのを上げましたが、２０００年代以降の電子テクノロジーの拡がりと社会運動との関わりがどのように展開されていったかということを、今日は４人の登壇者の方と振り返っていきたいと思います。そしてこの流れが今後どうなるのかというのが予想のつかない中であっても、みなさんがどうありたいとかどうやっていきたいとか、そうした欲望や意思をお聞きしながら、これからの展望について考えていければと思います。

反戦運動の渦中で始まったネット配信

小林アツシ▼職業は映像ディィレクターをしています。〈ビデオアクト反戦プロジェクト〉という名前で２００１年から動画の配信を始めました。

９・１１の頃はブロードバンドの時代だったんですよね。それまでは電話線でつないでパソコン通信とかやってただけだったのがＩＳＤＮになって、それも今から考えたら遅くて映像なんか観られた速さじゃないんですが、ＡＤＳＬといったものも出てきたりしました。ケーブルテレビでテレビだけではなくインターネットもつなげられるというのも出てきたりしましたが、全部の家庭でそれができているというわけではなく、早い人は始めている、やっと動画が使えるようになった時代だったんです。

〈ビデオアクト〉で僕はスタッフをやっていて、９・１１直後は僕自身はあまり動いていなかったのですが、９月１７日に東京で初めて９・１１後の反戦デモが行われ、その映像を知り合いが撮っていました。ただ、すぐ編集ができなかったり、その映像を広めようという話もまだありませんでした。当時は僕らの中にはまだネットで動画を配信しようという意識は無くて、最初は東京で行われた２回目くらいの反戦デモの映像をネットではなくＶＨＳのビデオテープにして「集会等で使ってください」と呼びかけましたが、上映したいっていう人はいませんでした。

what's media activism?

ちょうど２００１年秋だったので山形国際ドキュメンタリー映画祭に行きまして、帰ってきた日が１０月８日、その日にアメリカがアフガニスタンに戦争を仕掛けました。山形で刺激を受けてきたこともあって、これは何かやらなきゃと、１０月８日に街頭インタビューをしたんです。その映像を編集してどうしようかなと思っていたところ、〈ＶＪＵ（ビデオジャーナリストユニオン）〉とか、〈アワープラネットＴＶ〉が動画配信を始めようとしていたので、映像をネットで流してもらおうと思いまして、依頼のメールをその日の夜に送ったんです。けど、次の日の朝は、まだ返事がきていませんでした。なんとか映像を流せないかと思い、インターネットで「動画・インターネット・流し方」みたいなことで検索したりしているうちに、その日の午前中くらいには自分でできてしまいました。これでやっちゃえということで、初めて映像をインターネットで公開しました。その後、〈ビデオアクト〉の皆に連絡して、〈ビデオアクト反戦プロジェクト〉としてインターネットで動画配信をしていこうという事になったんです。

〈ビデオアクト反戦プロジェクト〉が配信した、9.11 直後の反戦デモ映像
（2001 年 9 月 24 日「テロにも報復戦争にも反対！！市民緊急行動」）
撮影・松原明　YouTube アカウント：VIDEOACTsince1998

最初はいきなり作ってしまったのでデザインもなくて、とにかく文字だけ。「この文字をクリックすると動画が観られます、動画を観る方法はここをクリックするとわかります」という状態から始まったんです。それでも反応してくださった方が結構いました。その時はリアルプレイヤーの形式でやっていましたので、アプリケーションソフトをダウンロードしてコンピューターにインストールしなくては観られませんでした。ＩＳＤＮの人だと、ちっちゃな画面でやっと動いているのしか観れない。ＡＤＳＬで少しはマシぐらいのレベル。ただその時、戦争が始まってしまい、欠乏感みたいなものが送り手にも受け手にもあって、それでわっと広まりまして、自分も撮影したいとか、ウェブデザインをやりたいという人が出てきました。当時はユーチューブ（YouTube）もないですから、自分のウェブサイトに入れるぐらいしか方法がなくて、動画を入れるとなるとかなり容量が必要となりますが、大学の研究室関係の人がサーバーの協力をしてくれるようになりました。

サイト公開からユーチューブへ

小林▼２００１年から２年間で１８名が撮った映像を流していきました。２００２年の暮れぐらいからイラクで戦争するぞとブッシュが言い始めた。それで、２００３年ごろには世界各地で反戦運動が広がり、日本でもそれがかなり盛り上がりました。２００３年３月〜４月の２カ月間で２５本映像を出しました。これは僕だけではなくて、〈ビデオアクト〉のスタッフや自分もやりたいと名乗りを上げてくださった方、いろんな方がいました。２カ月で２５本１８８分。生中継ができるようになった今からすればそんなに大した量ではないですが、当時としてはかなりすごい量だったのではないかと思います。

そのあとも地道に運動をやっていた人は当然立派だと思うし、僕もサポートしていきたいと思っていたんですけど、ただ反戦デモだけを撮っていても正直、デモの参加人数も少なくなっていきましたし、だんだんと画にならなくなってしまったというところもありました。また、放送局みたいに何月何日に放送するということが決まっているわけでもなく、個人個人の意思に基づいて動画を出しているので、だんだんと更新頻度が少なくなっていきました。それでもやろうよということで反戦運動以外にもテーマを広げて「ＡｃＴＶ（アクティービー）」という形にリニューアルしましたが、そのうちユーチューブの時代になってきたので、自分たちのサイトで映像を公開するよりもユーチューブに公開した方が観てくれる人も多いとか、自分の所のサーバーも必要ないということもあってユーチューブに〈ビデオアクト〉のアカウントをつくるという形に移行していきました。〈ビデオアクト反戦プロジェクト〉の頃から比べると〈ビデオアクト〉の動画配信自体は停滞していますが、いろんな方がいろんな動画の動きをやるようになっていったという感じです。

公共空間／公園で学んだこと

山川宗則▼どうもこんにちは、山川と申します。今日のテーマが9・11以降のイラク戦争の経過の中でのインターネットを使った動画配信ということなんですが、僕自身の運動と映像の関わりはというと2001年からになります。実際にネット配信を始めたのは2008年です。2008年にG8サミットが北海道の洞爺湖でおこなわれたのですが、それに向けて〈G8メディアネットワーク〉という日本の市民メディア、オルタナティヴ・メディア、非マスメディア、メディアグループもしくは個人が集まってメディアのネットワークが作られました。正確に言うと2007年から準備を始めまして、札幌市に3つのメディアセンターと洞爺湖近くのキャンプ地にも小さなメディアスポットを開設し、その中でビデオユニットという動画を作って配信するグループで僕も活動していました。G8サミット開催期間にはメディアセンターを訪れて動画を作ったり編集したりする人たちもたくさんいて、僕自身も撮影や編集作業などを行いましたが、むしろそのインフラだったりとか、いろんな人たちが集まってくるメディアセンターをどう作っていくかということに力点をおいてやっていました。

それまではオンライン上での映像配信はしていませんでした。話しは遡りますが93、4年頃にドキュメンタリー作家の佐藤真さんが東京大学でゼミを持っていて、僕は潜りの学生として通っていました。当時、佐藤さんがお母さんたちのいわゆる公園デビュー、公園における子どもを持った母親のコミュニティーのありようをドキュメンタリーとしてとらえたい、MXTVでその番組を作るということで、ゼミの数人に分かれていろんな公園、たとえば郊外の新興住宅地や山谷の公園などへカメラを持って撮影に行ったんです。僕は漱石公園という新宿区にある夏目漱石の銅像があるにもかかわらず非常にさびれた公園を選びまして、撮影に行ったときにはお母さんたちは公園にいなかったんですけれども、そこで公園のロングショット、風景を撮ろうと思ってカメラを回していました。すると遠くからズカズカとおじさんがやってきて僕のカメラをいきなりパーンと叩いてですね。何を撮ってんだ、と。つまり僕からは非常に遠い場所だったんですが、そのおじさんもカメラを向けた方向にいたんですね。おじさんが遠くから近づいてきてバーンとカメラを叩いて画面が大きく揺れる。それを観た佐藤さんが「これはいい画だネ」と。（会場笑）

僕にとっては、それが屋外でビデオカメラを回した初めてのカットでした。その時、僕は殴られて怒るというよりも、むしろ当然だなと思ったんですね。撮影するということはこういった事態をひき起こすこともあり得ると。公共空間／公園というのはどういう場所なのか、いろんな思いや背景をもっている人がいて、そこに無造作にカメラを持ち込んだとき、こういったことも起こり得るんだということを最初に学びました。それが僕にとって原体験ですし、今でも撮影をするにあたって非常に大きな出来事となっています。

撮る≠公開する

山川▼先ほど小林さんもおっしゃっていましたが、9・11は非常に大きな出来事ではあったんですけれども、僕にとって2001年というと、9・11に先だつ東京大学の駒場寮、山形大学の学寮、早稲田大学のサークルスペースなどの大学空間の再編の問題がありました。9・11の出来事はあるサークルの溜まり場で深夜に食い入るようにニュースを見ていましたし、翌朝の新聞各紙を早稲田大学正門前で読んでいた記憶があります。世界の大ニュースと大学の空間再編・排除の問題が違和感なく繋がっていた感覚がありました。早稲田大学では当時いろんなサークルの部室をずっと何十年も学生が自主管理してきたスペースがありました。そういった自主管理の空間が一掃され、非常に管理された、例えば学生のＩＤカードを通さなければ部室に入れない、監視カメラがある、部室は更新制で大学当局が認可しなければ来期からは部室を使えなくなる、そういった

早稲田大学 2001.7.31　封鎖された大学正門を揺らす有象無象

新学生会館に移転させられるという危機がありました。それまでのサークルスペースは、現役の学生以外にも他の大学の人たちもいるし、卒業生も来るし、大学生じゃない人も訪れていた誰もがアクセスできる場所だったんですけれども、そのサークルスペースの移転期限が7月３１日。そこに初めてカメラを持って運動の現場に参加しました。その時２０００人くらい反対する人たちが集まりまして、移転を阻止しちゃったんです。一旦、封鎖された正門もみんなでぶっ壊しまして、１０日間ほど自主管理が続いたのです。

　僕はその7月３１日のある種の祝祭的な出来事だけではなく、その後のまんじりとした非祝祭的な時間を二年間ほど撮影し続けました。僕はそこではドキュメンタリー作品を作るという立場で、運動に関わっていくわけですが、幾つかの問題にぶち当たりました。一つは顔出しの問題です。当時、撮影を了解していた学生も、運動が収束あるいは変わっていく中で気持ちが変わっていくこともあります。自分が映っている映画をいま公開されたくない、と。

　もう一つが運動と作品の問題。僕は運動が後退してい

く中のまんじりとした時間のなかでの運動に関わる人たちのありようであったり、空間の変容をじっと眼差すことで問題の本質をあらわにしたいという考えがあり、運動側としては被写体である自分たちの主張をストレートに出して欲しい、プロパガンダであり分かりやすい情報として出して欲しいという考えがありました。運動側の考えも尊重していますが、僕もプロパガンダにはしない、作品の自立性は守るという立場を絶対に曲げないので、今のところこの映画は公開されていません。丁寧な議論を続けながら、いつか公開したいと思っていますが、顔出しや被写体との考えの違いといった問題を厳しく問われた体験となりました。

その後、反戦運動が広がった中で僕もデモに参加するようになり、ＡＳＣ（アゲインスト・ストリート・コントロール）といったサウンドデモのグループであったり、反戦以外でもメーデーやさまざまな主張のデモで撮影をするようになりました。どのような関わり方かというと作品を作る、発信するという立場ではなく、デモ主催者の一員として権力によるデモの妨害や弾圧を映像によって牽制するといったデモ防衛の立場で関わっていくようになります。実際に何度もデモの中で起きた逮捕の現場を映像で撮影することとなり、被弾圧者の救援活動などと連携していくこともありました。反戦運動の高まりのなかで映像もたくさん出てきたと思いますが、僕はそのときの運動の表象のされ方に違和感を持っていました。当時は権力に晒されるという意味でも、今よりもデモ参加者が自分の姿を映像として公開されることに過敏だったと思います。

そういった顔出しの問題であったり、さまざまな考えを持つ人たちの集まりを議論や関係作りも経ずに表象すること、あるいは作品化することの映像の特権性への問題意識があり、２００１年から２００７年まで撮ってきた数多くの運動の現場での映像はインターネットなどでは一切公開してきませんでした。よくデモが終わった後に「どうですか山川さん、今日はいい画が撮れましたか」と聞かれましたが「今日は平和なデモだったので、ほとんど撮っていません」と答えたり、「いい画ってなに？」とか（笑）嫌なやつだったかもしれませんが、運動と映像については、そういった問題意識がありました。

山川▼僕がインターネットなどで積極的に映像を配信することになったのは、２００８年の〈G８メディアネットワーク〉からです。ユーチューブの影響による運動の現場での参加者の意識の変化も感じましたし、前年のドイツで行われたハイリゲンダム・サミットにおけるインターネット配信を中心とした海外のオルタナティヴ・メディアの活動の刺激もありました。そこが僕にとっての契機だったと思います。また、いくらデモ主催者が映像について丁寧に考えたとしても、公安警察はデモ参加者の顔をバンバン撮影しますし、デモ参加者自身がどんどん映像を公開していくようになるなかで、自分たちによる映像だけが不在になっていくという状況認識もありました。

洞爺湖サミットのときは国内外のメディア活動家と集まりをもち、デモにおける被写体や表象の問題、日本における弾圧の状況などを話し合いました。セーファースペースの活動に取り組んでいた人を呼び、デモにおける弾圧と映像の問題や映像によって晒されたりせず安心してデモに参加したい人たちの存在などについて議論を行いました。海外の活動家のなかでも「Demonstrationだよ、公に訴えたいと街路に出てきて映されたくないって意味が分からない」と言う人もいましたし、「問題はそんな単純じゃない」という人もいたりして、僕にとっては貴重な議論でした。〈G８メディアネットワーク〉のビデオユニットに参加した人たちには、自分たちは撮影をしてインターネットで配信していくので、映されたくない人は声をかけてくださいとデモの前に周知するようにお願いするようにしました。

いざ発信をしていくと、やはり情報を即座に伝えていくことで国内外の人たちと繋がっていける重要性を感じました。一方で印象的な出来事があります。札幌市で行なわれた7月5日の「チャレンジ・ザG８サミット1万人のピースウォーク」というデモで数名の逮捕者が出たんですけれども、それをビデオユニットの人たちが10人くらいで撮影していて、警察が何もしていない人たちを暴力的に逮捕した状況を即座に配信しました。このことでその後の国内外の人たちとの連帯に役立ったところはあると思います。とはいえ、映像をみたら非常に不当な逮捕シーンの一部始終が明らかに映っているにもかかわらず、その映像を観た人がそう感じるとは限らないわけです。ある人は、「でもこれは、アナーキストのような人たちが暴れたんでしょう」とか言うわけです。映像のなかで暴れているのは警察ですよ（笑）映像がそのまま証拠や証明になるというのはあまりに楽観的な考え方で、映像を観る人がもともと持っている考えや認識を変えるためには、単なる情報発信ではない何かが必要なんだと思いました。同じような考えの人たちと広く繋っていくことはできるのですが。

1991年のロサンゼルスで起こったロドニー・キング事件では、黒人であるロドニー・キングがロス市警の警官たちに囲まれて一方的に殴られている有名な映像があります。どう見ても無抵抗な一人の黒人男性が暴力を受けているという不当なシーンが映っていたにもかかわらず、白人住民の多かったシミ・バレーの法廷で行なわれた陪審裁判で証拠にならない。それどころか、むしろ一人の黒人の身体が暴力的な脅威を持っていたからこそ、警官たちが正当防衛を行なったのだとその映像が陪審員たちに読まれてしまったということがあったわけです。1991年のロサンゼルスでのロドニー・キングの肌の黒さが2008年の札幌でのデモ参加者の衣服の黒さに引き継がれたと言えると思います。こういったことが僕にとって非常に大きなテーマとなっています。

ここでちょっと映像をみてください。

――上映・「G8 2008をめぐる映像＋音、あるいは集団的創造のプロセス」――

デモの逮捕シーンを〈G8メディアネットワーク〉のサイトでは、極力編集によって手を加えない形だったとはいえ数分以内のクリップとして配信しました。それらは逮捕シーンを伝える情報としては良いのですが、一方で逮捕シーンの情報ばかりに焦点があたってしまう問題があります。

今ご覧いただいている映像は、十数人の人たちがそれぞれ撮影したデモの映像を完全に無編集で時間を同期させてマルチ画面で流しています。洞爺湖サミットが終わったあとに、これらの映像を十数台のモニターで流し

G8 2008をめぐる映像＋音、あるいは集団的創造のプロセス
（イルコモンズ編集ヴァージョン）

てみるというインスタレーションもやりました。デモが二時間としたら、映像も二時間続きます。そして撮影者が撮影していない時間、スイッチをオフにしている間はずっと黒画面で埋められています。これで何がわかるかというと、逮捕シーンを中心的にスペクタクルとして表象するのではなくて、撮影していた人たちが何を撮らないで何を撮ろうとしていたかがわかるんですね。撮影者が撮らなかったもの、見ようとしなかったものが暴かれていくわけです。逮捕が起こると十数人の撮影者がビデオカメラのスイッチをオンにしてワーッと集まってくるある意味ではグロテスクな様子も分かります。

これは一つの映像が中心化して切り取っている現実を脱中心化していくような試み、むしろその中心を暴いていくような映像批判になっていると思います。このような試みが有効だとは限らないんですけれども、単なる出来事をそのまま短く発信するのではなくて、映像の受容のされ方をどう揺さぶっていくかということ、これもまた運動の現場における映像の課題の一つだと思います。

具体的な場所から立ち上がるメディア

山川▼洞爺湖サミットのあと、北海道で知り合った主にアジア中心のメディア活動家と一緒に〈メディアチャンポン〉という、括弧付きの「メディア・アクティヴィスト」といわれている人たちのネットワークに取り組んで、英語・日本語・韓国語・中国語の多言語で配信するサイトも作っています。とはいえ単なるオンライン上での活動だけではなくて、たとえばサイトの一番上のバナーには「NO CORT（ノーコルト）」とありますけれども、これは韓国のギター製作の労働者が日本のメディア活動家と一緒に運動を現場で作り、かつ発信していく。「DON'T DO IT」というバナーをクリックすれば、東京の渋谷にある宮下公園に関する映像が観られるわけですけれども、これらは〈メディアチャンポン〉が外在的に宮下公園の運動を記録した映像群ではなくて、たまたま〈メディアチャンポン〉にも関わっている人たちによるものですが（笑）、宮下公園の運動が自分たちの映像として作ったものが配信されています。韓国の再開発に反対してきた龍山（ヨンサン）地区の映像もそうですが、メディア活動家がある現場に出掛けていって撮影したものというよりは、場を形成しながら、自分たちで発信するという形。現在、ユーチューブやユーストリームなどを使って当事者による配信が活発ですが、運動とメディアの境界線はますます変容していっていると思います。

インターネットでの映像配信について言及するときに、常に強調しなければならないと思うのが、オフラインの実際の場所で起こっていることの重要性です。メディア・アクティヴィズムを語るとき、あるいはソーシャルメディアの可能性について語るとき、オンラインでは発信されない出来事の重要性が軽視されないように注意しなければいけません。さきほど言及した〈G8メディアネットワーク〉のインスタレーションの黒画面の話にも関連します。たとえば、僕は宮下公園のナイキパーク化反対の運動に関わっています。2010年3月15日から17日の三日間（その後、行政代執行されるまでの半年間、公園の占拠は続きましたが）、宮下公園で「アーティスト・イン・レジデンス」という形で、公園内にテントを張って表現活動をしたり、フェンス封鎖を阻止したりしながら公園をつくっていく、公共空間とは何かを考えるといった試みをしました。

僕がここで最初にやったのが珈琲を煎れるということです。珈琲豆を公園で焙煎して振る舞い、皆でおいしい珈琲を飲み、話をする。もう一つが公園に無線LANを開放して小さなメディアセンターをつくって、だれでもアクセスできるポイントを設置しました。僕にとってメディア活動とは何かというと、まずは場所を共有すること、場所をつくっていくということではないかと考えています。「メディア」の語源を辿っていけば、そこには街路や広場といった意味合いがあったことをよく考えていきたいと思います。

メディア・アクティヴィストが外在的に運動の情報を伝えていく、もしくは何かが変わるといった形ではなく、僕にとってはコミュニティーなり具体的な場があって、そこから内在的にメディアが立ち上がる、場と場が繋がり、新たな空間が生まれていくような方向を何とか考えたいなと思っています。

広告屋、市民メディアと出会う

川井拓也▼皆さん、こんにちは。2000年からの市民活動の動きだったり色々と見ていった感想では、タコ壺化するとコミュニティーが崩壊してまた次の所へ行くみたいな、そういう歴史の繰り返しかなという印象をちょっと持ったんです。僕自身は市民活動に関しては素人といいますか、広告屋なので、ある意味消費社会の申し子的な所で飯を食っているということもあります。市民活動の世界では、主に技術的にちょっとお手伝いをしたり、新しい参加者と出会っていくためのサポートを自分がシンパシーを持つ活動に関しては一緒にやるということをしてきた人間です。

今日お話しするのは二つ。一つは私と市民メディア、インターネット。もう一つは今ここから実際に中継されているライヴメディアというものが、議論をする場を提供できる新しい動画メディアであるということをお話ししたいと思います。私自身はテレビコマーシャルの制作会社出身ですが、現在、〈ヒマナイヌ〉という自分の会社をやっております。そのほかに「デジタルハリウッド」というＣＧのクリエーターとかを養成する学校で講師をしています。

９・１１の前、２０００年ぐらいにピースボートと組んで世界一周洋上放送局というプロジェクトを、まだテレビのディレクターをやっていた時にやりました。船の上に放送局をつくって、長い時間上陸してはまた船の上にいくというものです。その時間を使っていろんな商業的な番組をつくりつつ、それだけでは２４時間も使いませんので、いろんな人たちに開放して市民のメディアづくりのサポートをしていました。当時インマルサットという一分間で千円くらいするものすごい高いインターネット回線を使って、洋上からある程度リアルタイムに情報発信するというようなことをやりました。これはワンソース・マルチユースという考え方のルーツで、雑誌だけで5誌ぐらいあらかじめ連載をとっておいて、ウェブサイトだけでも三つくらい、それからテレビ番組が二つ、そういう風にいろんなものを同時に発信するプロジェクトとしてやっていました。

僕はそれまでほぼ同じ業界の人としか仕事をする事がなかったのですが、これが市民メディアの人と初めて一緒に何かをやるというプロジェクトになりまして、衝撃を受けました。どんな衝撃かというと、９０日も一緒にいますから、最初は向こうも何だあいつら商業的なにおいがぷんぷんするなという感じで、お互い様子を見ているわけですけれども、だんだん我々のやっていることがわかってくると、「俺スペイン語できるけどスペイン語で翻訳させてくれ」とか「字幕を英語でつけるよ」とか、そういう申し出があったりしてだんだんといろんな人の輪ができて。我々は対価でお金を払うという業界だったので、ボランティアで何か志願してくるという状態が非常に新鮮でして、我々も逆にじゃあ編集のやり方教えるから、せっかくコソボに行くんだったらコソボで何かビデオインタビューをして、短い時間でまとめてみたらどうかとか、そういう動きになっていったわけです。

僕自身にある種の市民メディアに対する固定概念があって、自分とは関係のない世界だと思っていたのが、９０日間一緒に旅をしながら、政治的な話だけではなくいろんな話をする中で、市民メディアでも自分が今まで培ってきた広告業界での表現方法というものが役に立つのかもしれないと思うきっかけになりました。

そして2001年の9・11、当時僕は600人くらいのメーリングリストを主宰していましたが、そこでもやっぱりえらいことになりました。これで明日からどうなるかということで、僕自身も日常の業務がありつつも興味があったので、9・11の翌日、インターネットビューカムというシャープのasfという形式で撮れる動画カメラ、今でいうザクティーみたいなものを持って街頭インタビュー、世界はどうなっていくのかというようなことを撮って、それをまたアーカイヴしていくみたいなことをやりました。Jストリームからそういうことだったらサーバーを使って下さいという申し出があったり。これをきっかけに、〈チャンス！〉という活動体や小林アツシさんと出会ったのが2001年ですね。

有事法制の件が始まった時には、まさにブロードバンドという名前が使われ始めました。ブロードバンドがこれからくるということがありましたので、そのブロードバンドを使ってどんなことができるかということで、当時人気だった織田裕二の裕二と有事法制の有事をかけて、「ゆうじが来るらしいよこれから、きてるきてる、ゆうじゆうじって言ってるけど何の話なの？」っていうと有事法制だったというようなCMを作ってポレポレ東中野で流したりしていました。

オーガニックメディアの時代

川井▼僕自身の興味は、デジタル技術によって人の記録だったりそれを公開するプロセスがどんどん変わっていくというところです。2001年に「ライフスライス」というプロジェクトをやりました。これは、昔からの新聞とかテレビと同じように、いろんなものを撮って編集という糸で文脈を作るというメディアリテラシーではなくて、まるごと人の体験を撮ることはできないかなということで始めたプロジェクトです。首からかけるネックレス型のカメラで、10分ごとに写真を撮る。記念写真を撮るわけではなくて、自分が見ている風景がそこに映るわけです。これで僕がやりたかったことは、我々が当たり前と思っている毎日と言うのは非常に限られた先進国のライフスタイルにすぎないということを提示すること。パレスチナの一日とか、いろんなＮＧＯの人に持って行ってもらいました。

例えば、アフリカの5歳の子供の一日と日本の子供の一日というのを並べた。同じ１０分ごとのある一日なんですが、映っているものが全く違う。水を汲んでくるのに午前中いっぱい、そこにはずっと砂漠とロバしかいない。そういうものとが並んだとき、誰かがある文脈で説明するのとは違う強烈なリアリティーというのを感じました。なにも添加されていない、それを読み解く力というのはこちらの取り方次第だと。そういうわけでこれを普及しようと思ったんですけれども、肖像権の問題とかいろいろありまして、そんなカメラが商品化されるわけもなく、一部の話題になっただけで終わってしまいました。けれども驚くことに、今や誰もがカメラを持っていて自分の生活をどんどん配信する・アップしていくという時代になった。そういう意味では皆が記録をどんどん作っていく時代になったんだと思います。

２０１０年に「ワールドシフト」というイベントがありました。国連大学でフォーラムがあったんですが、そこで僕は、「対話可能なオーガニックメディアの時代」というテーマでお話をしました。ユーチューブにあるのはあくまで編集された映像ですから、発信者の意図があるわけですね。しかしこういった、カメラでその様子がそのままリアルタイムで流れて、それをリアルタイムで見ているという新しいタイプのものはちょっと意味合いが違う。まだ編集前な訳ですから。もちろんキャスティングが編集されているわけですけれども、無編集で無添加で産地直送である、つまり現場から送っている。いうなればマスメディアのカメラが撮っているものというのは、あとで編集されるのが前提ですが、これはある人がそこにカメラを置くとリアルタイムで無添加で無編集で送られる。だから見ている側というのはそれを読み解く力も必要なわけで、それを一緒に見ているいろんな人が補足してくれるわけです。これはちょっとおもしろい。ダダ漏れという言葉自体は大阪の方であまりいい意味ではなかったりするので、僕の解釈で「オーガニックメディア」という言い換えをして本に書きました（『USTREAM　世界を変えるネット生中継』２０１０年、ソフトバンク新書）。

ユーストリームは時限コミュニティー

川井▼本題のユーストリーム（USTREAM）ですけれども、ユーストリームというのは、カメラとマイクを繋げれば誰もが無料でインターネット配信ができる。私自身新しいメディアに興味があったり、もともとテレビコマーシャル出身ですから、ユーチューブに続く新しいトレンドとして、これはすごい面白い。インターネットにいつでもアクセスできる時代なのに、わざわざ今という時間を割いて同じものを見るという、この原点回帰が面白いなと思います。カメラ何台かをすぐに切り替えて、テレビっぽいことをできたりしますので、こういった中継をいろんな企業や団体がやっています。

ユーストリームの本も昨年4冊出しました。そのほか誰もが自分で音と映像がやれて、しかもしゃべれて、インタビューができて、そういう新しい時代のメディア・アクティヴィストを養成するための講座をやっています。有料の講座なんですが、その場所に来ている人の入場料で、その場所に物理的に来れない人に向けて中継できる、これが面白い所だと思いました。

よくあるイベント会場での風景で、講師が一方的にしゃべったあとで質問はありますかというと、シーンとなる。日本人はシャイなのでなかなか質問が上がらないわけです。でも会場にいる人たちはいろんなこと考えているわけですよね。そういった気持ちをソーシャルストリームにはぶつけることができるわけです。これがライヴメディアの肝です。こんなかたちでしゃべりながら皆さんの顔も見つつ、ネット上の反響も共有することができる、ここが新しいメディアの面白い所だなと思っています。

こういったソーシャルストリームで共有される事は約4種類あります。まず合い槌。もう一つが感想。更に疑問を投げかけてくれたりする人がいます。それから一番重要なのが、補足してくれる人が現れるわけです。詳しい人がいるんです、ジャーナリスト並みに。とにかくいろんな人が、その映像というわかりやすいものを通じて補足してくれる、実は見ている人の情報量というのは話している皆さんより多いかもしれない。ストリームでいろんな人がリンクを投げたりしてくれるので、圧倒的な情報量の中で知ることができる。

そして、この四種類の内容が講演者に共有される。ラジオでいうと、はがきを送ったりファックスを送ったりするとディレクターが選んで、ラジオのパーソナリティーが読む。どれかオッケーなものを選んで放送にのせるわけです。ところがこのメディアの場合は送ったものすべてが出てきますから、賛否両論が全部見えてしまう。この部分がオーガニックメディアの、そしてこのメディアの面白い所です。リアルタイムで偶然集まった人が同じ議論について考えたり、議論するきっかけを提供してくれる。

だからユーストリームというのは「誰でも放送局」じゃないんですね、テレビごっこをしたいわけではない。そうじゃなくて、このメディアというのは映像つきの時限コミュニティーなんですね。放送が終わった瞬間にこのイベントに集まった人はばらばらにいなくなってしまう。今日素人の乱12号店でやっているこのイベントに対してツイートをした、すると異なるジャンルの異なる関心によって人びとがきた。そういうことで映像つきの時限コミュニティーになるということです。という感じで、僕の話は終わりたいと思います。

メディア・アート　人と人の関係性を描き変える試み

藤井光▼藤井光です。今お話にあった時限付きコミュニティーというのは面白いなと思いました。ユーストリームなどメディア・テクノロジーがテンポラリーなコミュニティーを担保するということに可能性があると思いつつも、僕がろくでもないことを話すと、ここにいる皆さんはなかなかすぐには退出できませんが、ネット上ではつまらないということで直ぐに切断される。という事でがんばって話します（笑）

インターネットを使った活動と言えば、美術の分野で2001年ごろからいろいろやっています。例えば、その頃はパリで活動していたのですが、インターネットで音源を配布していました。当時MP3プレーヤーというものが発売されていたので、その音源を音声ガイドとして都市の中を歩きながら聞いてもらう。「そこを右に行ってください」といった指示が入り、様々な場所、例えばあるパリの一角にセクシャルマイノリティーが

藤井光《ソーシャル・レイバー》2010
"Reflection:alternative worlds through the video camera" 2010 Installation view at Contemporary Art Gallery, Art Tower Mito Photo by Daici Ano Courtesy of Contemporary Art Center, Art Tower Mito

集まって集会をする特別な場所があったりするのですが、そういったオルタナティヴななかなか見えにくい場所を、人々の声と音楽をリミックスさせながら案内する。そういった音源を配信するようなプロジェクトをしていました（http://www.soundwalk.com）。

欧州で10年ほど活動した後に日本に戻った時に、僕は一つの壁にぶち当たりました。当時の日本（2005年）は一つの作品「モノ」があってそれを鑑賞するという垂直的なコミュニケーションの美術が支配的でした。人と人との水平的な関係性の中に、何を僕ら作家が持ち込み、その関係性をどう書き換える事が出来るかを美術の問題として取り組んでいたので、なかなか理解されない。そして、複数の人々と関わる美術活動なので、当然ソーシャルにならざるをえない。しかし、実存する公共世界に作家が関わろうとすると日本の現代美術の世界はそれだけでアウトだったんですよ。「藤井さんは社会派ですか？」という感じで。社会派と呼ぶ心理には作家の活動をどこかに分類し排除しようとする原理が動いているわけでしょ。芸術は日常生活から遠く離れ自律したモノ＝作品として存続するとの近代の美学が支配的だった。面倒だなあと思いましたが、いろいろかき回してやろうと活動しています。とにかく、日本においても自分がこれまでやってきた制作を発展させるしか僕には出来ないので、なかなか作品が買われない〝社会派〟として、日本で展開されているプレカリアートの運動に関わるようになりました。美術家としてもう完全な不安定労働者になりましたから（笑）

バーチャルメディアとリアルの復権

What's media activism?

細谷▼川井さんから技術的なことをいろいろとお話しいただいたので、まずはそのあたりのこと、山川さんはいかがでしょうか。

山川▼洞爺湖サミットの時は海外からもたくさんの人たちが来ました。僕たちは、２００８年の行動に先立つドイツの情報などをインターネットを介して得ていたわけですし、〈Ｇ８メディアネットワーク〉というもの自体、いろんな情報をオンラインで発信することで、海外の人たち、もしくは北海道の現場に来れない人たちに伝えました。これは意義があることだったとは思いますが、同時にインターネットを介して得た情報だけでは分からなかったようなことが実際に海外の人たちと会って話すとたくさんあるわけです。インターネットだけで、わかった気になりがちだったわけですね。オンラインメディアを介してつながることの大事さとともに、身体性やオンラインでは得られないディテールや語り得ないもののリアルをどのように取り返していくか、つくっていけるのか。正直わからないで考え中なんですけれども、そういったことで面白い事例とか、どういったことがあり得るのかということを聞いてみたいんですが。

川井▼そのリアルの力とかリアルの復権というものは、ソーシャルメディアが便利になっていけばいくほどある感じがしていて、ユーチューブでもなんでも、いつでもどこでも見れるというのがインターネットの良さなんで、電子レンジみたいに検索エンジンでピュッとやればポーンと出てくる。その時代にわざわざリアルで自分の時間を割いてこの中継を見たり、物理的に交通費を使ってここまで来るということがなぜ廃れないのかということは僕も興味深いところです。だから、最近の若い人は海外旅行に行かないと言いますけれども、これだけ3Dとかハイビジョンを見れたりするなかで、海外旅行に行って何を最後にするかといえば、においをかいだりとか人と出会ったりとかしか残されていない。でもやっぱり僕、旅した時の最初に空港から出た時のにおい、タイとかベトナムとか、大好きなんですよね。船で海のにおいしかしないところでアフリカ大陸に近づいていくと、大地のにおいがするわけですよ。そういうことは船に乗っていないとわかんなかった。そういうものに対して人間が依然として原始的な本能でいて、人に会いたい、リアルなものに触れたいとかは、バーチャルメディアが充実すればするほどある気はするんです。

もう一つ、情報がすごく多い。みんなたぶんメールとか読み切れていないと思うし、もうメールマガジンとかメーリングリストとかもほとんどグーグルでスパム処理されちゃったりして、あの人がここにいるのかどうかもわからない。そういうことになってきた時にそれを繋ぐ人が重要じゃないかな、パーソナリティー。僕は結構古い世代の人間なんでラジオ好きなんですよ。ラジオって、パーソナリティーを好きになるじゃないですか。あのパーソナリティー経由で政治の話を聞いてみたいとか。誰経由でその情報にアクセスするかというのがますます重要になって、ミクシィから経由するとか、ツイッターから経由する、フェイスブックから経由するというよりは誰経由かということ。雑誌を購読するように、誰を追っかけているかということがこれからは重要で、アクティヴィストの人は自分のファンとかフォロワーという人達を、どんどん新しい世界に連れていくために新しいメディアを使っていけばいいんじゃないかと思っています。

僕自身も異なる世界に出入りする立場の人間でいたいという気持ちがあって、悪くいうと広くて浅いんだけれども。まさかここにここに同じ人が行っていると思わないだろうというところに行っているというのが好きなので、今日なんかも超アウェーなんですけれども。でも、なんだかんだで知り合っている人もいるわけなんです。

ますますその人の個性だとかパーソナリティーが大切で、知っている人の活動にしか入っていかないと思うんです。いっぱい問題はあるわけで自分が何にお金と時間をコミットするかといったら、あの人がやってるんだったら手伝おうかなとか、そこしかないような気がするんです。良いパーソナリティーだとか、ウェブサイトを組んで新しいものをうまく使っている人の方が僕はやっぱりシンパシーがある。そういうアクティヴィストのスタイルというものが基本的には好きです。

映像から何を読み取るか

what's media activism?

細谷▼情報量がものすごく増えたというのがありますが、時間の速さの問題とそれが人に与える影響というところでは、藤井さんはどう思われますか？

藤井▼膨大な情報量を処理するよう僕らは強いられていますが、その中で人間の持つアテンション〔注意力〕の時間が損なわれています。映像に関して言えば、その映像を読み解く理解力を必要とする時間と言ってもいいかもしれません。アテンションの時間が現代人にはないので、分かりやすい表現が氾濫します。市民メディアの映像も現実世界で起こったことを記録するだけでいいように思われている。ユーチューブで見られる未編集のザラザラとしたリアルが需要される理由もわかる。一方で、現実をただ切り取ったその映像の記録性はすぐに風化してしまいます。僕らの精神や行動に影響を与える〝記憶〟というものにまで変換されているかという疑問です。日常生活の必要性から生まれた市民メディアの映像が忘却のための刺激となってしまってはならない。アテンションを必要とする映像は、見る側の能動的な身体性を必要としますので、そこに市民メディアやアクティヴィズムの今後の可能性があるのではないのだろうかと僕は考えています。

山川▼僕は川井さんの本を読ませてもらって、すごく面白いと思ったところがいくつもあったのですが、その一つは、かつてテレビが街頭にあったという時代と現在のソーシャルメディアを繋げていく視点です。かつての街頭で皆が一緒になって楽しむという映像体験が、お茶の間の家族単位へとなり、徐々に個人単位の部屋へとその受容が変遷していった、と。そして現在のユーストリームやツイッターのようなソーシャルストリームが、むしろ街頭テレビの時代のように不特定多数と体験や情報を共有する場に再びなったという新しさと古さと通底させていく視点が僕にはすごく面白かった。

もう一つはオーガニックメディアということで、無添加無編集としてのユーストリームの映像の事もおっしゃっていましたが、そもそも映像は無添加無編集だったわけです。通説を信じれば映画は１８９５年、リュミエール兄弟によるパリのグランカフェ地階での上映が出発点です。有名なところでは『ラ・シオタ駅への列車の到着』など単に汽車が駅に来るような固定カメラで撮影された無編集の映像を昔の人は楽しんでいたわけです。こういった一見何も起こらない映像を今、僕らが観たら退屈だと思うかもしれません。何の情報もないとか思うかもしれません。でも、それは僕らの映像を観る力が落ちてきているからという気もしています。それらの映像には何も映っていないのではなくて、波の動きや陽光の変化、往来する人たちの動きや風に揺れる葉など映像の細部をかつての人たちは楽しんでいたのですから。

情報をシェアすることの責任と倫理

山川▼映像の細部ということで、運動と映像の問題と絡めて一つだけエピソードを話しますと、水俣病を世界に知らしめたユージン・スミスによる「入浴する智子と母」（１９７１）という有名な写真があります。上村智子さんという人はお母さんのおなかにいる時にチッソが垂れ流した水銀に侵されて、胎児性水俣病だったんですね。ユージン・スミスの写真が撮られたとき、彼女は１５歳だったのですが、写真にはお母さんが智子さんを抱きかかえてお風呂に入れている姿が映っています。それは『ライフ』誌で発表され、水俣の問題を訴える写真として強烈なインパクトを持ったものとして、２０世紀を代表する写真とされています。

それからずいぶん経って、また智子さんも亡くなった後に、智子さんのご両親からそろそろ娘のイメージを休ませてあげたいという話があったといいます。その写真は水俣病の問題を象徴する一枚として、さまざまなところで鑑賞され、またビラにも刷られていたそうです。運動の現場にいれば分かると思いますけれど、皆ビラを受け取って読んでも、最終的には捨てたり、ビラが足に踏まれていったりすることが起こる。情報として扱われてしまう。当然ながら、そういったことは智子さんの身内からすればつらかったそうです。それでユージン・スミスのパートナー、アイリーン・美緒子・スミスさんが自分たちの著作権の及ぶ範囲での公開を取りやめることになったという経緯がその写真にはあります。

同じく水俣のドキュメンタリーを撮っていた土本典昭さんにお会いした時に、そのことを聞いたことがあるんです。土本さんや写真家の桑原史成さんなど時間をかけて撮ってきた人たちには「写真を見れば智子さんの表情が拒否している、写真撮られるのが嫌だというのがわかるんです」とおっしゃいました。その写真をかつて見たとき、僕には智子さんのメッセージを読み取ることはできなかったですし、おそらくいろんな活動家の人もわからなかったのだと思います。僕は水俣病を象徴する表現および情報としてしか受け取ってきませんでした。一枚の写真の中にこのようなディテールや背景があり、固有の生が刻まれています。運動と映像のことを考えるときに、情報をいろんな人がシェアして行動していく重要さはわかっているつもりですが、しかし同時に、情報というのは何なんだろうと考えてしまいます。どちらかというと僕には発信をする際に慎重になってしまう傾向もあり、引き裂かれているところがあります。情報というのをどう考えたらいいのか、それを川井さんに聞いてみたいです。

川井▼例えば公園で子供たちを撮ると猛烈に抗議されたりする。今、子供たちのスナップ写真を撮れないんですね。怒られたり肖像権を主張されたりというのがある。

ソーシャルメディアの恐さっていうのは、自分が自分の情報を消去可能なエリアにいないということです。つまり一回でも転送されたり転載されたりすると、それはもうその人のコントロール下を脱してしまうということです。ネットの民の恐ろしさというのは、ふだん鬱屈してる上に、日本人の国民性として、連帯するとすごい陰湿ないじめになったりする。例えば特定の人のツイッターのアカウントからミクシィを特定して、ミクシィの過去の日記とか友人関係から学校や本名を特定して、というようにどんどん探していく。それはもはやいじめでしかなくて、これに乗じて叩いてやれとか、そういうことになっていく。そういったところでソーシャルメディアが使われている。

今フェイスブックがブームですけれど、すさまじく怖い所は、人が撮った写真にそこに写っている人のタグが埋め込めるということ。そういう世界においては、情報発信する側が何のメディアを使うのかみたいなことが、非常に重要な責任を持っています。その人に悪意がなくても、その映像をキャプチャーして名前を特定するとか、画像検索でも今は顔が似ている人とか検索できたりする。表現者にとって、シビアに考えなくてはならないことです。

細谷▼倫理的な問題というか、今思い出したのが、昨年フランスのベルナール・スティグレールが日本にきた時に、この大量情報化社会において必要なのは見る側の批評の目であるといったことを話していました。ただ見る・録画するだけではなくて、一つひとつの問題を身体で抱えて批評していく。そして、そういう「実・時間」を捉えていくということを言っていたのを思い出しました。

映像を見る身体　映像を読み解く身体

山川▼さきほどのオーガニックメディアについては、ユーストリームだけではなくいろんな形態があるとも思うんです。藤井さんが〈remo*TOKYO（レモ・トーキョー）〉という活動の中で、レモスコープ（remoscope）という、かつての初期映画のようにワンカットでずっと何かを撮影していく形式をデジタルカメラで行なうといったワークショップをされていますが、僕はそれがすごく面白いなと思っていて、そういった中で何が見えてきたのか聞いてみたいですし、皆さんとも共有できればと思うんですが。

藤井▼レモスコープ、これはremo（ＮＰＯ法人 記録と表現とメディアのための組織）が開発したもので、撮影のためのいくつかのルールを作り、誰もが映像作品をつくれる仕組みとして開発されています。このワークショップで制作される映像作品の特徴は、一分間定点でズーム無しの撮影方法を採用しています。音もない。現在のコマーシャル的映像文化に慣れた人にはとても違和感のある映像が生まれます。特に一分間という時間がとても長く感じられます。それは実際の過ぎ去った時間なわけですが、これを私たちは〝実・時間〟と呼んでいますが、そのリアルは現在のコマーシャル的映像文化にはない。そして、制作された映像をみんなでワイワイ鑑賞する。ひとつの映像を複数の人が観て、その映像をああだのこうだの言いあっていく。映像に対するアテンション〔注意力〕が高まるわけです。映像を読み解くリテラシーというものを人々と話し合う中で構築していく身体作りのワークショップとなっています。

“night remoscope workshop”　by　remo*TOKYO

　メディアリテラシーに関していえば、ＹＣＡＭ（山口情報芸術センター）と、山口市の市民の方々と僕の三者で「自分たちのメディアを創る映像祭」という映像祭もプロデュースしていますが、そこでも別の角度から発展させようと考えています。この映像祭は公募というかたちで、「世界へ向けて」「社会へ向けて」「コミュニティーへ向けて」「家族へ向けて」「あなたへ向けて」そして「私へ向けて」という応募部門を設定しています。ビデオカメラは安価になり操作も簡単なので、誰もが映像を制作できる時代になりましたが、そういう状況の中で映像をどこへ届けていくかという態度が問われる仕組みになっています。映像制作の技術的な側面だけでなく、作り手の覚悟のようなものが映像の強度を左右する側面があるからです。

山口市・自分たちのメディアを創る映像祭　メディアキャンプ

会場から▼メディアリテラシーということでお伺いしたいです。僕らがいろんな、例えば東京都の隠し事やウソを暴いて、いろんなかたちで発信していく。けれども、それに対してネガティヴ・キャンペーンが張られる。ブログであってもツイッターであっても、出せば必ず叩かれる。向こう側は記者クラブを通していいように発表してくるので、僕らが一出すと百返ってくる、そういう攻防がある。圧倒的な物量やネガティヴ・キャンペーンによってかなり僕らの発言は封じ込められている。それを読み解く力を皆に持ってもらわないとなかなか広がらない。そこで、僕らアクティヴィストが発信する上でそのリテラシーをどう突破するかというところ、ぜひご意見を頂けたらと思います。

藤井▼マスメディアの構造的な問題を理解した上で、そこから発信される情報を批評的に受けとるという最低限の教育が普及する事を望みますが、一方で、自分たちのメディアとして、多くの人が自分たちのために映像を使っていくことで、メディアリテラシーを社会全体で底上げしていく必要があるかもしれません。

「メディア」という幻想を揺るがすメディア・アクティヴィズムへ

会場から▼〈アワープラネットTV〉がやろうとしているのかもしれませんが、公共性の問題とメディア、そういうところで関心のある方がいらっしゃったら。

藤井▼いわゆる公共性と言った時に、放送が考えるような広い意味での公共ではないもう少し中間領域の公共性というのがあるのかなと思っています。個人的、私人的領域から社会というものを見つめた時に現れる世界です。そういう中間領域をもっと作り出す必要があり、映像制作はそこで役割があるのではないかと考えています。

山川▼いろんな人が広く大きくつながっていくための努力というのはすごく素敵なことだと思います。そういう意味での活動することは大事だと思うんですけれども、一方で閉じることも大事だと僕は思っています。つまり情報や表現を多くの人たちに受容されるように考えていくことも大事ですが、元来もっていた自分の欲望や表現を失うよりも、つながらなくていいんだと開き直ったところで、自分たちの欲望や表現の強度みたいなものに賭けるというか。そのことで結果広がりを持つこともあると思います。その両方の感覚が必要であったり、人によってはどちらか片方ずつでもいいかもしれません。僕自身は非常に分裂しているけれども、両方の感覚を持っています。

この話と関連するか分かりませんが、先ほどの無編集の映像を見るということ、たとえば、かつての初期映画もそうですけれど、そこで見られるものって情報を見分けるとか情報処理能力みたいなものではなくて、なにか体験みたいなもの、風で木の葉が揺れているのをどう感じるかといったものではないかと思います。それは数では計れない。情報と同時に体験みたいなもの、何万人のひとが同じものを見るということと、すごく少ない人数のひとが路上で出会ったり、そこで何か一緒にやったりすること。これは比較できない。とにかく少人数でも大事だっていうことを手放したらまずいなと思っています。

藤井▼例えば「ソーシャルメディアで社会が変わる」といった言論があります。中東で起こった革命もまた、あたかもソーシャルメディアによって起こったように煽ている人々がいます。実際には26歳の青年が自殺しその友人たちが警察に抗議に行くというアクションがあったわけです。そして、その抗議行動を支える労働組合が野党ではできない組織力を発揮し、国政を動かすという事実もあるわけです。つまり、現実に動く内実のある運動というのがあって、そこから必要なメディアが現れると考えていかないといけない。新しいメディアが社会自体を変革するというような、僕らはそういう妄想に掻き立てられるというか思いこんでしまう。けれども実際には数々のアクティヴィズムが連携しあいながら長期的に繰り返され、社会に深い影響を与えることで現実が動いています。

山川▼僕は確かに映像を作ったり、メディア活動を行なっているので、(今日この場に呼ばれたのもそうだと思いますが)「メディア」といった側面だけで見られがちかもしれません。しかし、僕はやはりオンラインだけではなくオフラインで起こること、具体的な何かアクションであったり、場所であったり、存在であったり、そういったところから何かが立ち上がるということに興味があります。そのオンラインとオフラインというのがどうやってつながるかというところが大事だと思います。行動・場所・存在、そういったものと人がつながるコミュニケーションみたいなものに関わっていきたいと思っています。

(2011年1月26日　於/素人の乱・12号店)

情報資本主義社会におけるオルタナティヴにむけて　▼　細谷修平

2000年以降、インターネットの広がりやビデオカメラ自体の規格・形状の変化などによって、映像メディアの活用は益々広がりを増すとともに、私たちをさらに視覚を頼りとした認識へと向けることとなった。

第六回では、こうした現状における可能性や不可能性、問題点などについて、登壇者のこれまでの経験を通してさまざまな意見交換が行われた。

今回のトークを振り返ってみて、印象的だったことの一つに「リアル」というものの再考がある。編集を施さずにリアルタイムで映像を流すことで生じるオンラインによる新たなコミュニケーションの可能性が提示された一方で、膨大な情報が映像として流されていく社会における映像を読み解く力やその時間の必要についてが語られたことは、オンライン／オフラインのどちらかを優位とするような安易な二項対立ではなく、その両方を行き来する身体を現実の時間のなかで育んでいくことの今日における必要が示唆されたように思う。

そこでは、情報としての映像を受け手が解釈するということの可能性が、理解の不可能性を裏表として現れてくるのを見い出すことができ、撮影者と被写体の関係づくりという大切な営みについても考えていけるだろう。

また、こうしたことを踏まえ、あらためてコミュニティや〝場〟についても思考を重ねていくことができると思う。

さまざまな電子テクノロジーの進展から、ここ数年で映像配信はたくさんの人びとによって行われるようになり、ユーストリームなどによるライヴストリーミングも日々行われることとなった。だがこの回で語られたように、２０００年のはじめにおいてはユーチューブといった動画サイトはまだ確立しておらず、映像の配信は自前のサーバーを使うなどの取り組みが必要であった。

このたった数年のあいだではあるが、その渦中において登壇者一人ひとりが実践のなかで経験したこと、考えたこと、そしてそれらを踏まえた意見交換は、これから私たちがメディアや電子テクノロジーについてを考えるうえで何がしかの糧となるのではないかと思う。

電子テクノロジーあるいはメディアとの付き合い方は、それ次第で情報資本主義社会における抗いや向き合う姿勢、あるいはオルタナティヴを見い出していくことができるだろう。そしてそれは、新たな連帯を生み出すことへと繋がっているはずだ。

それは跡を残さない、街頭の中に消えてゆく

山川宗則（映像制作）

街路、広場というメディア

長々と他人の言葉を借りるところから始めさせてください。

「〈五月〉に起こったこと起こらなかったことを扱った十指に余る書物がすでに出版されている。これらは総じて知的で部分的には正当でもあり、たぶん役立つものではあるだろう。おおかたは社会学者、大学教授、ジャーナリストあるいは活動家たちの手になるものである。（略）この先もなおあまたの書物が、始末の悪いことには美しい書物が現れることだろう。しかし壁に書くということ、書き記すことでもなく弁を振うことでもないこの様式、慌ただしく撒布され街頭の慌ただしさをそのままに反映するビラ、読まれることを必要とせずむしろあらゆる法に対する挑戦であるかのようにそこにあるステッカー、無秩序への指令、歩調を刻む言述外のことば、叫ばれるスローガン、そしてこのパンフレッ

トのように十ページばかりのパンフレット、それらはみな攪乱し、呼びかけ、脅かし、そして最後に問いを発するが、答えは期待せず、確かさの上に安住しようとはしない。そうしたものを決して書物のうちに閉じ込めまい。開かれてさえ閉じることへと向けられている、抑圧の洗練された形態にほかならない書物の中に[*1]」

これは68年5月にソルボンヌで結成された学生―作家行動委員会のパンフレットに収められた「ビラ・ステッカー・パンフレット」という無署名のテキストです。僕は68年の五月革命について、そこまで思い入れの強い人間ではないんですけれど、やはりこのテキストにはグッとくるところがあります。アカデミックな言葉や当事者の一人であっただろう活動家の捉え返しによって再び捕獲されることを拒否するようなメディア、つまり打ち捨てられ消え行くことを是としながら、街頭の慌ただしさをそのままに発信していくビラやステッカー、次々と刷られるパンフレットにとても共感を覚えます。このテキストは「あちこちの壁に書かれたことばのように、それらは危険の中で書かれ、脅かしの下で受け取られるが、それら自身のうちにも危険を抱えており、それを人に渡し、失い、そして忘れ去る通行人と共に消えてゆく」と結語します。僕はこのテキストをのちに編纂されたモーリス・ブランショの書物によって知るのですから、事態はいささか複雑なものではありますし、「記録」し「残す」というメディアの役割について全否定はまったくしません。それどころか、デジタルメディアのデータの破損といった今後飛躍的に増えるであろう事態に関して、アーカイヴィングの必要すら感じています。しかし、そうはいっても、今ここで、僕自身も当事者の一人であったと言ってもよい宮下公園の運動におけるメディア活動について語ろうとするとき、このテキストが自分にとってとても親しいものとして、そして警句のようにして思い出されるわけです。当事者が語る（語り直す）からといって、それが真実らしきものと

公園内に開放された手作りのテーブルやベンチ

して機能してしまうことは極めて危ういことであるし、宮下公園でのメディア活動はのちに語り直すために当時やっていたことではないわけです。多くの人が関わった活動を一人の人間が語ってしまう問題ももちろんありますが、それ以前に誰がどのように語り直そうとも、語り直しという形式には避けがたく決定的に失われたものがある、そのことをこのテキストを読む方には前提として確認しておきたいと思っています。誤解は極力避けたいのですが、こういったことは当事者や体験者のみが知りうることで、他の人には語り得ない、伝えることはできないと閉じた態度をとろうとしているわけではありません。むしろ逆で、出来事というのは当事者からも遠ざかり、捕獲できないものとして投げ出されている——その意味において、当事者による囲い込みや私有からも解き放たれているはずです。もし語り直しの形式に新たな創造性が生まれるとすれば、その地平からでしかありません。もちろん、今でも宮下公園のいくつかの運動のサイトにアクセスすれば、映像や写真や文章などから情報を辿り、宮下公園で何があったのか、その一端を知ることはできます。[*2]それはそれで大事なことです。しかし、僕から言わせれば、それらは出来事の残滓でしかありません。何も残っていないよりはマシかもしれませんが、むしろそれらが「開かれてさえ閉じることへと向けられている」ものにならないかと懸念さえしています。それらが動かしがたい記録＝事実として残り、見えないもの、語られなかったことに向けられる想像力を疎外してしまうことについて。より大事なのは、それらの形として残った情報よりもそれらが生み出された「街頭の慌ただしさ」そのものをいまここで私たちが触知することである、僕はそう考えています。ある哲学者の受け売りで恥ずかしいのですが、「出来事は可能性に開かれたものなのである。それは社会の深みや諸個人の内部に浸透していく」、この言葉を僕は信じています。宮下公園で起きた奇跡や失望やよろこびやさまざまな出来事がどのような可能性に開かれているのか、社会の深みとは何処か？　そのような問いは僕の手には負えません。しかし、公園で起きたことは公園に、街頭で起きたことは街頭に今なお可能性として蠢いている……　いささか根拠のないオカルトめいた暴論と受けとめられるかもしれませんが、僕はそう断言します。何が言いたいのかというと、こんな本はさっさと燃やしてしまって、人と出会ったり街頭に出たほうが何百倍も貴方にとってすばらしいことだ、ということ。メディア・アクティヴィズム？　諸活動に名前をつけて体系づけようとするのは、反動的な欲望にとりつかれた人たちに任せておきましょう。メディアの語源であるラテン語のメディウムの複数形が、人と人とが出会う街路や広場を意味していたことを思い出せば、きっとこの意味が分かるはず。それでもなお、このテキストを読み続けるのであれば、どこかの公園か路上に出掛け、辺りのざわめきを身体いっぱいに受けとめながら、改めてこのページを開いて欲しいと思います。

場所をつくること=メディアをつくること

確かに宮下公園の運動では、多くの映像やグラフィックを始め、さまざまなアートワークが産み出されました。渋谷区とともに不透明な決定過程を経て、公園のネーミング・ライツという名目で、しかしその範囲を大幅に逸脱した宮下公園の〝改造〟計画をぶちあげたのがナイキジャパンというイメージ戦略に長けたグローバル企業だったわけですから、対抗的イメージがたくさん創出されたのも必然であっただろうし、そのことについて僕たち自身も意識的であったとは思います。ですから、宮下公園の運動について、その文化的側面からメディア活動を語ることも可能だとは思います。また忘れてはならないこととして、運動の中だけでなく、OurPlanetTV や DROPOUT TV などの独立メディアが、この問題について優れた報道をし続けたことに触れなければなりません。*3 宮下公園の運動の文化的側面については、そのうち他の人が語るような気もしますし、誰もがついぞ語らなかったとしても A.I.R Miyashita Park（以下 A.I.R）のサイトにざっと目を通せば、その雰囲気は伝わると思います。僕自身も A.I.R のサイト上での情報発信に関わり、いくつかの映像を作っていましたが、これらは少なくとも僕にとってはさほど重要なことではありません。もしかしたら他の人はまた別のことを言うかもしれませんが。いずれにせよ、A.I.R が2010年3月15日に公園にテントを張り、以降半年間に及ぶ工

事着工阻止の占拠を行なうにあたって、僕個人が最初に着手したメディア活動といえるものは珈琲豆を公園で焙煎して皆に振る舞うこと、無線LANを開放して誰もがアクセスできる小さなメディアスポットを公園内に作るという、いずれも形には残らないささやかな試みでした。公園を占拠し、新たな場所、オルタナティヴな公園を作っていくようになる運動のなかで、シェアし、人が集う場所を作ることが、情報発信や記録を残すことと並行して、あるいは先だって行ないたいことだったのです。このような試みは僕以外にもたくさんの人が行なっていました。

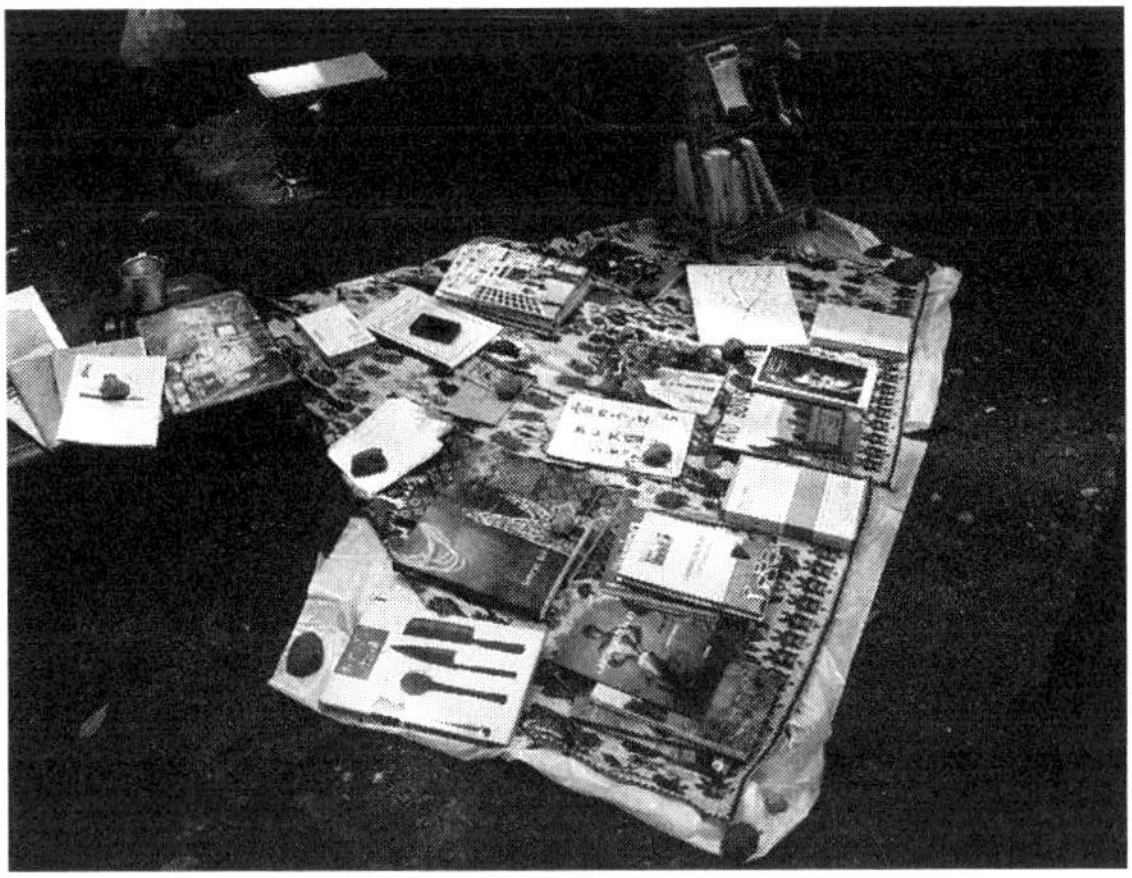

宮下公園に登場した個人の移動式青空図書館。他にも
Miyashita Open Library があり、誰もが公園内で図書を借りることができた

しかし、場所を作るという美しい言葉にも騙されてはいけません。開かれた場所にはさまざまな固有の生をもった人たちが集まり、良いことも悪いことも起こりえます。場合によっては、ある人には良いことばかりが起き、ある人には悪いことばかりが起きる、そういったことすら起こりえます。公共空間を考えることは、そういったことに目を逸らさず取り組むことなのだ、と言えるかもしれません。しかし、この言葉もまた美しすぎるでしょう。もし貴方が約束通りに公園や路上でこのテキストを読み進めてくださっているのであれば、今、目の前で起きているざわめきを聴取し、じっと眼差すこと。たとえ、無人の公園のベンチに座っていたとしても。幾千の言葉を連ね説明するよりも、

僕は貴方のその眼差しに賭けてみたいと思います。ひとつだけ言うとすれば、如何に世界が、公共空間が、公園が、路上が複雑であったとしても、その複雑さを他人に、ましてや行政や企業に譲り渡すな、売り渡すな、ということです。複雑さをギュッと自分の手で握りしめることです。インディメディアをはじめとするオルタナティヴ・メディアがしばしば援用する「Don't hate the media, became the media. メディアを恨むな、メディアになれ」というジェロ・ビアフラの言葉は、このようにメディアの語源である街路や広場に響き渡るのです。

むしろ語らない、表象しない

「それは伝えることができません」。もし僕がメディア・アクティヴィストだとしたら、こんなことを言えば落第生でしょう。もしくは言えぬことがあるのは、やましいところがあるからだな、とあっという間に猜疑心たちに取り囲まれてしまうかもしれません。困ったことですが、語らないことについて、ひとつだけ事例を挙げましょう。

2010年秋、宮下公園が強制封鎖され、行政代執行が行なわれた時期にツイッターをはじめ、「宮下公園でいま反対している人たちに野宿生活者はいない、関係ない奴らが勝手に反対している」とか「反対しているグループは野宿生活者を利用して、公園に住み続けるのが良いと言っている。生活保護も受けさせない」とか「反対している人たちに渋谷区民はいない」といった種類の批判が寄せられたことを覚えています。僕自身も運動としても、そういった言葉にたいして、特に反論はしていません。この頃に発信された映像やもっと過去の映像を引っ張りだして、この人は野宿生活者です、この人は生活保護申請をして受給しました、この人は渋谷区民です、などと名指したりはしませんでした。公園はみんなのもの、というスローガンを運動が掲げているのであれば、ある特定の境遇にある人たちを名指して、前面に押し出し表象することはしない。映像はその本質からしておそろしく映ったものに関して機械的に平等であり（人間、動物、植物、石、無機物、陽光、風を映像は分け隔てしない）、またフレームの外を排除するものです。あることを語らないことは発信する側の「態度」に関わることでもあるでしょうが、映像そのもの（＝映っているもの）、またフレームの外（＝映っていないもの）は明示された形で世界に差し出され、受け取る側の倫理と想像力に委ねられているともいえます。受け取る者をサービスを受けるお客さんとして扱うのではなく、そのような形で世界への参加を促しているのだとも言えるでしょう。映像を信じ、かつ信じないこと。語らないこと、表象しないことは「無い」ことではなく、語られず、表象されない形で「在る」のです。このようなことはたくさんあります。

語られない出来事が、どのような形で顕在化し、伝わっていくのか、あるいはしないのか、僕には明確な答えがありません。しかし、情報の伝わる速度にはユーストリームのような速いメディアだけではなく、ユクスキュルが明らかにしたダニの時間をもったメディアがあるのだと思います。何十年かぶりに偶然見つかった古いフィルム缶、歯磨き粉のチューブに隠したフィルムの切れ端のようなものとして、記憶や言葉が身体性や物質性を伴って溢れ出てくる……　あたかも大きな車輪と小さな車輪でできた真っすぐ進まない乗り物に乗るかのように、そのような二種類のメディアを見据えながら現実を旋回していくしかありません。

名前はいらない

さて。宮下公園の運動にではなく、またここまで読み進めた貴方にでもなく、諸活動の断片をメディア・アクティヴィズムの類型に収めていこうとする欲望に向けて。

「ビラ、ステッカー、パンフレット、際限のない街頭のことばたち、それが是非とも必要なのは、効果を考えるからではない。有効か否か、それはその時「瞬間」が決める。それらはすべてを語らない。逆にすべて「というもの」を崩壊させる。それらはすべての外にあるのだ。それらは断片として作用し、断片として反映する。それらは跡を残さない――痕跡のない仕業・線[*4]」

メディア・アクティヴィズム？　いちいち名前をつけるな。あちこちの壁に書かれたことばのように、街路の作法でいく。

※確かに僕は宮下公園の運動に関わってはいますが、このテキストは極めて個人的な視座によって書かれていることをご了承ください。

注

1　パンフレット「委員会（Comité）」（学生―作家行動委員会 発行）所収（らしい）「ビラ・ステッカー・パンフレット」より。モーリス・ブランショ、西谷修（訳）『明かしえぬ共同体』（１９９７年、ちくま学芸文庫）、および『ブランショ政治論集１９５８―１９９３』（２００５年、月曜社）で読むことができる。訳文は西谷修氏のものを使わせていただいた。

2　みんなの宮下公園をナイキ化計画から守る会　http://minnanokouenn.blogspot.jp/
A.I.R Miyashita Park　http://airmiyashitapark.info/wordpress/page/15

3　OurPlanetTV『宮下公園 ＴＯＫＹＯ／ＳＨＩＢＵＹＡ』（前編）http://www.ourplanet-tv.org/?q=node/351
（後編）http://www.ourplanet-tv.org/?q=node/352
DROPOUT TV ONLINE　http://www.vju.ne.jp/dtv/?cat=3

4　前掲、「ビラ・ステッカー・パンフレット」より。

WHAT'S MEDIA ACTIVISM?

猫でも王様を見ることができる。

佐藤由美子　トランジスタ・プレス

猫でも王様を見ることができる。
『マザー・グース』に出て来るこのユーモラスな言葉を、社訓ごときにして、たった一人の出版活動を始めたのがちょうど5年前。「小さいけれど、力強く」という思いを込めて、トランジスタ・プレスという名前にしました。とは言っても現実は、無力感や挫折感で心が脅かされる日々。そんな中で、極小メディアとして今後どう生きていこうとしているのかを、少しでもお伝えできたらと思います。

トランジスタ・プレスが最初の一歩を踏み出した本は、「ラジオピープル・ブックス」というシリーズでした。なぜ「ラジオピープル」なのかというと、普段声が聞きにくい人たちや、姿が見えない人たちの超低音波な声を伝える紙のラジオ局にしたかったからです。どうせなら国境なきラジオ局にしようと、英訳（将来は他の言語にもトライしてみたいのですが）も付けました。本を逆立ちさせると英語版に変わるトランジスタ・マジック！を仕掛け、「逆さまから世界をみると……」という身体性を加味しました。

そしてラジオピープル・ブックスのトレードマークは傘に決めました。「雨が超低音波の声を運んでくれて、傘がその声をキャッチする受信機」というイメージが頭に浮かんだからです。本の最初のページには、「雨は懐かしい友人を連れてくる。さあ、傘を開こう」という物語を予感さ

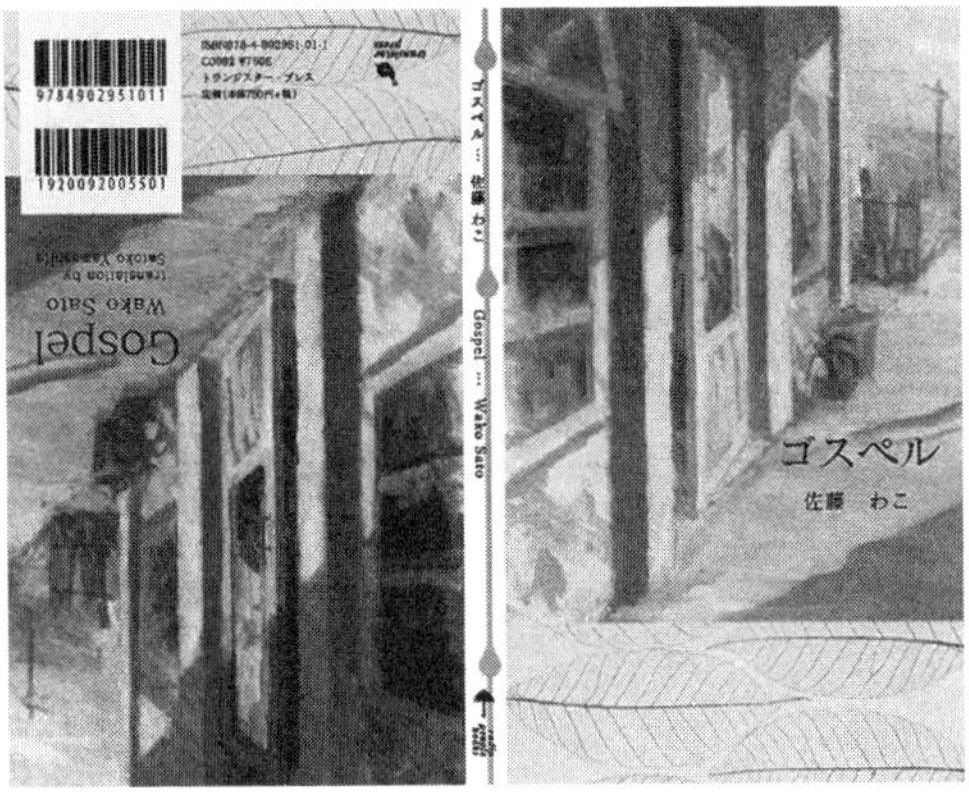

せる言葉を載せました。
こんな妄想が一杯のシリーズの第一号は、朗読を中心に活動されている詩人、佐藤わこさんの長編詩『ゴスペル』でした。

——わたしが投げつけた言葉は１００倍の盾となって、３６０度の視界限界まで立ち塞がった。わたしが受け取った共感は世界を駆け巡る電子の網から遠ざかる——

と始まる『ゴスペル』は、１９９９年の末、ミレニアムに向けて朗読された作品です。たまたまその朗読会に立ち合い、「いつか私が本を作るときは、この詩が最初の一冊だ」と心に決めるほどの衝撃がありました。新世紀を迎え十年以上経った今、その衝撃はよりリアルなものとなりました。
第2号は仲光健一さんの短編小説『黄色い象』。この作品は、メンフィスにギターの修行に行った友人に宛てた仲光さんの手紙そのものなのです。足を怪我して自宅で療養中に、倉庫から救い出した古ぼけたトランジスタラジオ。そのラジオが偶然にも海賊放送のラジオ局の電波をキャッチします。そのラジオ局のDJが深夜語り出すロックンロールの話。それは「セックス・ドラック・ロックンロール」のお決まりの文脈から大分離れたものでした。
続く3冊目の本は『ジャック・ケルアックと過ごした日々』。ケルアックの最初のパートナーだったイーディ・ケルアック・パーカーの回想記です。イーディは、長い間、その存在が軽視されてきましたが、彼女こそビートの代表作家と言われるケルアック、

ギンズバーグ、バロウズの出会いを作ったひとだったのです。この本を翻訳出版することで、日本におけるビート作家の位置づけが見えてきました。本来ビート作家たちは、「カウンターカルチャー」の祖だと言われていますが、現在の日本では、「サブカルチャー」的な存在として、マスメディアの中にすっかり吸収されてしまったのです。パンクの原点はビートから始まったということも、ほとんど認知されていませんでした。

イーディの本を出版することで、一番伝えていかなければいけないのは、ビートは「カウンター」であり、「サブ」な文化ではないということ。またビートだけに限らず「サブ」に吸収されてしまった文化が、私たちに向かってカウンターパンチを放つリングを復興させることじゃないかと確信しました。

4冊目の本は、チェ・ゲバラの人生をドン・キホーテの遍歴と比較して論じた『チェのさすらい』です。著者はラジオフランスから激動の現代史を見つめてきたガリシア人作家のラモン・チャオ。「マヌ・チャオの父」や「イグナシオ・ラモネの盟友」としても知られています。お金のない極小出版は、出したい本があっても資金的に不可能なことが多い。『チェのさすらい』の出版を実現させるために、新たな出版形態を模索しました。それは、「読みたい本は自分たちで作り出す」というスローガンのもと、未来の読者のひとたちとパートナーシップを組んで制作費を集めていくという方法でした。「ラモンブックプロジェクト」と名付け、資金を集めるために、本にまつわるエピソードやインタビューを掲載した小冊子や、出版のプレイベントなどを開催しました。これは、フットボールチームをファンが支える「ソシオ」という運営スタイルからヒントを得ています。

「トランジスタ・プレス」ブログ
http://transistorpress.tumblr.com/

「ラモンブックプロジェクト」ブログ
http://ramonbook.wordpress.com/

『チェのさすらい』出版記念パーティ
http://www.youtube.com/watch?v=_lSh3KhNocQ

『ジャック・ケルアックと過ごした日々』メイキングブログ
http://thisisradiotransistor2.blogspot.com/

トランジスタ・プレスがこの5年の間に作った本は、これら4冊です。現在トランジスタ・プレスの活動拠点は、新宿二丁目にあるカフェ・ラバンデリア。カフェ・ラバンデリアは、運営メンバーによる自主独立した空間でもあります。私自身も運営メンバーの一人で、読書会や朗読会、出版記念イヴェントなどを、マーケティングや売り上げのノルマなどに縛られることなく開催できる場があることは、未知の文化を育てる上でとても貴重なことだと思います。

ここ数年の「リトルプレス」と分類された書棚が、大型書店の中に出来ました。雑誌の中でも「リトルプレスの本」の紹介コーナーがあったりする。願わくは、トランジスタ・プレスの本は、「リトルプレス」という枠に入れられたくない。何の不自然さも感じられずに、アメリカ文学や詩集の棚、人文の棚に並んでいることこそが大事だと思っています。「リトル」というかわいい名称を付けられた結末は、マスのサブとして小出版が存在することになるからです。マスを目指すリトルだったらいいのですが、私はカウンターとして、マスなメディアと対峙したいから。それに本来の呼び名は「リトル」ではなく、「スモールプレス」のはず。

なんて、気概ばかり大きいトランジスタ・プレスですが、最後に、トランジスタ・プレスにとって一番の勇気になった言葉で締めくくりたいと思います。

「そもそも道なんかつくる必要があるだろうか。あってもなくても、行きたいところには行けるのだ」（トーベ・ヤンソン）

WHAT'S MEDIA ACTIVISM?

福島から発信された情報は、福島へとフィードバックされる

ドキュメンタリー映画『プロジェクト FUKUSHIMA!』

藤井光（映像ディレクター／美術家）

原発事故以降、不名誉な地として世界に知られた「FUKUSHIMA」をポジティブな言葉に変えていく決意を持って、音楽家の遠藤ミチロウ、大友良英、詩人の和合亮一の3人が代表となり、音楽を中心とした野外フェスティバルが2011年8月15日に開催された。映画はこのフェスティバルの前後7ヶ月あまりを追ったドキュメンタリーとなっている。地震や津波の被害のみならず、解決の見通しの立たない原子力発電所を抱える福島で、大勢の人々が集るであろう野外フェスティバルを実施することは果たして倫理的に許されるのだろうか。芸術家たちは悩む。

震災後3週間が経った頃から、私は被災地で撮影を始めている。世界における最大規模の津波と原発事故に襲われた東北で、私は被災地における芸術家たちの活動を記録していた。家族の遺体を探すために大勢の人々がさまよい続け、放射能に対する不確かな推測が錯乱している状況で、この危機的な状況の中で、「美学」は何処へ向かうのかを問う。人道的な重圧から遠く離れ、私はこの問いを必要なものと考えた。そのような時期に、プロジェクトFUKUSHIMA! の共同代表の一人である大友良英から連絡を受け、彼と共に福島市に向け深夜の高速道路を走る。2011年5月6日である。

プロジェクト FUKUSHIMA! の第一回目の会議には、福島県内で日々の暮らしを続ける人々だけでなく、子どもの放射線被ばくを避けるため県外へと避難している人も一時的に戻って来ていた。音楽家、詩人、映画プロデューサー、

建築家ら芸術関係者だけでなく、農業を営む人、同性愛活動家、行政関係者、震災後に失業した者、また、私のような県外の人も含め共同代表らの有志30名程が集まっていた。放射能という人間を超越する不可視の脅威が潜在する現実世界とどう向き合い生きるか？　答えは出ない。ならば、現在のありのままの福島を見つめることから始める。「ノーモアフクシマ」でも「安全なフクシマ」でもない。文化を通し、福島のリアルを世界へ向けて発信する。

隠されたものを見つけ、それを解釈し、表現するという芸術家たちの美学は、具体的な表現形式の模索の段階に入る。アーティストの宇川直宏がインターネット上で開局したライヴストリーミングチャンネル「DOMMUNE」福島版。それがプロジェクトFUKUSHIMA!の最初の試みとなった。郡山コミュニティFM「KOCOラジ」に特設されたスタジオから「福島の声を、福島から届ける」。原発事故そのものに人々の関心が集中するなか、福島で暮らす人々の姿は見えにくくなっていた。日々の日常の中で「深呼吸できない」その感覚を同時間的に伝える「自分たちのメディア」は、福島の非日常を外部へと伝えるだけではなかった。福島から発信された情報は、福島へとフィードバックされる。プロジェクトFUKUSHIMA!の共同代表のひとりであり、震災後の早い時期からツイッターを通して『詩の礫』と題した詩を発信し続けた和合亮一は、福島から避難する人たちに言う、「福島は私たちです。私たちは福島です。避難するみなさん、身を切る辛さで故郷を離れていくみなさん。必ず戻ってきて下さい。福島を失っちゃいけない。東北を失っちゃいけない」。詩人の言葉は、福島から避難する人たちに向いながらも、福島で生きることを選択した人たちへと帰ってくる。「夜の深さに、闇の広さに、未明の冷たさに耐えていること。私は一生忘れません。明けない夜は無い」。

低線量放射線による決定不可能な被ばくリスクを抱えながらも「福島を生きること」を選択した人々を表現することの意味と効果を私は判断できなかった。避難・保養を選択しようと思案している人が存在する現実世界で、福島の厳しい現実を生きる人々を表現することは、「福島で生きないこと」の自由を拘束してしまうかもしれない。「福島の声を、福島から届ける」、そのポジティブな行為の中の暴力性。「自分たちのメディア」が形成する内と外との隔り。

撮影された素材を創造加工する編集作業は、撮影者としての自分の身体性を直視する作業になる。当時、私が福島市で撮影した都市の風景に人々の姿は映っていなかった。三脚で固定されたカメラは、誰もいない公園を表象する。汚染された砂場を覆うブルーシートに焦点が合わされ、マスクを引きずり下ろし遊びまわる子どもたちをフレームの外側に追いやりながら、「誰もいないフクシマ」のイメージが複製されていく。映像は福島を表現できなかった。現在のありのままの福島を見つめることの限界を感じた。

これまで私は今日のメディアテクノロジーの文化装置としての機能において、地域単位をベースとした共同体ではなく、個人の主体性をベースとしたハイブリッドなネットワークの形成に可能性を見いだしてきた。震災後の危機的な状況の中で、各種メディアが「東北」や「福島」という行政区分の地名を基礎に「被災者」の一元化を試みたが、被災経験は各々の単独的な経験であり、「がんばろう福島」の旗がどこまで個人に共振したかは定かではない。

しかし、不名誉な地として世界に知られた「フクシマ」をポジティブな言葉に変えていく、そのことで救済される人々は確実にいる。一様に見える放射能汚染でも、汚染の高い地域、低い地域が存在し、原発事故によって固定化された福島のイメージを脱構築していくことは、風評被害によって壊滅的な状況に追い込まれた地域産業の建て直しを進めるだけでなく、人間のアイデンティティーの生成過程に深く関与する「ふるさと」の再生へとつながる。人間の精神が特定地域の場所をめぐる記憶から自由になるには、全面的な教育を必要とする。「沖縄」がそうであるように「福島」の破壊もまた、重層的なハイコンテキストを孕みながら、人間の尊厳を深く傷つけていた。原発事故によって壊された人間と場所をめぐる関係性に、新しい未来図を描くこと。それは必要なことだった。たとえそれが「放射能との共存」という過酷な構想であろうとも。

チェルノブイリで長年フィールドワークを行ってきた放射線衛生学者である木村真三博士の科学的知見がプロジェクトFUKUSHIMA! に加わり、福島で生きていくための実践的な教育プログラム「市民科学者育成講座」が開かれる。子どもたちが放射線量を測定する「子ども放射線教室」では地上50ｃｍの高さに測定位置が設定される。来場者数のべ1万3０００人を集めた8月15日のフェスティバルでは、健康に影響する飲食物は販売しないという方針の一方で、「福島にも安全な食材があることをアピールする」という一見背反するテーマを実現するため、出品されるすべての〝食材が〟ゲルマニウム半導体検出器にかけられていた。世界で最も厳しいウクライナの基準値（70ベクレル／kg）が表記された出店公認証には（当時の日本の暫定基準値500ベクレル／kg、食品中に検出された各放射性物質における内部被ばくの預託実効線量（Sv単位）が明示されている。「福島を生きる」新しい日常は始まっていた。映像機械の自動性は、「福島を生きる」ことを選択した人々を表現することの意味と効果の判断を保留にしたまま、目の前で起こりうる現実世界を記録していく。避難・保養の可能性を最大化させた「誰もいないフクシマ」という私の個人的な構想を裏切りながら、「福島を生きる」新しい日常の風景は、自分の体内に時間をかけて混沌という空間を広げながら浸透していった。ソーシャル・メディア時代における同時間的コミュニケーションのダイナミズムから遠く離れ、決定不可能性を孕む現実という異物が体内で骨肉化される時間を私は待った。このゆっくりと変容していく身体性ともいうべき「歴史」を再生させることもまた、今日のメディア・アクティヴィズムのもうひとつの地平と言えるのではないだろうか。

ドキュメンタリー「プロジェクト FUKUSHIMA !」
2012 / 日本 / デジタル / 90 分
監督 : 藤井光
製作 : プロジェクト FUKUSHIMA! オフィシャル映像記録実行委員会

プロジェクト FUKUSHIMA !　http://www.pj-fukushima.jp/

◉日本におけるメディアと運動をめぐる年表（未定稿）

1960〜70年代

1965 ソニー、ポータブルビデオデッキとカメラのセット（ポータパック）発売

1970 日本万国博覧会（EXPO'70）

1972 あさま山荘事件 連日のテレビ中継

1975 ソニー・ベータ・マックス、ビクター・VHS発売

1980年代

1984 ソニー、8ミリビデオ発売

1985 ソニー、初代ハンディカム発売

1989 ソニー、Hi8発売

1989 天皇代替り「昭和」から「平成」へ

会社の映画、作家の映画、集団の映画、運動の映画、映画の運動

●青の会→**1961** 岩波映画製作所の若手によって結成…土本典昭、小川伸介など ※合評会、研究会

●**1961** 『ドキュメント6・15』→VAN映画科学研究所
※1961年、全学連主催による6・15追悼記念集会における上映、ハプニング

●**1968** 『日本解放戦線・三里塚の夏』→小川プロダクション

●日本ドキュメンタリスト・ユニオン（NDU）→1968年発足の映画製作集団…布川徹郎、井上修など

●**1970** 『怒りをうたえ』三部作→監督 宮嶋義勇

●**1971** 『赤軍―PFLP 世界戦争宣言』→若松孝二、足立正生によって制作される ※「赤バス」で全国巡回上映

実験映画、ヴィデオ・アート、個人映画

●**1968** 「ジャパン・フィルムメーカーズ・コーポラティヴ」、「日本アンダーグラウンド・センター」設立
→佐藤重臣、かわなかのぶひろ など ※個人映画、アンダーグラウンド映画の配給・上映

●**1972** 「ビデオひろば」結成…中谷芙二子、小林はくどう、山口勝弘、松本俊夫 など

●**1978** 「東京ビデオフェスティバル」（ビクター）開始…小林はくどう など
→コミュニティービデオ・市民ビデオ

※「私映画」、「ビデオ・レター」

●**1982** 『寺山修司&谷川俊太郎―ビデオ・レター』（ビデオ）

●**1987**〜 『私小説』（16mmフィルム）
…かわなかのぶひろ

運動当事者・支援者たちによる情報発信／空間創出

●『水俣病を告発する会 テント村ビデオ日記』→**1971**〜
1972 チッソ本社前の行動を撮影し、その場で再生

●**1984** 自由ラジオ「下北沢ラジオホームラン」…粉川哲夫、大榎淳 など→「野球場の広さ程度」の電波を送信

●**1985** 『山谷―やられたらやりかえせ』（16mmフィルム）…佐藤満夫、山岡強一共同監督→日雇い労働 ※「山谷」制作上映委員会

●**1986** 『抵抗』（8mmフィルム）…松原明、佐々木有美→国鉄分割・民営化

●**1987** 反天皇制全国個人共闘〈秋の嵐〉→スピーカーズコーナー、路上ライブ、パフォーマンス

●**1989** 山形国際ドキュメンタリー映画祭、スタート→
小川伸介監督の発案によるアジア最大のドキュメンタリー映画祭、あらゆるジャンルがクロスオーバーする「出会いの場」

1990年代

1991　湾岸戦争

1995　阪神淡路大震災

1995　mini-DV 発売

※パソコンのノンリニア編集の普及

パブリックアクセス、コミュニティ放送の試み

●1992〜　鳥取の中海テレビ放送がパブリックアクセスチャンネルを開始

ビデオジャーナリストの登場

●1990〜「アジアプレス・インターナショナル」ビデオ制作スタート（設立は１９８７年）…野中章弘

●1995「東京メトロポリタンテレビジョン（ＭＸＴＶ）」開局

●1996「ビデオニュース・ネットワーク」設立…神保哲生

●1999「ビデオジャーナリストユニオン」設立…遠藤大輔

「ビデオ・アクティヴィズム」の到来とメディアによる新たな国際連帯の始まり

●1991『情報新秩序（News World Order）』（ペーパータイガーＴＶ、湾岸危機ＴＶプロジェクト）→湾岸戦争、メディア批判

※粉川哲夫をはじめとするチェーン・リアクションなどによって、日本にビデオが流される。

●1992「民衆のメディア連絡会」発足

●1995〜『新宿路上ＴＶ』スタート…遠藤大輔など→「路上をお茶の間に！」　※野宿者の為の情報番組を支援活動の現場で定期的に上映

●1995〜「ＦＭわぃわぃ」スタート→多文化・多言語コミュニティ放送局。世界の11言語で神戸・長田から放送

●レイバーネット→1995『アルバイトスチュワーデス』（小川町シネクラブ＋レイバービデオプロジェクト）→1995『われら民主労総』（労働者ニュース制作団／日本語版制作：小川町シネクラブ）→1996『ピケをこえなかった男たち』（監督：ケン・ローチ／日本語版制作：ビデオプレス）

※レイバーネットは、イギリス・リバプール港湾労働者のたたかいや韓国・民主労総のゼネストを海外に伝えるなど、「グローバル化」とのたたかいの中でスタートする。

●1995「ＪＣＡ-ＮＥＴ」→ＡＰＣネットワークの日本ノード

●1998「VIDEO ACT!」→インディペンデント・ビデオの普及・流通をサポート

●1999「つくる・見せる・変える〜日本・韓国のビデオアクティビズム」開催→山形国際ドキュメンタリー映画祭にて。金東元・金明準両氏、参加。

2000年以降

2001 9・11アメリカ「同時多発テロ」アフガニスタン空爆

2003 イラク戦争

2003 HDV発売

2005 YouTubeサービス開始

2006 AVCHD発売

2006 富士写真フィルムがシングル8フィルム（8mmフィルム）の生産終了を発表→「フィルム文化を存続させる会」が8mmフィルム存続のための大衆運動を組織

2007 Ustream サービス開始

パブリックアクセス、コミュニティ放送

●**2000**「新発見伝くまもと」（熊本朝日放送）→企画・取材・出演・収録を住民が中心となって制作

●**2000**「むさしのみたか市民テレビ局」→「武蔵野三鷹ケーブルテレビ」と「パートナーシップ協定」を締結し、番組を企画・制作

●**2001**「FMピパウシ」→アイヌ民族がアイヌ文化を発信する初のコミュニティラジオ

●**2003**「カフェ放送てれれ」→市民から届いた映像をカフェや画廊で上映。CATV（ジェイコム）でも放送。

●**2004** 第1回市民メディア全国交流集会（名古屋）

●**2005** OurPlanet-TV が東京神保町にメディアカフェをオープン

●**2006** NPOコミュニティ放送全国協議会発足（多摩レイクサイドFM・ラジオカフェ・長崎市民エフエム放送・たんなん夢レディオ・カシオペア市民情報ネットワーク）

●**2007** AMARC（世界コミュニティラジオ放送連盟）日本支部設立

●**2008** 高田馬場に市民メディアセンターMediRオープン

●**2008** G8メディアネットワークによるメディア活動の展開→G8洞爺湖サミット

インターネット放送局スタート

●**2000**「ビデオニュース・ドットコム」…神保哲生

●**2001**「OurPlanet-TV」…白石草

●**2001**「AcTV」…ビデオアクト

●**2001**「東京視点」…日中の民間交流と相互理解を図る

メディア＋運動　新しいネットワーク

●**2001** レイバーネット日本→「グローバリズムと闘い、労働者の権利を確立し、国際的な連帯を強化する」

●**2001**「Indy Media Japan」→1999年シアトルWTOで立ち上がったIMCネットワークの一つ

●**2002** remo［NPO法人記録と表現とメディアのための組織］設立

●**2003** ASC—Against Street Control ※イラク反戦、サウンド・デモ

●**2005**「素人の乱」→「革命後の世界を高円寺に作る」※ネットラジオの活動、映画『素人の乱』（2007年／監督：中村友紀）

●**2007**「NDS 中崎町ドキュメンタリー・スペース」→ドキュメンタリー集団

●**2008** Champon（アジアン・メディア・アクティヴィスト・ネットワーク）発足→web サイトの構築、各地でのキャンプ／ミーティング

●**2011** 東日本大震災福島第一原発事故

●**2011** 2011年7月24日アナログテレビ放送停波（東日本大震災の被災3県は2012年3月31日）

市民メディア、オルタナティヴ・メディア

●**2008** ComRights（コミュニケーションの権利を考えるメディアネットワーク）発足

●**2009** 大阪西成区にカマン！メディアセンターがオープン

●**2010** 「NO! APEC TV」→APEC批判の48時間配信

●**2011** 東日本大震災の発生。被災各地にコミュニティFM、臨時災害放送局が開局。

●**2011** 「3がつ11にちをわすれないためにセンター」開設→せんだいメディアテーク内。市民や専門家が協働し、東日本大震災の復興の過程を記録・発信。

※アーカイヴの実践

●**2011** 「6・11脱原発100万人のアクション」完全ライブ中継プロジェクト

◉日本におけるメディアと運動をめぐる年表（未定稿）

作成●土屋豊＋白石草＋細谷修平

パスカル・ボース（Pascal Beausse）p.192
1968年生まれ。美術評論家。パリ・国立造形芸術センター キュレーター、ジュネーブ造形芸術大学（HEAD）客員講師。

藤井光（ふじい ひかる）p.028, p.206, p.250
1976年東京都生まれ。美術家 / 映像監督。パリ第8大学美学・芸術第三博士課程DEA卒。2005年帰国以降、現代日本の社会政治状況を映像メディアを 用いて直截的に扱う表現活動を行う。また「文房具としてのメディア」をコンセプトに映像制作ワークショップを主宰し、映像メディアの民主化に努めている。近年の主な展覧会・プロジェクトに「いま、バリアとは何か」（せんだいメディアテーク、2010年）、「リフレクション / 映像が見せる“もうひとつの世界”」（水戸芸術館、2010年）、「自分のメディアを創る」（山口情報芸術センター /YCAM、2010年-2011年）、『プロジェクト FUKUSHIMA!』（ドキュメンタリー映画、2012）など。

伏屋博雄（ふせや ひろお）p.008
1944年岐阜県生まれ。1968年小川プロに参加。『どっこい！人間節 寿・自由労働者の街』でプロデューサーになり、『ニッポン国古屋敷村』『1000年刻みの日時計 牧野村物語』などを製作。小川紳介の死去に伴い’93年製作会社を設立し、『映画は生きものの記録である 土本典昭の仕事』などがある。一方で、11年間メルマガ「neoneo」の発行と編集。2012年3月からは若い世代と組んで「web neoneo」を発行しつつ、7月には季刊雑誌『neoneo』を創刊する予定である。

細谷修平（ほそや しゅうへい）p.001, p.164, p.206
1983年生まれ。メディア研究・美術研究。主に1960年代の日本における芸術と社会、メディアについてを研究。関係者からの聞き取りと同時に、映像メディアによる記録を行っている。

本田孝義（ほんだ たかよし）p.008
1968年岡山県生まれ。法政大学卒。大学在学中から映画の製作・上映を始める。卒業後、「小川紳介と小川プロダクション」全作上映に関わった後、テレビの仕事を経験。その後、自主製作を再開する。5本の長編ドキュメンタリー映画を製作するのと並行して、多数の現代美術展でも映像作品を発表している。主な作品に『科学者として』（1999）、『ニュータウン物語』（2003）、『船、山にのぼる』（2007）がある。最新作は『モバイルハウスのつくりかた』（2011）。

松浦敏尚（まつうら としなお）p.118
市民メディアセンター MediR スタッフ。映像メディア教育と情報発信支援を通じて、人々をつなげ多様な言論が交差する社会の実現をめざす。

松原明（まつばら あきら）p.038
1989年にビデオプレスを設立して、自主ビデオ制作活動をはじめる。主な作品に、『横浜事件を生きて』『ごみは甦える』『人らしく生きよう ── 国労冬物語』『君が代不起立』など。2012年秋、がんをテーマにした『がん・容子の選択』（仮題）を発表予定。また、はたらくものの情報ネットワーク「レイバーネット日本」共同代表として、ネット TV の発信やネットワークづくりに力を入れている。

安田幸弘（やすだ ゆきひろ）p.118, p.140
メディア活動家。IT分野で雑誌、単行本などを執筆するフリーランス・ライターでもある。現在、主にレイバーネット日本をはじめとするメディアサイトの開発や運営を行なうとともに、社会運動におけるメディアの活用に関するコンサルティングや支援活動を行う。

山川宗則（やまかわ むねのり）p.206, p.236
映像制作。2001年、早稲田大学サークルスペース移転問題を契機に映像と社会運動に関わる。以降、大阪市の天王寺公園青空カラオケ撤去、宮下公園ナイキパーク化問題等、主に場所・空間のあり方に関心を引き寄せられつつ、メディア活動を続けている。

和田昌樹（わだ まさき）p.078
1947年生まれ。学習院大学卒業。ニュー・ミュージック・マガジン社を経て1975年ダイヤモンド社入社。月刊誌 BOX 編集長、広告局長、事業局長、日本データベース協会理事を歴任。2005年より桜美林大学総合文化学群准教授。その傍ら、横浜市民放送局「ポートサイド・ステーション」代表、横浜音楽空間実行委員長、マザーポート楽校校長など地域活性化のための市民活動を展開。共著に『水を語る』（遊タイム出版）、『知りながら害をなすな』（ダイヤモンド社）、著作に『地球カメラ ローデンクレーター・プロジェクト』（ダイヤモンド社）、『いつも相手の立場になって考えなさい』（ダイヤモンド社）などがある。

【企画】

メディアアクティビスト懇談会
日本の社会運動に関わるメディア活動を振り返り、これからのメディア活動における横のつながりを摸索しようと、有志によって2010年に発足。その機会として、全六回にわたるトークイベント「検証：日本のメディアアクティビズム」（http://martable.blogspot.jp/）を2010年から2011年にかけて開催した。

櫻田和也（さくらだ かずや）p.204
1978年生まれ。2003年より remo［NPO法人 記録と表現とメディアのための組織］研究員として現代美術展等の企画・制作。2009年より大阪市立大学都市研究プラザ特任講師。現在、オペライズモの理論形成と世界的受容の過程を研究。主な論文に「コニタリアートの時間――唯物論」『現代思想』39-3、「コンリチェルカ――恐慌に内在する方法論」『現代思想』40-2、訳書にフランコ・ベラルディ（ビフォ）著『プレカリアートの詩』（河出書房新社）。

佐藤博昭（さとう ひろあき）p.008
1962年生まれ。日本大学芸術学部映画学科など大学や専門学校で映像制作と映像論の講座を担当している。個人映像の自主上映組織SVP2代表として、これまでに16回の上映イベントを行い、2009年には「日本・マレーシアビデオ交流展」を主催・運営しマレーシアのビデオ作家5名を招いた。また、各地で映像制作ワークショップなどを開催し、市民ビデオの普及に努めている。著書に『戦うビデオカメラ』（2008年、フィルムアート社）などがある。

佐藤由美子（さとう ゆみこ）p.246
東京生まれ。1996年アメリカの本と雑誌の情報誌『アメリカン・ブックジャム』の創刊、1999年文芸誌『12water stories magazine』の創刊に携る。2007年一人出版社トランジスタ・プレスを立ち上げる。2006年～2008年にかけて、ジンやDIYの本を中心にしたTokyo Book Fairをpoetry in the kitchenでIRAと共催。The Bookのサイトで『Book Lovers Places 書店と本と作家たち』というエッセイを連載中（http://thebook.raindrop.jp/）。著書『キッズ（だけにじゃもったいない）ブックス』。

下之坊修子（しものぼう しゅうこ）p.100
1991年ウーマンズスクルールにてビデオ制作を学ぶ。卒業後、女性による映像グループ「ビデオ工房AKAME」設立に参加。大阪府立女性センターで映像部署の非常勤。『離婚を選んだ女たち Part1.2』全州国際映画祭正式出品。2003年 カフェ放送てれれ開始。『忘れてほしゅうない』（優生思想を問うネットワーク企画）2005年ソウル女性映画祭、台湾女性映画祭に正式出品。2006年「映像発信てれれ」設立。『ゆらりゆらゆら』2006年女たちの映像祭・大阪、2007年空想の森映画祭正式出品。2011年『ここにおるんじゃけぇ』山形国際ドキュメンタリー映画祭正式出品。

白石草（しらいし はじめ）p.078
OurPlanetTV代表。早稲田大学卒業後、番組制作会社などを経て、1995年東京メトロポリタンテレビジョン（ＴＯＫＹＯＭＸ）入社。ビデオジャーナリストとして、ニュース・ドキュメンタリー番組の制作に携わる。2001年に独立し、非営利のインターネット放送局OurPlanetTVを設立。2004年より様々な映像ワークショップをスタート。現在、一橋大学大学院社会学研究科客員准教授、早稲田大学大学院政治学研究科ジャーナリズムコース講師。著書に『ビデオカメラでいこう～一からはじめるドキュメンタリー制作』（七つ森書館）、『メディアをつくる～「小さな声」を伝えるために』（岩波ブックレット）他。

土屋豊（つちや ゆたか）p.068
映画監督 / ビデオアクト主宰。1966年生まれ。1990年頃からビデオアート作品の制作を開始する。同時期に、インディペンデント・メディアを使って社会変革を試みるメディア・アクティビズムに関わり始める。1998年より、インディペンデント・ビデオの普及・流通をサポートするプロジェクト「ビデオアクト」を主宰。主な監督作品は、『あなたは天皇の戦争責任についてどう思いますか？』（1997年）、『新しい神様』（1999年）、『PEEP "TV" SHOW』（2003年）、『幽閉者たち』（2006年）。最新作は、『GFP BUNNY』（2012年）。

中村友紀（なかむら ゆき）p.158
1979年生まれ。大学在学中から自主制作映画に関わる。大学卒業後もフリーの助監督として、映画、テレビドラマ、ニュース番組、ドキュメンタリー制作等の現場に携わる。2005年の年末、リサイクルショップ素人の乱・店主松本哉氏と出会い、「自分たちから発生した文化しか信じない！」と言う氏の考え方に強く心をうたれ、以降撮影開始。1年半の撮影を経て、2007年秋、映画『素人の乱』完成。現在、反原発活動の記録映像や、大人の楽しい遊び方（デモなど！）をおっかけカメラをまわす。

成田圭祐（なりた けいすけ）p.164
1976年東京生まれ。国内外のカウンターカルチャー・社会運動から発信される情報、物、そしてそれらに関わる人が集まるインフォショップ「イレギュラー・リズム・アサイラム」（http://irregular.sanpal.co.jp/）を運営。

野中モモ（のなか もも）p.188
翻訳・文筆・編集業。訳書にサイモン・レイノルズ『ポストパンク・ジェネレーション 1978-1984』（共訳 シンコーミュージック・エンタテイメント）、アリソン・ピープマイヤー『ガール・ジン「フェミニズムする」少女たちの参加型メディア』（太田出版）。自主制作出版物を取り扱うオンライン書店「Lilmag」店主（lilmag.org）。http://www.tigerlilyland.com/

岩本太郎（いわもと たろう）p.078
1964年名古屋市生まれ。静岡市育ち。岩手大学人文社会科学部を1988年に卒業後、東京へ。広告業界誌の編集者として2社で通算約6年半勤務した後、1995年にフリーライターとして独立。放送・出版・広告などマスコミ界の動向に関するレポートを手がける。また、オウム真理教問題など社会的に話題を呼んだ事件のルポにも取り組んだほか、2001年頃からは国内各地で活動する市民メディアの動きも追い続けている。共著に『ドキュメントオウム真理教』『町にオウムがやって来た』『格安!B級快適生活術 / 都市の裏ワザ本』など。

印鑰智哉（いんやく ともや）p.118
ICT活動家。アジア太平洋資料センター、ブラジル社会経済分析研究所やNGO・市民運動団体のインターネット活用支援を行うJCA-NETなどで活躍、様々なサイバーアクションに挑戦してきた。ICTを通じた市民社会の情報発信や社会参画に関心を寄せている。Twitter : 日本語 @tomo_nada ポルトガル語 @tomo_prt 英語 @tomo_eng

大村みよ子（おおむら みよこ）p.106
1973年東京都千代田区生まれ。1998年武蔵野美術大学美術学部彫刻学科卒業。樹脂、合板、紙、塩ビシート等、比較的軽い素材を用いた立体作品を制作している。1999年の初個展の後、ギャラリーやオープン・スタジオ形式の展覧会を経て、2010年より「路地と人」での活動を開始。「路地と人」ではてれれの上映会の他に、ベトナムのインディペンデント・メディアセンターDOCLABの映像作品の紹介や、大型コピー機を室内に設置し使用するイベント「つくる人のための神保町コピーセンター」等を企画・担当している。

甲斐賢治（かい けんじ）p.110
1963年大阪生まれ。せんだいメディアテーク企画・活動支援室室長。remo［NPO法人 記録と表現とメディアのための組織］、recip［NPO法人 地域文化に関する情報とプロジェクト］、NPO法人 アートNPOリンク、NPO法人芸術生活研究所hanareなどに参加、社会活動としてのアートに取り組む。2010年春より現職。

川井拓也（かわい たくや）p.206
CM制作会社“太陽企画”のプロダクションマネージャー、プロデューサーを経て独立し03年に“ヒマナイヌ”を設立。04年から“デジタルハリウッド大学院”の専任教授を5年間担当。10年からネット中継のライブメディアコーディネーターとして企業新商品発表会からセミナー、地域イベント、報道関係まで多分野を担当。12年からはラジオ日経やFM山形のパーソナリティも担当。「ライフスライス」「Howdy?」で文化庁メディア芸術祭入賞、「mixi年賀状」でTIAAグランプリ受賞、twitterやustream関連本の著作多数。3331に事務所を持ち広告、アート、教育の境界線で活躍中である。twitter:takuyakawai facebook:takuya.kawai

粉川哲夫（こがわ てつお）p.058, p.192
1970年代後半から自由ラジオとパフォーマンス・アートにコミットしはじめる。現象学と文化論を教えていた和光大学のゼミで試みたミニラジオ局のアイデアは、やがて「ミニFM」ブームとなる。1982年刊の『メディアの牢獄』（晶文社）は、今日のヴァーチャルな現実感の支配を予見。1984年ごろから批評活動と平行して、エレクト ロニクスを用いたパフォーマンスを次々に実践。1988年、試験制度をパロディ化するために学内で「スターリン」の抜き打ちロックコンサートを主催し、和光大学を離れる。武蔵野美術大学映像学科ののち、東京経済大学コミュニケーション学科でメディア論、映像論、「教室を教室でなくするチャレンジ」などを担当。現在は、映画批評とラジオアートに専念。

小林アツシ（こばやし あつし）p.206
1961年北海道生まれ。フリーの映像プロデューサー・ディレクター。2001年秋より「ビデオアクト反戦プロジェクト」等で反戦運動をはじめとする社会運動の映像をインターネットで発信してきた。主な映像作品としては、日本の軍需産業の実態を取材した『軍需工場は、今』（2005年）、沖縄をはじめ全国での米軍再編の動きを取材した『基地はいらない、どこにも』（2007年）、日米安保改訂50年にあたり「アンポ」を現在の問題として捉えた『どうするアンポ』（2010年）、音楽ドキュメンタリー『ウタノゲンバ』などがある。

五味正彦（ごみ まさひこ）p.164
1946年7月、東京・文京区に生れる。66年早大第一文学部入学、69年文学部当局により抹籍処分される。ベトナム反戦・反安保のための68年6月、10月行動、69年の6月、10・11月行動の全国事務局の責任者を務める。70年10月シコシコ・模索舎をつくり代表になる。87年7月ほんコミ社設立、代表に。2005年4月、ほんコミ社を次代に譲り、NPO有機本業をつくる。08年末、有機本業を解散、全ての分野から引退を決意。その後は個人として、たのまれた社会貢献的アドヴァイザーとして第二の人生を楽しむことにして今日に至る。有機本業名は個人屋号として続ける。

WHAT'S
MEDIA
ACTIVISM?

メディアと活性《かっせい》 What's media activism?

2012年6月30日 第1刷発行

編集人 細谷 修平

企 画 メディアアクティビスト懇談会

装 幀 成田 圭祐

発行人 深田 卓

発 行 株式会社 インパクト出版会
東京都文京区本郷 2-5-11 服部ビル 2F
Tel 03-3818-7576 Fax 03-3818-8676
impact@jca.apc.org http://www.jca.apc.org/~impact/
郵便振替 00110-9-83148

印刷・製本 モリモト印刷

生と芸術の実験室スクウォット

スクウォットせよ！抵抗せよ！創作せよ！

金江 著 金友子 訳　四六判並製 368 頁　2700 円＋税

11 年 7 月発行　ISBN 978-4-7554-0208-1　装幀・田中実

スクウォット、それは空き家や土地を占拠する行為を通じて人間が必要とする空間を再分配する運動だ。世界各地のスクウォットの歴史に触れ、韓国スクウォット運動の地平を開いてきたアーティスト・金江による体系的なスクウォット研究書。

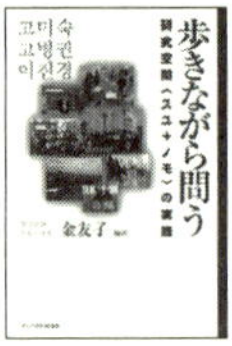

歩きながら問う

研究空間〈スユ＋ノモ〉の実践

金友子 編訳　四六判並製 285 頁　2200 円＋税

08 年 7 月発行　ISBN 978-4-7554-0179-4　装幀・藤原邦久

韓国における在野の研究機関〈スユ＋ノモ〉の実践記録。知識と日常がひとつに折り重なりあい、日常が再び祝祭になるという奇妙な実験がなされる場。幸せに暮らす方法を模索できる場。革命と求める道が一致するようなヴィジョンを探索する場。研究空間〈スユ＋ノモ〉を本邦初紹介。

政治から記号まで

思想の発生現場から

ガタリ・粉川哲夫・杉村昌昭 著　四六判上製 198 頁　1800 円＋税

00 年 5 月発行　ISBN 4-7554-0098-8　装幀・藤原邦久

横断性・リゾーム・スキゾ分析の思想家・ガタリ。自由ラジオ、アウトノミア、資本主義、メディア社会……。80 ～ 81 年ガタリ初来日の時になされた粉川哲夫による 3 本のインタビューと、そして今は亡きガタリと最も親交の厚かった粉川・杉村両氏がガタリの魅力を検証。最も簡明にして簡潔なガタリ思想入門。

T.A.Z.

一時的自律ゾーン

ハキム・ベイ 著 箕輪裕訳　四六判並製 288 頁　2300 円＋税

97 年 10 月発行　ISBN 4-7554-0059-7　装幀・藤原邦久

T.A.Z. ＝一時的自立ゾーン。それはつかの間の解放区、固定した形を持たないことで持続する運動であり、労働の拒否、自由ラジオ、空き家占拠、対抗ネットやウエッブを横断する思想。存在的アナキズムと詩的テロリズムを掲げるハキム・ベイのベストセラー、遂に邦訳。コンピュータ・カルチャー世代必読書。

路上に自由を

監視カメラ徹底批判

小倉利丸 編　四六判上製 224 頁　1900 円＋税

03 年 11 月発行　ISBN 4-7554-0134-8　装幀・貝原浩

町中に監視カメラ網が張りめぐらされ、私たちは常に見張られている。監視カメラ「先進国」のイギリスの例を参考にしながら、現在の日本の監視社会化の実態を暴く。執筆＝小倉利丸、小笠原みどり、山口響、山下幸夫、浜島望、山際永三、角田富夫

監視社会とプライバシー

小倉利丸 編　A5 判並製 196 頁　1500 円＋税

01 年 10 月発行　ISBN 4-7554-0112-7　装幀・藤原邦久

いつ、どこで、誰がなにをしているか。「情報」が世界中を駆けめぐる。ネットワーク、データベース、個人識別技術。IT という名の監視システムがプライバシーを丸裸にする。執筆＝斎藤貴男、小倉利丸、白石孝、浜島望、村木一郎、粥川準二、佐藤文明、山下幸夫